Über dieses Buch Der Band sammelt die wichtigsten Essais des Philosophen und Soziologen Georg Simmel zur Freiheit des Individuums. Wie kann der Einzelne der Last der Vergangenheit entkommen, ohne sich zugleich an die industrielle Moderne auszuliefern? Diese Frage durchzieht Simmels Essais – ob sie nun vom »Problem des Schicksals«, vom »Wesen der Kultur« oder von der »Philosophie der Landschaft« handeln. Der zuerst 1957 unter dem Titel *Brücke und Tür* erschienene Band stellt schwer auffindbare, verstreute Abhandlungen des Autors zusammen, die Zeugnis von der Facettenhaftigkeit seines Denkens und von der Brillanz seines schriftstellerischen Könnens geben. Die unveränderte Aktualität Simmels liegt in der Offenlegung das tragischen Konflikts der modernen Kultur, der Diskrepanz zwischen der unaufhaltsam anwachsenen Vielfalt der Dinge und dem begrenzten Vermögen der Menschen, diese objektiven Güter zu Ressourcen ihrer persönlichen »Kultivierung« zu machen.

Der Autor Georg Simmel, geboren am 1. März 1858 in Berlin, gestorben am 26. September 1918 in Straßburg, gehört neben Max Weber zu den Klassikern soziologischen Denkens in Deutschland. Er studierte Geschichte, Philosophie, Völkerpsychologie, Kunstgeschichte und Altitalienisch, war Schüler Johann Gustav Droysens und Theodor Mommsens. Wegen seiner jüdischen Herkunft wurde eine Berufung an die Universität Heidelberg vereitelt, ab 1914 war er ordentlicher Professor in Straßburg. Wichtige Veröffentlichungen: *Philosophie des Geldes* (1900); *Soziologie. Untersuchungen über die Formen der Vergesellschaftung* (1908).

Georg Simmel

Das Individuum und die Freiheit

Essais

Fischer Taschenbuch Verlag

Diese Ausgabe ist textidentisch mit dem 1984
im Verlag Klaus Wagenbach, Berlin, erschienenen Band
Georg Simmel, *Das Individuum und die Freiheit. Essais.*

Veröffentlicht im Fischer Taschenbuch Verlag GmbH,
Frankfurt am Main, Dezember 1993

Lizenzausgabe mit freundlicher Genehmigung des
K. F. Koehler Verlags, Stuttgart
Die Originalausgabe erschien 1957
im K. F. Koehler Verlag, Stuttgart:
Georg Simmel, *Brücke und Tür.*
Essays des Philosophen zur Geschichte,
Religion, Kunst und Gesellschaft,
im Verein mit Margarete Susman herausgegeben
von Michael Landmann

Umschlaggestaltung: Buchholz / Hinsch / Hensinger
Gesamtherstellung: Clausen & Bosse, Leck
Printed in Germany
ISBN 3-596-11925-1

Gedruckt auf chlor- und säurefreiem Papier

Inhalt

Brücke und Tür

Das Bild der äußeren Dinge hat für uns die Zweideutigkeit, daß in der äußeren Natur alles als verbunden, aber auch alles als getrennt gelten kann. Die ununterbrochenen Umsetzungen der Stoffe wie der Energien bringen jedes in Beziehung zu jedem und machen aus allen Einzelheiten *einen* Kosmos. Andererseits aber bleiben die Gegenstände in das unbarmherzige Auseinander des Raumes gebannt, keinem Materienteil kann sein Raum mit einem anderen gemeinsam sein, eine wirkliche Einheit des Mannigfaltigen gibt es im Raume nicht. Und durch diesen gleichen Anspruch an sich ausschließende Begriffe scheint das natürliche Dasein sich ihrer Anwendung überhaupt zu entziehen.

Nur dem Menschen ist es, der Natur gegenüber, gegeben, zu binden und zu lösen, und zwar in der eigentümlichen Weise, daß eines immer die Voraussetzung des anderen ist. Indem wir aus der ungestörten Lagerung der natürlichen Dinge zwei herausgreifen, um sie als »getrennt« zu bezeichnen, haben wir sie schon in unserem Bewußtsein aufeinander bezogen, haben diese beiden gemeinsam gegen das Dazwischenliegende abgehoben. Und umgekehrt: als verbunden empfinden wir nur, was wir erst irgendwie gegeneinander isoliert haben, die Dinge müssen erst außereinander sein, um miteinander zu sein. Praktisch wie logisch wäre es sinnlos, zu verbinden, was nicht getrennt war, ja, was nicht in irgendeinem Sinne auch getrennt bleibt. Nach welcher Formel nun in den menschlichen Vornahmen beide Wirksamkeiten sich zusammenfinden, ob die Verbundenheit oder ob die Getrenntheit als das natürlich Gegebene empfunden wird und das jeweilig andere als die uns gestellte Aufgabe – danach läßt sich all unser Tun gliedern. Im unmittelbaren wie im symbolischen, im körperlichen wie im geistigen Sinne sind wir in jedem Augenblicke solche, die Verbundenes trennen oder die Getrenntes verbinden.

Die Menschen, die zuerst einen Weg zwischen zwei Orten anlegten, vollbrachten eine der größten menschlichen Leistungen. Sie mochten noch so oft zwischen beiden hin und her gegangen sein und sie damit sozusagen subjektiv verbunden haben: erst indem sie der Erdoberfläche den Weg sichtbar einprägten, waren die Orte objektiv verbunden, der Verbindungswille war zu einer Gestaltung der Dinge geworden, die sich diesem Willen zu jeder Wiederholung darbot, ohne von deren Häufigkeit oder Seltenheit noch abhängig zu sein. Der Wegebau ist sozusagen eine spezifisch menschliche Leistung; auch das Tier überwindet fortwährend und oft in der geschicktesten und schwierigsten Weise einen Abstand, aber dessen Anfang und Ende bleiben unverbunden, es bewirkt nicht das Wunder des Weges: die Bewegung zu einem festen Gebilde, das von ihr ausgeht und in das sie eingeht, gerinnen zu lassen.

Im Bau der Brücke gewinnt diese Leistung ihren Höhepunkt. Hier scheint nicht nur der passive Widerstand des räumlichen Außereinander, sondern der aktive einer besonderen Konfiguration sich dem menschlichen Verbindungswillen entgegenzustellen. Dieses Hindernis überwindend, symbolisiert die Brücke die Ausbreitung unserer Willenssphäre über den Raum. Nur für uns sind die Ufer des Flusses nicht bloß außereinander, sondern »getrennt«; wenn wir sie nicht zunächst in unseren Zweckgedanken, unseren Bedürfnissen, unserer Phantasie verbänden, so hätte der Trennungsbegriff keine Bedeutung. Aber nun kommt die natürliche Form hier diesem Begriff wie mit positiver Absicht entgegen, hier scheint zwischen den Elementen an und für sich die Trennung gesetzt zu sein, über die jetzt der Geist versöhnend, vereinigend hinübergreift.

Zu einem ästhetischen Wert wird die Brücke nun, indem sie die Verbindung des Getrennten nicht nur in der Wirklichkeit und zur Erfüllung praktischer Zwecke zustande bringt, sondern sie unmittelbar anschaulich macht. Die Brücke gibt dem Auge denselben Anhalt, die Seiten der Landschaft zu verbinden, wie sie ihn für die praktische Realität den Körpern gibt. Die bloße Dynamik der Bewegung, in deren jeweiliger Realität sich der »Zweck« der Brücke erschöpft, ist zu etwas Anschaulich-Dauerndem geworden, wie das Porträt den körperlich-seelischen Lebensprozeß, mit dem die Realität des Menschen sich vollzieht, sozusagen zum Stehen bringt und in einer einzigen, zeitlos stabilen Anschauung, die die Wirklichkeit niemals zeigt und zeigen kann, die ganze in der Zeit fließende und verfließende Bewegtheit dieser Wirklichkeit sammelt. Die Brücke verleiht einem letzten, über alle Sinnlichkeit erhabenen Sinn eine einzelne, durch keine abstrakte Reflexion vermittelte Erscheinung, die die praktische Zweckbedeutung der Brücke so in sich einzieht und in eine anschauliche Form bringt, wie das Kunstwerk es mit seinem »Gegenstand« tut. Ihren Unterschied gegen das Kunstwerk aber zeigt die Brücke darin, daß sie mit all ihrer über die Natur hinausreichenden Synthese sich nun doch dem Naturbild einordnet. Sie steht für das Auge in einem viel engeren und viel weniger zufälligen Verhältnis zu den Ufern, die sie verbindet, als etwa ein Haus zu seinem Grund und Boden, der unter ihm für das Auge verschwindet. Ganz allgemein empfindet man eine Brücke in einer Landschaft als ein »malerisches« Element; denn mit ihr wird die Zufälligkeit des Naturgegebenen in eine Einheit erhoben, die zwar völlig geistiger Art ist. Allein sie besitzt durch ihre räumlich-unmittelbare Anschaulichkeit eben den ästhetischen Wert, dessen Reinheit die Kunst darstellt, wenn sie die geistgewonnene Einheit des bloß Natürlichen in ihre inselhafte ideale Abgeschlossenheit rückt.

Während in der Korrelation von Getrenntheit und Vereinigung die Brücke den Akzent auf die letztere fallen läßt und den Abstand ihrer Fußpunkte, den sie anschaulich und meßbar macht, zugleich überwindet, stellt die Tür in entschiedenerer Weise dar, wie das Trennen und das Verbinden nur die zwei Seiten ebendesselben Aktes sind. Der Mensch, der zuerst eine Hütte errichtete, offenbarte, wie der erste Wegebauer, das spezifisch menschliche Können gegenüber der Natur, indem er aus der Kontinuität und Unendlichkeit des Raumes eine Parzelle herausschnitt und diese *einem* Sinne gemäß zu einer besonderen Einheit gestaltete. Ein Stück des Raumes war damit in sich verbunden und von der ganzen übrigen Welt getrennt. Dadurch, daß die Tür gleichsam ein Gelenk zwischen den Raum des Menschen und alles, was außerhalb desselben ist, setzt, hebt sie die Trennung zwischen dem Innen und dem Außen auf. Gerade weil sie auch geöffnet werden kann, gibt ihre Geschlossenheit das Gefühl eines stärkeren Abgeschlossenseins gegen alles Jenseits dieses Raumes, als die bloße ungegliederte Wand. Diese ist stumm, aber die Tür spricht. Es ist dem Menschen im Tiefsten wesentlich, daß er sich selbst eine Begrenzung setze, aber mit Freiheit, d. h. so, daß er diese Begrenzung auch wieder aufheben, sich außerhalb ihrer stellen kann.

Die Endlichkeit, in die wir uns begeben haben, grenzt immer irgendwo an das Unendliche des physischen oder metaphysischen Seins. Damit wird die Tür zum Bilde des Grenzpunktes, an dem der Mensch eigentlich dauernd steht oder stehen kann. Die endliche Einheit, zu der wir ein für uns designiertes Stück des unendlichen Raumes verbunden haben, verbindet sie aufs neue mit diesem letzteren, mit ihr grenzen das Begrenzte und das Grenzenlose aneinander, aber nicht in der toten geometrischen Form einer bloßen Scheidewand, sondern als die Möglichkeit dauernden Wechseltausches – im Unterschiede gegen die Brücke, die Endliches mit Endlichem verbindet; dafür enthebt sie uns im Beschreiten freilich diesen Festigkeiten und muß vor der Abstumpfung durch tägliche Gewöhnung das wunderliche Gefühl gewährt haben, einen Augenblick zwischen Erde und Himmel zu schweben. Während die Brücke, als die zwischen zwei Punkten gespannte Linie, die unbedingte Sicherheit und Richtung vorschreibt, ergießt sich von der Tür aus das Leben aus der Beschränktheit abgesonderten Fürsichseins in die Unbegrenztheit aller Wegerichtungen überhaupt.

Wenn in der Brücke die Momente von Getrenntheit und Verbundenheit sich so treffen, daß jenes mehr als Sache der Natur, dieses mehr als Sache des Menschen erscheint, so drängt sich mit der Tür beides gleichmäßiger in die menschliche Leistung, *als* menschliche Leistung zusammen. Darauf beruht die reichere und lebendigere Bedeutung der Tür gegenüber der Brücke, die sich sogleich darin offenbart, daß es keinen Unterschied des Sinnes macht, in welcher Richtung man eine Brücke überschreitet, während die Tür mit dem Hinein und Hinaus einen völligen Unterschied der Intention anzeigt. Dies hebt sie auch von dem Sinne des Fensters ganz ab, das sonst, als Verbindung des Innenraums mit der äußeren Welt, der Tür verwandt ist. Allein das teleologische Gefühl dem Fenster gegenüber geht fast ausschließlich von innen nach außen: es ist für das Hinaussehen da, nicht für das Hineinsehen. Es stellt die Verbindung zwischen dem Inneren und dem Äußeren zwar vermöge seiner Durchsichtigkeit gleichsam chronisch und kontinuierlich her; aber die einseitige Richtung, in der diese Verbindung läuft, ebenso wie seine Beschränkung darauf, ein Weg nur für das Auge zu sein, läßt dem Fenster nur einen Teil der tiefen und prinzipiellen Bedeutung der Tür zukommen.

Freilich kann die besondere Situation auch von ihr die eine Richtung ihrer Funktion mehr als die andere betonen. Wenn an romanischen und gotischen Domen die Maueröffnungen sich allmählich zu der eigentlichen Tür hin verengern und man diese zwischen immer näher aneinander rückenden Halbsäulen und Figuren erreicht, so ist damit der Sinn dieser Türen ersichtlich als ein Hineinführen, nicht aber als ein Hinausführen – dieses vielmehr nur als ein leidig unvermeidliches Akzidens – gemeint. Jene Struktur führt den Hineingehenden mit Sicherheit und wie mit sachtem, selbstverständlichem Zwang auf den rechten Weg. (Diese Bedeutung setzt, was ich der Analogie wegen anführe, die Reihung der Pfeiler zwischen Tür und Hochaltar fort. Durch ihr perspektivisches Aneinanderrücken zeigen sie den Weg, führen uns hin, gestatten kein Schwanken – was nicht der Fall wäre, wenn wir die tatsächliche Parallelität der Pfeiler wirklich sähen; dann zeigte der Punkt des Endes keinen Unterschied gegen den des Anfangs, es wäre nicht markiert, daß wir bei dem einen beginnen und an dem anderen enden müssen. Allein so wunderbar hier die Perspektive für die innere Wegerichtung der Kirche benutzt ist, so gibt sie sich schließlich auch zu der umgekehrten her und läßt die Pfeilerreihe durch die gleiche Verengerung auch vom Altar zur Tür, wie zu ihrer Pointe, hinführen.) Nur jene äußere konische Form der Tür macht das Hinein im Gegensatz zum Hinaus zu ihrem ganz unzweideutigen Sinn. Aber das ist eben eine ganz einzigartige Situation, die es symbolisiert, daß an der Kirche die Bewegung des Lebens, die gleichberechtigt von innen nach außen wie von außen nach innen geht, endet und von der einzigen Richtung abgelöst wird, die allein not tut. Das Leben in der irdischen Ebene aber, wie es in jedem Augenblick eine Brücke zwischen den Unverbundenheiten der Dinge schlägt, steht ebenso in jedem innerhalb oder außerhalb der Tür, durch die es sich von seinem Fürsichsein in die Welt, aber auch von der Welt in sein Fürsichsein hineinbewegt.

Die Formen, die die Dynamik unseres Lebens beherrschen, werden so durch Brücke und Tür in die feste Dauer anschaulicher Gestaltung übergeführt. Das bloß Funktionelle und Teleologische unserer Bewegungen wird von ihnen nicht nur als von Werkzeugen getragen, sondern es gerinnt sozusagen in ihrer Form zu unmittelbar überzeugender Plastik. Auf die gegensätzlichen Betonungen angesehen, die in ihrem Eindruck herrschen, zeigt die Brücke, wie der Mensch die Geschiedenheit des bloß natürlichen Seins vereinheitlicht, die Tür, wie er die uniforme, kontinuierliche Einheit des natürlichen Seins scheidet. In der allgemein ästhetischen Bedeutung, die sie durch diese Veranschaulichung eines Metaphysischen, diese Stabilisierung eines nur Funktionellen gewinnen, liegt der Grund ihres speziellen Wertes für die bildende Kunst. Wenn man die Häufigkeit, mit der die Malerei beide verwendet, auch dem artistischen Werte ihrer bloßen Form zuschreiben mag, so besteht doch auch hier jenes geheimnisvolle Zusammentreffen, mit dem sich die rein artistische Bedeutung und Vollendung eines Gebildes immer zugleich als der erschöpfendste Ausdruck eines an sich unanschaulichen, seelischen oder metaphysischen Sinnes zeigt: dem rein malerischen, nur auf Form und Farbe gehenden Interesse etwa am menschlichen Gesicht ist dann im äußersten Maße genügt, wenn dessen Darstellung das Äußerste an Beseeltheit und geistiger Charakterisiertheit einschließt.

Weil der Mensch das verbindende Wesen ist, das immer trennen muß und ohne zu trennen nicht verbinden kann – darum müssen wir das bloße indifferente Dasein zweier Ufer erst geistig als eine Getrenntheit auffassen, um sie durch eine Brücke zu verbinden. Und ebenso ist der Mensch das Grenzwesen, das keine Grenze hat. Der Abschluß seines Zuhauseseins durch die Tür bedeutet zwar, daß er aus der ununterbrochenen Einheit des natürlichen Seins ein Stück heraustrennt. Aber wie die formlose Begrenzung zu einer Gestalt kommt, so findet seine Begrenztheit ihren Sinn und ihre Würde erst an dem, was die Beweglichkeit der Tür versinnlicht: an der Möglichkeit, aus dieser Begrenzung in jedem Augenblick in die Freiheit hinauszutreten.

Das Problem des Schicksals

Es ist eine nachdenkliche Tatsache, daß die Philosophie, nach eigenem und nach allgemeinem Anspruch zur Deutung des Lebens in seiner Ganzheit und seiner Tiefe berufen, sich mit einigen der eingreifendsten Mächte der Lebensgestaltung so gut wie gar nicht auseinandergesetzt hat. Wo etwa wird, jenseits der immerhin einseitigen Versuche Platos und Schopenhauers, das Wesen der Liebe tiefer erörtert? Ist ein Gegenstand in eben dem Maße der philosophischen Behandlung würdig, in dem Form und Macht, Weihe und Vernichtung von ihm her dem Leben kommt – so wäre doch wohl eine Theorie und Metaphysik der Liebe mindestens so wichtig wie die Theorie des Erkennens und die Metaphysik der Kunst.

Wo ferner wird nach dem Wesen der merkwürdigen Tatsache gefragt, die wir das »Erleben« nennen? Was bedeutet dies sonderbare Verhältnis des Lebens zu Dingen und Ereignissen, durch das diese sozusagen im Leben selbst aufgelöst, von ihm assimiliert werden, daß dies Objektive nicht nur, wie im Erkennen, zu Bild und Vorstellung, sondern zu Momenten des Lebensprozesses selbst wird? Diese Probleme sind keineswegs durch psychologische Analysen zu lösen; sondern, daß solche seelischen Ereignisse wie Liebe und Erleben als Daseinswirklichkeiten bestehen, fordert philosophische Deutung, wenn Philosophie überhaupt in irgendeinem Sinne »Lebensweisheit« zu sein beansprucht.

Nicht weniger vernachlässigt ist der Begriff des Schicksals – der doch, wenn irgendeiner, unerläßlich verstanden werden muß, sobald die objektive – nicht etwa nur die psychologische – Struktur des Lebens unser Problem wird. Vor allem würde er gleich den anderen beispielsweise genannten klarwerden lassen, wie unzugänglich es ist, die Probleme des Lebens von den Kategorien »Theorie« und »Praxis« (vielleicht noch unter Hinzunahme von Gefühls- und ästhetischen Werten) umschreiben zu lassen. Nur als einen geringen Versuch und Beitrag zur Erkenntnis solcher Lebensbestimmungen, die im eminentesten Sinne zu philosophischen Aufgaben werden sollten, biete ich hier eine Deutung des letztgenannten Begriffes an.

Seine Vernachlässigung durch die Philosophie mag freilich nicht ganz zufällig sein, sondern sich in dem ablehnenden Verhältnis seiner Elemente zu den hauptsächlichen philosophischen Typen, dem Idealismus und dem Pantheismus, gründen. Indem der Idealismus die Welt aus dem Subjekt entwickelt, ihr Erkenntnisbild gänzlich durch dessen geistige Formen bedingt, alles praktische Leben in seine absolute Selbstverantwortlichkeit und grenzenlose Freiheit stellt – hat er für das Vergewaltigende, schlechthin über dem Willen, ja über dem Begreifen des Subjekts Stehende, wie es im Schicksalsbegriffe liegt, keinen rechten Platz. Der Pantheismus seinerseits, alles Individuelle in die Seinseinheit auflösend, keinem Punkte eine auf ihn besonders gerichtete Intention des kosmischen Geschehens gönnend, kann nun wieder mit dem personalen Akzent, mit der Zuspitzung auf das Individuum nichts anfangen, die wir als das andere Element des Schicksalsbegriffes fühlen. Dem Rationalismus endlich (und welche systematische Philosophie, mögen ihre Thesen noch so voluntaristisch sein, wäre in ihrem innerlich eigenen Wesen nicht Rationalismus?) widerstrebt das Moment des Unbegreiflichen, Unauflöslichen, das auch dem günstigsten, beglückendsten Schicksal, insofern es rein als »Schicksal« empfunden wird, irgendeine leise, wie aus der Ferne herschattende Dunkelheit gibt.

Diese Erscheinungen lassen unschwer die Voraussetzungen erkennen, die die tiefere Struktur des Schicksalsbegriffes ausmachen. Zunächst bedarf er eines Subjekts, welches von sich aus, und insofern unabhängig von jedem »Ereignis«, einen Sinn, eine innere Tendenz, eine Forderung enthält oder darstellt. Neben dieser Eigenrichtung des Subjekts ohne genetische Verbindung mit ihr, entstehen und verlaufen bestimmte Ereignisse, die sich zu ihr dennoch fördernd oder hemmend verhalten, ihren Gang unterbrechen oder Entferntes verbinden, einzelne Punkte in ihr akzentuieren oder über ihre Ganzheit entscheiden. Hierdurch bekommen jene an sich bloß kausalen Geschehnisse in bezug auf das Subjekt einen *Sinn,* sozusagen eine Art von nachträglicher Teleologie, d. h. sie werden zu Schicksalen. Indem sie, deren Ursprung zu dem innerlich und sinngemäß bestimmten Verlauf unseres Lebens gänzlich zufällig ist, zu diesem Verlauf eine ganz bestimmte Beziehung, eine vitale Einfügbarkeit, wenn auch von negativer und zerstörender Bedeutung, gewinnen, ist der Ton der »Prädestination« von dem, was wir unser Schicksal nennen, gar nicht zu trennen. Dennoch bedeutet er nur einen eigentlich oberflächlichen Reflex des Schicksalsbegriffes. Denn in diesem spricht sich zuallererst die Assimilationskraft des menschlichen Wesens aus: daß sich in dieses als bestimmende Elemente *seines* Lebens Geschehnisse einstellen, die zugleich sozusagen unbeirrt ihres objektiven Weges gehen, daß sie von der Subjektivität dieses Lebens einen Sinn, eine positive oder negative Zweckbedeutung bekommen, während andererseits eben dieses Leben von ihnen nach Richtung und Verhängnis bestimmt wird. Die Aktivität und die Passivität des Lebens in seinem tangentialen Verhältnis zu dem Weltlauf ist im Schicksalsbegriff zu *einer* Tatsache geworden.

Wo eines dieser Elemente ausbleibt, kommt es nicht zu einem »Schicksal«, und es mag deshalb zum Erweis seiner Formung dienen, daß wir weder dem Tier noch dem Gott ein »Schicksal« – es sei denn durch Vermenschlichung des einen oder des anderen – zuschreiben. Dem Tier fehlt der Lebenssinn, die eigene ideelle Intention, der sich ein außerhalb gelegenes, rein kausales Geschehen bestimmend und doch wieder von jenem eigenen Leben bestimmt einfügen könnte. Es handelt sich beim Tier nur um das Leben überhaupt, das freilich in seinem natürlichen Sich-abspielen gefördert oder gehemmt werden kann, das aber nicht, wie mehr oder weniger jedes menschliche, von der Idee eines besonderen, von der Wirklichkeit realisierten oder gestörten Verlaufes begleitet ist. Umgekehrt, für eine göttliche Existenz bestehen keine ihr ursprünglich fremden, an sich notwendigen Ereignisse, sondern wir müßten uns die Ereignisse von vornherein durch das göttliche Wesen umfaßt und nach seinem Willen verlaufend denken, ohne daß erst eine Hemmung oder Förderung, die jenes von ihnen erfährt, ihre Zufälligkeit in einen Sinn zu verwandeln braucht.

Das menschliche Leben aber steht unter dem Doppelaspekt: der Kausalität, der einfachen Natürlichkeit seines Geschehens – und der Bedeutung, die, als Sinn, Wert, Zweck, es überstrahlt oder durchgeistet; oder, unter anderem Gesichtswinkel: wir sind einerseits den kosmischen Bewegtheiten preisgegeben und eingeordnet, fühlen und führen aber andererseits unsere individuelle Existenz aus einem eigenen Zentrum heraus, als Selbstverantwortlichkeit und irgendwie in sich geschlossene Form. Die nächstliegende Art, eines in das andere überzuführen, ist das praktische Wollen; aber man hat weniger beobachtet, daß das, was wir nach seinen deutlichsten Erscheinungen unser Schicksal nennen, eine ebenso spezifische Synthese der gleichen Faktoren bedeutet. Nur daß es hier nicht wie beim Willen die Aktivität, sondern sozusagen die Passivität unserer Lebensströmung ist, durch die bloße Tatsächlichkeiten an der letzteren innerer Besonderheit und mikrokosmischem Sinn teilzuhaben bestimmt werden.

Indem wir etwas als Schicksal betrachten, heben wir also die Zufälligkeit auf, die zwischen den Ereignissen und dem eigenen Sinn unseres Lebens besteht. Deshalb geben wir jenen eine höhere Würde, wenn wir sie Schicksale nennen; was freilich nicht selten zu einem großsprecherischen Mißbrauch des Wortes verführt. Denn es liegt darin einerseits die Supposition, als wäre das Geschehen auf uns angelegt und abgezielt – andererseits, als hätte unser Leben einen so mächtig ausgreifenden Sinn, daß es alles Geschehen in sich einziehen kann. Aber gerade aus der hier skizzierten Struktur des Begriffes wird klar, daß eben nicht alles, was uns überhaupt begegnet, Schicksal ist. Denn unzählige Ereignisse streifen zwar die äußeren Schichten unseres tatsächlichen Lebens, aber nicht jene individuell sinnvolle Gerichtetheit seiner, die als unser eigentliches Ich gilt. Hier sind natürlich gleitende Übergänge, aber man wird doch von einer *Schwelle* des Schicksals sprechen können, einem Bedeutungsquantum der Ereignisse, von dem an sie sozusagen die Idee unseres Lebens fördern oder hemmen.

Einen Bekannten auf der Straße zu treffen, bleibt im Gebiet des Zufalls; auch dann noch, wenn man jenem eben schreiben wollte und der Zufall dadurch »merkwürdig« wird, d. h. ein Cachet des Sinnvollen bekommt. Allein dies verläuft wieder in das Zufällige, ohne sich mit der definitiven Teleologie des Lebens zu verbinden. Wird diese Begegnung aber durch weitere angeknüpfte Folgen zum Ausgangspunkt tief eingreifender Lebenswendungen, so wird der Sprachgebrauch sie als eine Fügung des Schicksals bezeichnen und damit die ganz neue Kategorie andeuten: daß ein nur peripherisches Geschehen jetzt, mit positiver oder negativer Teleologie, der Einheit und dem Sinne eines individuellen Lebens integrierend zugehört.

Daß diese eigentümliche Synthese, diese Doppeleinstellung des Geschehens das Wesen des Schicksals ausmacht, wird auch keineswegs dementiert, wenn wir von einem rein inneren Schicksal sprechen. Denn wo immer dies geschieht, hat das Ich selbst sich in ein Subjekt und ein Objekt gespalten. Dies ist die allgemeine Form, in der das bloße Bewußtsein zum persönlichen Geist wird: wir wissen und verstehen uns selbst, wir selbst sind uns Gegenstand, wie die übrige Welt es ist. Und wie wir uns Objekt des Erkennens sind, so des Erlebens. Sobald unser eigenes Fühlen, Denken, Wollen für uns unter die Kategorie des »Ereignisses« rückt, wird das weiterströmende subjektive, zentrale Leben davon angerührt wie von Inhalten äußerer Welt; wir nennen diese, im geschlossenen Umfang unserer Gesamtpersönlichkeit vollzogene Berührung Schicksal, sobald sie nicht mehr als ein bloßes Geschehen gilt, das zu der innerlichen Bedeutung jenes zentralen Ichs bloß zufällig ist, sondern sobald dieses kausal Auftauchende, Wirkliche unserer Existenz eben diesem Sinn ihrer sich einfügt und von ihm aus eine neue Bedeutung – steigernd oder ablenkend, modifizierend oder zerstörend – gewinnt. Auch uns selbst gegenüber sind wir in einer Passivität, die, indem sie der zentralen Aktivität unseres Lebens assimiliert wird und sie bestimmt, gleichsam durch Rückstrahlung von ihr als etwas Sinnvolles, für unser Leben teleologisch Bestimmtes erscheint.

Aus dieser Struktur des Schicksalsbegriffes wird die von je bemerkte »anscheinende Absichtlichkeit im Schicksale des Einzelnen« erklärlich, der man allerhand wunderliche Metaphysiken untergebaut hat. Besteht das Schicksal in der charakterisierten Relation zwischen dem Peripherischen und dem Zentralen, dem Passiven und dem Aktiven, dem bloß Geschehenden und dem Zwecksinn – so entscheidet ersichtlich eben die Gerichtetheit der inneren Lebensströmung darüber, was uns Schicksal sein soll, was nicht; sie trifft gewissermaßen eine Selektion unter den uns anrührenden Ereignissen, und nur welches von diesen sich ihren Eigenschwingungen einzufügen vermag (und selbst zu ihrer Abbiegung und Zerstörung gehört solche Einfügung) spielt für uns die Rolle des Schicksals.

Gerade wie uns nur zur Erkenntnis werden kann, was unseren ursprünglichen oder erworbenen geistigen Normen entspricht, so daß es sich zur Formung durch sie hergibt und unsere Erkenntnisse deshalb unserem Geist adäquat sein müssen – so kann uns nur zum Schicksal werden, was von unserer eigensten Lebensstimmung aufgenommen und zum Schicksal verarbeitet werden kann. Den bloßen Ereignissen, die sich diesem sie überkommenden Sinn entziehen, entsprechen dann etwa jene bloß sinnlichen Wahrnehmungen, die uns zwar irgendeinen Inhalt geben, die wir aber nicht verstehen, nicht von uns aus zu Erkenntnissen formen können. Das alte Rätsel: wieso denn die Welt so eingerichtet sei, daß sie von der zufälligen Struktur unseres Geistes begriffen werden könnte, löste der Kantische Begriff des Erkennens: die begriffene Welt ist ein Produkt des erkennenden Geistes, indem wir von ihr eben nur erkennen, was der Geist sich zur Formung durch sich selbst aneignen kann. So wird die scheinbare Absichtlichkeit im Schicksale des Einzelnen, die Prädestination, wonach im großen und ganzen das Schicksal des Menschen und seine individuelle Wesensart ganz merkwürdig zueinander passen, durch diesen Schicksalsbegriff verständlich. Wie die Welt zwar bestimmt, was unser Erkenntnisinhalt sein soll, aber nur weil das Erkennen zuvor bestimmt hat, was uns Welt sein kann – so bestimmt zwar das Schicksal das Leben des Individuums, aber nur weil dieses letztere durch eine gewisse Affinität diejenigen Ereignisse ausgewählt hat, denen es den Sinn, durch den sie sein »Schicksal« werden, kann zuteil werden lassen. Wenn manche Ereignisse schlechthin als Schicksal, gleichviel welches Individuums, gelten, so ist es, weil wir gewisse, dafür entscheidende Lebensintentionen bei allen Menschen voraussetzen. Indes muß man doch wohl sagen: daß jemandes Vater ermordet wird und seine Mutter den Mörder heiratet, würde wohl für einen jeden ein überwältigendes Geschehnis sein; allein daß es Hamlets *Schicksal* wird, ist durch Hamlets Wesen und nicht dadurch, daß dies Ereignis ihn als irgendeinen Jemand getroffen hat, bestimmt.

Die Analogie zwischen der Gestaltung des Erlebens und der des Erkennens führt noch einen Schritt weiter. So entscheidend die eigene synthetische Energie des Ich für die Bildung der Erkenntniswelt aus dem Sinnesmaterial sein mag – die bloße Tatsache, daß dieses *gegeben,* daß sein Inhalt nicht aus dem Geist allein konstruierbar ist, läßt irgend etwas Dunkles, Unauflösbares in dieser Welt bestehen. Und eben ein solches verbleibt dem Schicksal. Gewiß wird dem äußeren, seinem Ursprung nach gegen die personale Lebensteleologie zufälligen Ereignis dadurch ein Sinn entlockt, daß es in jene eingestellt und zum Schicksal gestaltet wird. Immerhin, es bringt sein Gegebensein, seinen aus anderer Ordnung stammenden Inhalt mit, es beharrt ein heterogener Kern oder Rest, mit dem es eben nicht bloß unser Schicksal ist, an den wir freilich zweckmäßigerweise meistens nicht hindenken, außer wenn etwa die subjektive Unerwünschtheit unserer Schicksale uns an dies Preisgegebensein erinnert.

Daß in allem, was wir unser Schicksal nennen, dem Günstigen wie dem Zerstörenden, ein Etwas nicht nur von unserem Verstand unbegriffen, sondern auch von unserer Lebensintention zwar aufgenommen, aber doch nicht bis ins Letzte asimiliert ist – das entspricht, nach der ganzen Struktur des Schicksals, dem unheimlichen Gefühl, daß das ganz Notwendige unseres Lebens doch noch irgendwie ein Zufälliges sei. Das volle Gegenteil und die Überwindung davon bietet nur die Form der Kunst, in der Tragödie. Denn diese läßt uns fühlen, daß das Zufällige gerade bis in seinen tiefsten Grund hinein ein Notwendiges ist. Gewiß geht der tragische Held an der Reibung zwischen irgendwelchen äußeren Gegebenheiten und seiner eigenen Lebensintention zugrunde; allein daß dies geschieht, ist eben in dieser letzteren selbst ganz fundamental vorgezeichnet – sonst wäre sein Untergang nichts Tragisches, sondern nur etwas Trauriges. In der Aufhebung jener Unheimlichkeit des Zufälligen in ein Notwendiges liegt das »Versöhnende« der Tragödie; sie ist insofern immer »Schicksals«-Tragödie. Denn die Bedeutung des Schicksalsbegriffes: daß das bloß Ereignishafte der Objektivität sich in das Sinnhafte einer individuellen Lebensteleologie wandele und als solches enthülle, – stellt sie in einer Reinheit dar, zu der es unser empirisches Schicksal nicht bringt, weil sein Ereigniselement hier auf sein selbständig kausales, sinnfremdes Wesen nie *ganz* verzichtet.

Indem also das Schicksal in dieser aneignenden Beziehung der einen Lebenskategorie zu der anderen besteht, und der Ausfall der einen die Schicksalslosigkeit des Gottes, der der anderen die Schicksalslosigkeit des Tieres bezeichnet – nähert sich doch auch der Spielraum menschlicher Existenzen diesen Extremen. Nur daß das Unter-dem-Schicksal-Stehen und das Über-dem-Schicksal-Stehen an Menschen immer dadurch gefärbt ist, daß es das *eigentlich* Menschliche, unsere *eigentliche* Bestimmung ist, im Schicksal zu stehen.

Unter dem Schicksal stehen heißt: keine eigene Lebensintention haben, der die Assimilation der bloßen Ereignisse, in Bewältigen und Bewältigtwerden, überhaupt zur Aufgabe werden könnte; heißt, selbst bloß Ereignis sein und die Dinge, auch wo sie uns anrühren, in ihrem sinnfreien Verlaufe belassen.

Wer aber *über* dem Schicksal steht – dessen Lebensintention ist von innen her so unablenkbar und unbeeinflußbar bestimmt, daß das eigene Sein und Verlaufen der Dinge, die das Leben aufzunehmen bestimmt ist, dem gar keine Aufgabe stellt; hier müssen sich die Ereignisse der übermächtigen Strömung des kraftgewordenen Sinnes so widerstandslos einfügen, daß es ist, als berührten sie diese überhaupt nicht. Wer über dem Schicksal steht, kann nicht Held der Tragödie sein. Denn die Seinsrichtung des letzteren erfährt gerade die volle antagonistische Wucht der Wirklichkeit außerhalb seiner – nur daß dieses Vergewaltigtwerden selbst noch einmal von seiner Lebensteleologie umgriffen wird, daß der bis ins letzte durchlittene Dualismus von Wirklichkeit und Sinn die Form ist, in der die Einheit dieses Sinnes lebt. In dem aber, der über dem Schicksal steht, taucht diese Form überhaupt nicht in den Dualismus ein. Er ist davon nicht frei, wie der Gott, dem das Ereignen von vornherein in seiner absoluten Zweckreihe steht, sondern nur, weil sein Lebensstrom für sich allein so stark ist, daß jede einfließende Gegenströmung eine zu vernachlässigende Größe wird.

Und obgleich der Schicksalsbegriff, wie ich ihn hier deutete, das eigentliche Los des Menschen enthält; obgleich das Zutief- und Zuhoch-für-das-Schicksal in keinem empirischen Leben anders als annähernd zu verwirklichen ist – so sind doch auch diese Extreme dem Menschenleben innig verhaftet. Denn auch dies ist sein eigenstes, wenn auch nur in begrifflichem Widerspruch ausdrückbares Wesen: daß es über sich selbst hinausgreifen kann. Nach mehr als einer Richtung hin empfinden wir bestimmte Grenzen, in die das Zentrale und Spezifische unseres Daseins geformt ist; dennoch schwingt das Leben über und unter diese Grenzen hin, ja vielleicht ist dies der weiteste Sinn des Lebens: all das, was seine eigenen Grenzen überschreitet, dennoch in sich zu schließen.

Fragment über die Liebe

Daß die Liebe zu den großen Gestaltungskategorien des Daseienden gehört, wird durch gewisse seelische Tatsächlichkeiten wie durch gewisse theoretische Vorstellungsweisen gleichwertig verschleiert. Es ist gar keine Frage, daß der Liebesaffekt unzählige Male das als objektiv anzuerkennende Bild seines Gegenstandes verschiebt und fälscht, und insofern allerdings allgemein als »gestaltend« anerkannt wird; ersichtlich aber in einer Weise, die den anderen geistigen Formkräften nicht als koordiniert gelten kann. Denn was geht hier eigentlich vor? Theoretische Faktoren haben ein – der Voraussetzung nach – »wahres« Bild des geliebten Menschen zustandegebracht. Zu diesem erst tritt, gewissermaßen nachträglich, der erotische Faktor hinzu, gewisse Seiten steigernd, andere wegschiebend, das ganze umfärbend. Es wird hier also nur ein bestehendes Bild in seiner qualitativen Bestimmtheit abgeändert, ohne daß seine theoretische Ebene verlassen und ein kategorial neues Gebilde geschaffen würde.

Diese Modifikationen, die die schon entstandene Liebe an der objektiv richtigen Vorstellung anbringt, haben nichts mit der primären Schöpfung zu tun, die den geliebten Menschen als solchen hinstellt. Der Mensch, den ich anschaue und erkenne, der Mensch, den ich fürchte oder den ich verehre, der Mensch, den das Kunstwerk geformt hat, ist jeweils ein besondres Gebilde, und wenn wir nur den verstandesmäßig erkannten Menschen als ihn, wie er »in Wirklichkeit ist«, anerkennen, alle jene Modi aber nur als mannigfaltige Lagen, in die wir diese umgeänderte Wirklichkeit innerlich einstellen, so ist dies nur dem Bedeutungsübergewicht zu danken, das gerade das intellektuelle Bild für unser praktisches Handeln besitzt. Tatsächlich sind alle diese Kategorien ihrem Sinne nach, gleichviel wann oder unter welchen Umständen sie wirksam werden, koordiniert. Und zu ihnen gehört die Liebe, insofern sie ihren Gegenstand als ein völlig genuines Gebilde schafft.

Äußerlich und der zeitlichen Ordnung nach muß natürlich der Mensch erst da sein und gewußt werden, ehe er geliebt wird. Damit ist aber nicht mit diesem schon Bestehenden, der als solcher auch ungeändert bliebe, etwas vorgenommen, sondern es ist in dem Subjekt eine ganz neue Grundkategorie schöpferisch geworden. Mit demselben Recht, mit dem der andere »meine Vorstellung« ist, mit eben dem ist er »meine Liebe«; er ist nicht ein invariables Element, das, wie in alle möglichen Konfigurationen, so auch in die des Geliebtwerdens einginge oder dem die Liebe gewissermaßen noch angehängt würde, sondern ein originäres einheitliches Gebilde, das vorher nicht bestand.

Man denke nur an den religiösen Fall: der Gott, der geliebt wird, ist eben dadurch ein anderer, als er bei Identität aller ihm sonst und an sich zugesprochenen Eigenschaften wäre, wenn er nicht geliebt würde. Selbst wenn er um bestimmter Eigenschaften oder Bewirkungen willen geliebt wird, so stehen diese »Gründe« der Liebe doch in einer ganz anderen Schicht als die Liebe selbst, und sie werden, zugleich mit dem Ganzen seines Wesens, einer ganz neuen Kategorie einempfunden, sobald die Liebe nun wirklich eintritt, gegenüber derjenigen, die sie bei etwaigem Ausbleiben unserer Liebe einnehmen, selbst wenn sie in beiden Fällen gleichmäßig »geglaubt« werden. Allein eben dieser Begründung bedarf es gar nicht. Ausdrücklich verkündet Eckhart, wir dürften Gott nicht um dieser oder jener besonderen Qualität oder Veranlassung willen lieben, sondern ausschließlich, weil er eben Er sei. Unzweideutig offenbart dies die Liebe als eine unbegründete primäre Kategorie.

Und eben dies ist sie, indem sie ihren Gegenstand in seinem ganzen und letzten Wesen bestimmt, indem sie ihn als diesen, vorher nicht bestehenden schafft. Wie ich selbst als Liebender ein anderer *bin* als vorher – denn nicht diese oder jene meiner »Seiten« oder Energien liebt, sondern der ganze Mensch (was noch nicht eine sichtbare Änderung aller sonstigen *Äußerungen* zu bedeuten braucht) –, so ist auch der Geliebte als solcher ein anderes Wesen, aus einem andern Apriori aufsteigend als der erkannte oder der gefürchtete, der gleichgültige oder der verehrte Mensch. So erst ist die Liebe absolut mit ihrem Gegenstand verbunden und nicht bloß assoziiert: der Gegenstand der Liebe in seiner ganzen kategorischen Bedeutung ist nicht vor ihr da, sondern erst durch sie. Daraus erst wird ganz klar, daß die Liebe, und erweiternd das ganze Verhalten des Liebenden als solchen, etwas schlechthin Einheitliches, aus anderen, sonst bestehenden Elementen nicht Zusammensetzbares ist.

Es scheint mir von äußerstem Belang, das Lieben als eine immanente, ich möchte sagen formale Funktion seelischen Lebens anzuerkennen, auch sie freilich auf eine von der Welt herkommenden Anregung aktualisiert, über die Träger dieser Anregung aber nichts von vornherein bestimmend. Mit der umfassenden Einheit des Lebens ist dies Gefühl vollständiger verbunden als viele, vielleicht als die meisten anderen. Die Mehrzahl unserer Gefühle von Lust und Schmerz, von Verehrung und Verachtung, von Furcht und Interessiertheit erheben sich und leben in weiterer Entfernung von dem Punkt, an dem die Strömungen des subjektiven Lebens sich vereinen, oder richtiger: an dem, als Zentrum, sie entspringen. Auch wo wir einen unbelebten Gegenstand »lieben«, statt ihn als nützlich, angenehm oder schön zu bezeichnen, meinen wir eine zentrale, wenn auch recht verschieden starke Empfindung, die er in uns auslöst, während jene Wertungen mehr peripherischen Reaktionen entsprechen. Das Bestehen von Interessiertheiten, Empfindungen, inneren Verflechtungen neben einem Liebesgefühl drückt man, glaube ich, im letzten Grunde nicht richtig als Differenzierung von Seelenprovinzen aus; ich meine vielmehr, daß die Liebe unter allen Umständen eine Funktion der relativ undifferenzierten Ganzheit des Lebens ist und jene Fälle nur ein geringeres *Intensitätsmaß* ihrer anzeigen.

Liebe ist immer eine sozusagen aus der Selbstgenügsamkeit des Innern sich erzeugende Dynamik, die durch ihr äußeres Objekt wohl aus dem latenten in den aktuellen Zustand übergeführt, aber nicht im genauen Sinn hervorgerufen werden kann; die Seele hat sie als eine letzte Tatsache oder hat sie nicht, wir können nicht hinter sie auf irgendein äußeres oder inneres Movens zurückgehen, das mehr als gleichsam ihre Gelegenheitsursache wäre. Dies ist der tiefste Grund, aus dem es ganz sinnlos ist, sie auf irgendeinen Rechtstitel hin zu fordern. Ich bin mir sogar nicht sicher, ob ihre Aktualisierung immer von einem Objekt abhängt, ob nicht das, was man Sehnsucht oder Bedürfnis nach Liebe nennt, das dumpfe gegenstandslose Drängen besonders der Jugend nach irgend etwas, was man lieben könnte – ob das nicht schon Liebe ist, die sich nur noch in sich selbst bewegt, gewissermaßen ein Leergang der Liebe.

Die reale Möglichkeit, die apriorische Angelegtheit der Verhaltensform, die Liebe heißt, wird unter Umständen ein Anfangsstadium ihrer Wirklichkeit aufleben lassen und als ein dunkles, allgemeines Gefühl zum Bewußtsein bringen, noch bevor die hinzutretende Anregung durch ein bestimmtes Objekt sie zu vollendeter Auswirkung führt. Daß dieses objektlose, gleichsam immer wieder in sich zurückgebogne Drängen vorkommt, ein rein innerlich erzeugter Vorklang der Liebe, der doch schon ein Klang ihrer ist – das ist ein entschiedenstes Zeugnis für das rein innerlich zentrale Wesen des Liebesereignisses, das durch eine unklare Vorstellungsweise häufig verdeckt wird; als wäre sie eine Art von außen kommenden Ergriffen- oder Vergewaltigtwerdens (als welches sie übrigens in einer subjektiven oder metaphysischen Schicht auch auftreten kann), der sein zutreffendstes Symbol im »Liebestrank« finde, statt eines So-Seins, einer bestimmten Modifikation und eines Von-sich-aus-Gerichtetseins des Lebens als solchen; als käme sie von ihrem Objekt her, während sie in Wirklichkeit zu ihm hingeht.

Aber dieser von innen her bestimmte Typus und Rhythmus der Lebensdynamik als welcher die Liebe sich darstellt – so daß der Mensch liebend ist, wie er von sich aus gut oder böse, aufgeregt oder nachdenklich ist –, hat seine Polarität. Denn Liebe ist dasjenige Gefühl, das – abgesehen von religiösen Gefühlen – enger und unbedingter als irgendein anderes an seinen Gegenstand geknüpft ist. Der Zugespitztheit, mit der sie sich aus dem Subjekt erhebt, entspricht die gleiche, mit der sie sich auf das Objekt richtet. Das Entscheidende ist, daß sich keine Instanz allgemeiner Art dazwischen schiebt. Wenn ich jemanden verehre, so wird das durch die gewissermaßen allgemeine Eigenschaft der Verehrungswürdigkeit vermittelt, die mitsamt ihrer besonderen Ausgestaltung dauernd dem Bilde dieses Menschen, solange ich ihn eben verehre, einhaftet. So ist dem Menschen, den ich fürchte, seine Furchtbarkeit und ihre Veranlassung eingewebt, ja sogar den Menschen, den ich hasse, wird in den allermeisten Fällen die Ursache dieses Hasses in meiner Vorstellung nicht verlassen – einer der Unterschiede zwischen Liebe und Haß, die ihre triviale Formangleichung dementieren. Und trotz der Eckhartschen Mahnung wird das seelische Gesamtverhältnis zu Gott wohl beinahe durchgehends an seine Eigenschaften: Güte und Gerechtigkeit, Väterlichkeit und Macht geheftet – sonst hätte es jener Mahnung nicht bedurft.

Der Liebe aber ist es eigen, die vermittelnde, immer relativ allgemeine Qualität ihres Gegenstandes, die etwa die Liebe zu ihm entstehen ließ, aus der einmal entstandenen auszuschalten. Sie steht dann als eine unmittelbar und zentral auf diesen Gegenstand gerichtete Intention da und zeigt ihr echtes und unvergleichliches Wesen gerade in den Fällen, wo sie sogar den unzweideutigen Fortfall ihres Entstehungsgrundes überlebt. Nur wo es wirklich sich um *reine* Liebe zu Gott handelt, trifft die Eckhartsche Formel zu – aber sie trifft für alle Liebe zu, weil diese alle *Beschaffenheiten* des Geliebten, die ihr den Ursprung gaben, hinter sich gelassen hat. Die ekstatischen Ausdrücke der Liebenden: daß der Geliebte ihm »die ganze Welt sei«, daß es »außer ihm nichts gäbe« und ähnliches bedeuten nur diese ins Positive gewandte Exklusivität der Liebe, mit der sie, ein ganz und gar subjektives Ereignis, nun gerade ihren Gegenstand genau und vermittlungslos umschließt. Soweit ich sehe, gibt es kein anderes Gefühl, mit dem die absolute Innerlichkeit des Subjekts sich so rein zu der Absolutheit seines Gegenstandes hinlebte, indem der terminus a quo und der terminus ad quem sich, bei unüberwindlichem Gegenüber, so unbedingt einer Strömung fügten, die an keiner Stelle durch eine Zwischeninstanz verbreitert wird – gleichviel ob etwa solche ursprünglich die Strömung leitete und etwa akzidentell noch einen verbindenden Nebenkanal unterhält.

Diese Konstellation, unzählige Grade zwischen Flüchtigkeit und höchster Intensität einschließend, wird in formaler Gleichheit einer Frau wie einem Ding, einer Idee wie einem Freunde, dem Vaterland wie einem Gott gegenüber erlebt. Dies muß zunächst feststehen, wenn man ihre engere Bedeutung, die auf dem Boden der Sexualität sich erhebende, strukturell klären will. Die Leichtherzigkeit, mit der die Alltagsmeinung den Geschlechtstrieb und die Liebe verbindet, errichtet vielleicht eine der trügerischsten Brücken innerhalb der an solchen Bauwerken überreichen psychologischen Landschaft. Indem sie noch in die sich als wissenschaftlich gebende Psychologie hineinreicht, möchte man oft genug glauben, daß diese letztere in die Hände von Schlächtergesellen geraten ist. Anderseits darf selbstverständlich die Beziehung nicht einfach abgewiesen werden.

Unsere geschlechtliche Bewegtheit verläuft in zwei Bedeutungsschichten. Hinter dem unmittelbar subjektiven Getriebenwerden und Begehren, Vollziehen und Lustempfinden steht, als Erfolg alles dieses, die Fortpflanzung der Art. An der Kontinuität des sich übertragenden Keimplasmas entlang fließt das Leben seinen unabsehlichen Weg, durch alle jene Stadien hindurch oder von ihnen von Punkt zu Punkt getragen. So unzulänglich und in kleinmenschlicher Symbolik befangen der Begriff von Zweck und Mittel gegenüber dem geheimnisvollen Vollzuge des Lebens sein mag, so müssen wir sie doch als Mittel bezeichnen, deren sich das Leben zum Zweck der Gattungserhaltung bedient, indem es die Erreichung dieses Zweckes nicht mehr einem Mechanismus (im weiteren Sinne des Wortes), sondern seelischer Vermittlungen anvertraut.

Daß sich aus ihnen in sprungloser Entwicklung auch Liebe erhebt, ist nicht zu bezweifeln. Denn weder kann das typische Zusammenfallen der Epoche des Geschlechtstriebes mit der des Liebeserwachens ein bloßer Zufall sein, noch wäre andernfalls die leidenschaftliche (wenn auch nicht ausnahmslose) Ablehnung jeder anderen Geschlechtsbeziehung als zu dem Geliebten und die ebenso leidenschaftliche Sehnsucht nach eben dieser begreiflich. Hier muß ein genetischer, kein nur assoziativer Zusammenhang bestehen. Der Trieb, nach seinem generellen wie seinem hedonistischen Sinn zunächst auf das andere Geschlecht als solches gerichtet, scheint in dem Maße, in dem seine Träger sich differenzierten, auch seinen Gegenstand immer mehr individualisiert zu haben bis zur Singularisierung hin.

Nun wird zwar der Trieb keineswegs schon allein durch seine Individualisiertheit zur Liebe; jene kann einerseits hedonistisches Raffinement sein, anderseits ein vital-teleologischer Instinkt für den geeigneten Partner zur Erzeugung der besten Kinder. Allein unzweifelhaft schafft sie eine formale Disposition und sozusagen den Rahmen für jene Ausschließlichkeit, die das Wesen der Liebe selbst dann bildet, wenn ihr Subjekt sie einer Vielzahl von Gegenständen zuwendet. Mir ist kein Zweifel, daß innerhalb dessen, was man ganz allgemein die »Anziehung der Geschlechter« nennt, das erste Faktum, oder wenn man will, die Vorform der Liebe sich bildet. Das Leben metamorphosiert sich auch in dieses Gebilde, treibt seine Strömung auch bis zu dieser Welle empor, so frei deren Spitze auch aufrage. Sieht man den Lebensprozeß überhaupt als eine Anordnung von Mitteln an, die dem Zweck: Leben – dienen, und achtet man auf die einfach tatsächliche Bedeutung der Liebe für die Fortpflanzung der Gattung, so ist auch sie eines der Mittel, die das Leben für sich und aus sich bereitet.

Dennoch: in dem Augenblick, in dem dies erreicht ist, in dem die natürliche Entwicklung Liebe geworden ist, damit die Liebe wieder natürliche Entwicklung werde – in eben diesem verwandelt sich das Bild; sobald die Liebe in diesem gattungsmäßig-teleologischen Sinn dasteht, ist sie auch schon etwas Anderes, diesem Status Jenseitiges. Sie ist zwar immer noch ein Leben, aber von der besonderen Art, daß die eigentliche Dynamik, der natürlich abrollende Prozeß des Lebens, nun um ihretwillen da ist, daß sie einen Sinn und ein Definitivum bedeutet, das sich jener Teleologie vollkommen entzieht, ja – insoweit die Verbindung mit ihr weiterbesteht – sie eigentlich umdreht: der Liebende empfindet, daß das Leben jetzt der Liebe zu dienen hat, sozusagen dazu da ist, um ihr zu ihrem Bestande seine Kraft zu leihen.

Das triebhafte Leben erzeugt in sich Höhepunkte, mit denen es seine andere Ordnung berührt, und die ihm im Moment dieser Berührung gewissermaßen entrissen werden, um nun aus eigenem Recht, um des eigenen Sinnes willen zu existieren. Auch hier gilt Goethes Wort, daß alles in seiner Art Vollkommene über seine Art hinausgeht. Dem Leben, dem immer in irgendeinem Sinne zeugenden, ist es eigen, mehr Leben hervorzubringen, ein Mehr-Leben zu sein; aber auch auf der Stufe des Seelischen etwas hervorzubringen, was mehr als Leben ist, ein *Mehr-als-Leben* zu sein. Nun setzt es Gebilde aus sich heraus, erkenntnishafte wie religiöse, künstlerische wie soziale, technische wie normative, die einen Überschuß über den bloßen Lebensprozeß und das, was ihm dient, darstellen.

Indem sie je eine eigene, ihrem Sachgehalt entsprechende Logik und Wertsystematik ausbilden und zu Gebieten, die in ihren Grenzen autonom sind, werden, bieten sie sich dem Leben wieder als Inhalte dar, bereichernd und steigernd, oft aber auch als Erstarrtheiten, an denen seine eigne Richtung und Rhythmik sich staut und ablenkt, Sackgassen, in denen es sich totläuft. Solche Zufälligkeit, bis zum Widerspruch, die diese als »ideell« zu bezeichnenden Reihen gegen das Leben zeigen, das sie doch wieder in sich realisiert – hat ihre tiefste Problematik darin, daß sie schließlich doch als ganze aus dem Leben stammten und von ihm umfaßt werden. Denn jene Reihen entsteigen dem Leben selbst, es ist sein eigenstes Wesen, sich selbst zu überschreiten, das aus sich zu schaffen, was nicht mehr es selbst ist, seinem Verlauf und seiner Gesetzlichkeit schöpferisch sein Anderes gegenüberzustellen.

Diese Transzendenz, diese Beziehung – als Produktion, Berührung, Korrelation, Harmonie und Kampf – des Geistes zu dem ihm Jenseitigen, die doch die Form seines inneren Lebens selbst ist – diese Transzendenz, die sich an der Tatsache des Selbstbewußtseins, des Sich-selbst-zum-Objekt-Machens des Subjekts am einfachsten offenbart, erscheint mir als die Urtatsache des Lebens, soweit es Geist ist, des Geistes, soweit er Leben ist. Und sie ist nicht nur da gegeben, wo die geistigen Inhalte zu ideeller Festigkeit auskristallisiert sind; sondern noch vor Erreichung dieses Aggregatzustandes kann das Leben, enger in sich selbst verbleibend, Schichten aus sich, über sich erwachsen lassen, in die seine spezifisch naturhafte, lebenszweckmäßige Strömung nicht mehr einrinnt.

In einer solchen Schicht scheint mir die Liebe zu wohnen, psychologisch in einer kontinuierlich vermittelten, schwebenden Abgehobenheit von dem treibenden Leben und von seinem metaphysischen Sinn mitumgriffen, ihrer Intention, Eigengesetzlichkeit, Selbstentwicklung nach aber ihm so transzendent, wie die objektiv logische Erkenntnis dem seelischen Vorstellen oder wie die ästhetische Wertmäßigkeit des Kunstwerks den psychologischen Bewegtheiten, mit denen es geschaffen oder genossen wird. Die Inhaltlichkeit der Liebe in diesem reinen Sie-selbst-Sein positiver zu bestimmen, als mit dem vorherigen Versuch, ihre Zusammengesetztheit aus andersartigen Elementen abzuweisen, ist aber vielleicht eine unlösbare Aufgabe.

Die Abgrenzung gegen die Schicht, in der das – geschlechtlich geleitete – Leben läuft, ist auch deshalb so schwer, weil ja die Liebe aus ihrer eignen Schicht die »Sinnlichkeit« keineswegs verbannt. Zu der öfters gehörten Behauptung, Erotik und Sinnlichkeit schlössen einander aus, kann ich keinen Grund sehen. Was sich in Wirklichkeit ausschließt, ist Liebe und *isolierte* Sinnlichkeit, Selbstzwecksetzung des sinnlichen Genusses. Denn damit wird freilich einerseits die Einheit zerspalten, die das Sein des Subjekts färbt, insoweit es liebt, anderseits die Individualität der Richtung, mit der die Liebe jeweils ihren und schlechthin nur ihren Gegenstand ergreift, zurückgebildet zugunsten einer ganz unindividuellen Lust, deren Gegenstand prinzipiell beliebig vertretbar ist; auch zeigt dieser sich, da die Vertretbarkeit immer das Wesen eines *Mittels* ist, damit als das bloße Mittel zur Erreichung eines solipsistischen Zweckes – was wohl unbestrittenerweise als der schroffste Gegensatz der *Liebe* zu diesem Gegenstand gelten kann.

Und diesen Widerspruch trägt nicht nur der Verbrauch des vorgeblich geliebten Menschen als eines Mittels, sondern der Einbruch der teleologischen Kategorie überhaupt in das Gebiet der Liebe. All jenen transvitalen Reichen ist es gewissermaßen Siegel und Königswort, daß sie von der ganzen Zweck-Mittel-Verknüpfung frei bleiben. Wie Schopenhauers Ausdruck, daß die Kunst »überall am Ziele ist« nichts anderes besagt, so gilt dies auch für die Liebe. Mag sie auch etwas wünschen oder begehren, sie fängt dies, solange sie rein in sich ist, nie in die Technik von Zweck und Mittel ein, der alle nur sich selbst nachgehende Sinnlichkeit verhaftet bleibt.

Dagegen scheint es durchaus – und die physiologischen Dokumente sprechen dafür –, daß die Sinnlichkeit wie alle andern, ursprünglich dem bloßen Leben verwurzelten Elemente, über die Schwelle der echten Liebe mit hinübergenommen werde; oder von der zuvor berührten Seite her gesehen, daß in der Breite der einheitlichen erotischen Strömung auch diese Ader mitfließe, von den andern nur nachträglich durch die vereinzelnde Begrifflichkeit, aber nicht in der Lebenswirklichkeit selbst gesondert. Bezeichnet man als »erotische Natur« eine solche, bei der einerseits die Metamorphose der Lebensenergie in die selbstgenugsame, dem bloßen Leben transzendente Schicht der Liebe vollständig vollzogen, diese Schicht aber nun ihrerseits von der ganzen, stauungslos einströmenden Lebensdynamik vitalisiert und durchblutet ist – so gibt es ebenso ganz unsinnliche wie sehr sinnliche erotische Naturen. Die Verschiedenheiten dieser physisch-psychischen Mitgift individualisieren die Erotik, ohne die grundsätzliche Gleichheit ihrer Lebensentscheidung anzutasten.

Was sie aber freilich gänzlich von sich ablehnt, ist das Gattungsinteresse an der Fortpflanzung. Wie der liebende Mensch als liebender sich von aller eigentlichen Zweckbeziehung gelöst hat, von der hedonistischen und egoistischen, ja wie auch die moralische und altruistische sich nur an seinen Zustand heften *kann,* der schlechthin ein seiender, kein handelnder ist – so ist ihm auch die gattungsmäßige Zweckbeziehung fremd. Er ist kein Durchgangspunkt, sondern ein Endpunkt, oder richtiger, sein Sein und Sich-Fühlen steht überhaupt jenseits von Weg und Endpunkt, von Mittel-Sein und Zum-Mittel-

Machen, wie der religiöse Glaubensgehalt und das Kunstwerk; nur daß bei diesen die Geformtheit zum Dauergebilde den Abstand von der Lebensteleologie deutlicher macht als er es für die Liebe ist.

Dies vielleicht läßt den Oberton des Tragischen klingen, der von jedem großen Liebenden und von jeder großen Liebe herweht, von der letzteren um so wahrnehmbarer, je reiner sie sich von dem rationalen Lebensverlauf gelöst hat, um so unvermeidlicher, wo sich die Liebe zu diesem wieder zurückbiegt und mit ihm mischt wie in der Ehe. Die Tragödie Romeos und Julias ist mit dem *Maß* ihrer Liebe gegeben: für diese Dimension ihrer hat die empirische Welt keinen Platz. Da sie aber doch aus dieser gekommen ist und ihre reale Entwicklung in deren Bedingtheiten verflechten muß, so ist sie von vornherein mit tödlichem Widerspruch behaftet. Wenn Tragik nicht einfach das Zusammenstoßen entgegengesetzter Kräfte oder Ideen, Wollungen oder Gefordertheiten bedeutet, sondern vielmehr dieses, daß, was ein Leben zerstört, aus einer letzten Notwendigkeit dieses Lebens selbst gewachsen ist, daß der tragische »Widerspruch gegen die Welt« im letzten Grunde ein Selbstwiderspruch ist – so sind alle Bewohner jener Schicht »Idee« damit behaftet. Nicht das gibt dem Überweltlichen oder Gegenweltlichen seinen tragischen Zug, daß die Welt es nicht vertragen kann, es bekämpft und vielleicht vernichtet – dies wäre nur traurig oder empörend; sondern daß es – als Idee und Träger der Idee – die Kraft seines Entstehens und Bestehens aus eben dieser Welt gesogen hat, in der es keinen Platz findet.

Und das ist der Grund jenes tragischen Zuges an der reinen, der Lebensströmung entwundenen Erotik: daß sie doch aus gerade dieser Strömung entstanden ist, daß deren eigenstes Gesetz sich erfüllt, indem sie ihr Anderes, das ihr Fremde, ja Gegensätzliche erzeugt. Die zeitlose Schönheit der Aphrodite erhebt sich aus dem vergehenden, verwehenden Schaum des bewegten Meeres. Das restlos zeugende, restlos gebärende Leben, das die Anziehung der Geschlechter als Vermittlung zwischen je zwei seiner Wellenkämme gesetzt hat, erfährt nun jene gewaltige Achsendrehung, durch die diese Anziehung Liebe wird, d. h., in das Reich des Lebensgleichgültigen, gegen alle Zeugung und Vermittlung Fremden, sich hebt. Gleichviel ob dies von der Idee gerechtfertigt wird oder die Idee rechtfertigt; gleichviel ob die Liebe die Verbindung nach rückwärts wieder aufnimmt und als Realität die hervorgehobene Bedeutung für die Fortpflanzung gewinnt – ihrem eigenen Sinne nach weiß sie von diesem Interesse nichts, sie ist und bleibt die Zuständlichkeit des Subjekts, die in unerklärlicher, nur erlebbarer Weise um ein anderes Subjekt herum wächst, die ihre Zentralität schlechthin in sich selbst findet, nicht in

Erhaltung und Entwicklung der Gattung und nicht in einem zu erzeugenden Dritten.

Aber aus diesem gattungsmäßigen Leben ist sie doch gekommen, und irgend etwas von Selbstwiderspruch, Selbstzerstörung umwittert die Liebe, sobald sie sich als ideeller Eigenbestand in Sinngetrenntheit von ihm abgespalten hat. Der tragische Schatten fällt über die Liebe nicht aus ihr selbst heraus, sondern das Gattungsleben wirft ihn. Aus seinen eigenen Kräften und um deren zweckmäßiger Entfaltung willen drängt es aufwärts zum Erblühen der Liebe; aber in dem Augenblick, in dem die Liebe sich öffnet, sendet sie ihren Duft aufwärts in eine Region der Freiheit, jenseits aller Wurzelhaftung. Freilich steht keine Tragödie mit Zerstörung und tödlichem Ausgang in Frage. Aber der Widerspruch: daß neben oder über dem Leben, das allumfassend sein will, ein ihm Fremdes steht, gelöst von seiner schaffenden Strömung, Seligkeit und Unseligkeit aus eignem Samen ziehend, daß aber eben dieses aus einem tiefsten Wollen oder Mühen, oder richtiger vielleicht: Sollen dieses Lebens selbst kommt, daß diese Entfremdung von ihm seine eigne letzte Heimlichkeit ist – diese, wenn auch nicht aggressive Verneinung des Lebens, die Selbstverneinung ist, läßt die leise tragische Musik vor der Tür der Liebe klingen.

Vielleicht hat die Liebe schon in ihrer reinen Selbstheit eine Tragik, weil ein Widerspruch besteht zwischen dem unablösbaren Innenbleiben des Gefühls in ihrem Träger und dem Umfassen des Andern, dem Insicheinziehen und Verschmelzenwollen, in dem Prozesse zwischen dem Ich und dem Du, den selbst diese letzte Instanz nicht vor fortwährender Wiederaufnahme bewahren kann. Hier aber ist von der anderen Tragik die Rede, dic vom gattungsmäßigen Leben her die Liebe anschattet: mit ihr hat dieses Leben sich selbst transzendiert, hat aus seinen eignen Kräften die Untreue gegen sich geboren, eine Schicht aufgetrieben, die von seinem kosmisch-metaphysischen Sinn noch umgriffen sein mag, weil diesem nach Leben eben Mehr-»als«-Leben ist, in der es aber doch von seinem Gesetze, Mehr-Leben zu sein, abgefallen ist.

Zur Metaphysik des Todes

Die Kultur des innersten Lebens steht in jedem Zeitalter in enger Wechselwirkung mit der Bedeutung, die es dem Tode zuschreibt. Wie wir das Leben auffassen und wie wir den Tod auffassen – das sind nur zwei Aspekte eines einheitlichen Grundverhaltens. Die hier gebotenen Überlegungen, obgleich bemüht, ihre Abstraktionen aus ganz verschiedenen Todesbegriffen zu gewinnen, mögen in der Methode dieser Bemühungen ein Beispiel dafür sein, wie eine der augenblicklichen Kulturlage entsprungene Denkweise sich zu diesen Problemen stellt.

Den unorganischen Körper scheidet vor allem dies von dem lebendigen: daß ihm seine begrenzende Form von außen bestimmt wird – sei es in dem äußerlichsten Sinne, daß er aufhört, weil ein anderer anfängt, sich seiner Expansion entgegenstellt, ihn biegt oder bricht; oder sei es durch molekulare, chemische oder physikalische Einflüsse, wie etwa die Form des Felsens durch Verwitterung, die der Lava durch Erstarren fixiert wird. Der organische Körper aber gibt sich seine Gestalt von innen her; er hört auf zu wachsen, wenn die mit ihm geborenen Formkräfte an ihre Grenze gekommen sind; und dauernd bestimmen diese die besondere Art seines Umfanges. Die Bedingungen seines Wesens überhaupt sind auch die seiner erscheinenden Form, während für den unorganischen Körper die letzteren außerhalb seiner selbst wohnen.

Das Geheimnis der Form liegt darin, daß sie Grenze ist; sie ist das Ding selbst und zugleich das Aufhören des Dinges, der Bezirk, in dem das Sein und das Nichtmehrsein des Dinges Eines sind. Und das organische Wesen ist, anders als das unlebendige, zu dieser Grenzsetzung keines zweiten bedürftig.

Nun aber ist seine Grenze nicht nur räumlich, sondern auch zeitlich. Dadurch, daß das Lebendige stirbt, daß das Sterben mit seiner Natur selbst (gleichviel ob aus begriffener oder noch unbegriffener Notwendigkeit heraus) gesetzt ist, bekommt sein Leben eine *Form* – in der freilich der quantitative und der qualitative Sinn sich anders mischt als in der räumlichen.

Die Einsicht in die Bedeutung des Todes hängt durchaus daran, daß man sich von der »Parzen«-Vorstellung befreie, in der sein gewöhnlicher Aspekt sich ausdrückt: als würde in einem bestimmten

Zeitmoment der Lebensfaden, der sich bis dahin als Leben und ausschließlich als Leben fortgesponnen, mit einem Male »abgeschnitten«; als setzte der Tod dem Leben seine Grenze in demselben Sinn, in dem der unorganische Körper dadurch räumlich zu Ende ist, daß ein anderer, mit dem er von sich aus gar nichts zu tun hat, sich gegen ihn schiebt und ihm seine Form – als »Aufhören« seines Seins – bestimmt. Den meisten Menschen erscheint so der Tod als eine dunkle Prophezeiung, die über ihrem Leben schwebt, aber doch erst in dem Augenblick ihrer Verwirklichung irgend etwas mit dem Leben zu tun haben wird, wie über dem Leben des Ödipus die, daß er irgendwann einmal seinen Vater erschlagen wird. In Wirklichkeit aber ist der Tod von vornherein und von innen her dem Leben verbunden.

Ich lasse die biologische Strittigkeit beiseite: ob die einzelligen Wesen unsterblich sind, da sie sich nur in mehrere, wieder ganz und gar lebendige Wesen teilen und niemals, ohne Einwirkung äußerer Gewalt, eine Leiche hinterlassen, so daß der Tod nur eine bei den vielzelligen Organismen zu dem Leben hinzugetretene Erscheinung wäre – oder ob auch von jenen ein Teil oder die ganze Körpersubstanz schließlich zugrunde geht. Hier gehen uns nur diejenigen Wesen an, die eben sterben und deren Leben darum in keiner weniger innigen Verbindung mit dem Tode steht, weil die Lebensform anderer Wesen diese Bedingtheit von vornherein nicht besitzt.

Ebensowenig wird das Abgestimmtsein unseres Lebens auf den Tod und seine durchgängige Bestimmtheit durch ihn von der Tatsache widerlegt, daß das normale Leben eine Zeitlang aufwärtsschreitet, immer mehr und sozusagen immer lebendigeres Leben wird; erst nach einem höchsten Punkt seiner Entwicklung – der gewissermaßen dem Tode ferner zu sein scheint als jeder frühere – beginnen die ersten Zeichen des Abwärtsgehens. Allein jenes voller und stärker werdende Leben steht doch in einem Gesamtzusammenhang, der auf den Tod angelegt ist. Auch ohne daß, wie seit dem beginnenden Härterwerden der Gefäße, der Tod gleichsam pro rata in ihm feststellbar wäre, würde es doch ein anderes sein, wenn es nicht in jener eindeutig auf den Tod zugehenden Reihe stünde. Wie die Ursache eines Erfolges in diesem doch nicht substantiell, in ihrem Eigenbestand, ihrer Eigenform, fortzubestehen braucht, ein erstes Gebilde vielmehr die qualitativ völlig andere Bestimmtheit eines zweiten zur Wirkung haben kann, so kann, in anderer Richtung gesehen, der Tod dem Leben von vornherein einwohnen, ohne daß er, oder gleichsam ein Partikelchen von ihm, in jedem einzelnen Momente schon als Wirklichkeit feststellbar wäre. Aber in jedem einzelnen Momente des Lebens *sind* wir solche, die sterben werden, und er wäre anders, wenn dies nicht unsere mitgegebene, in ihm irgendwie wirksame Bestimmung wäre. So wenig wir in dem Augenblick unserer Geburt schon da sind, fortwährend vielmehr irgend etwas von uns geboren wird, so wenig sterben wir erst in unserem letzten Augenblicke.

Dies erst macht die formgebende Bedeutung des Todes klar. Er begrenzt, d. h. er formt unser Leben nicht erst in der Todesstunde, sondern er ist ein formales Moment unseres Lebens, das alle seine Inhalte färbt: die Begrenztheit des Lebensganzen durch den Tod wirkt auf jeden seiner Inhalte und Augenblicke vor; die Qualität und Form eines jeden wäre eine andere, wenn er sich über diese immanente Grenze hinaus erstrecken könnte.

Es gehört zu den ungeheuren Paradoxien des Christentums, dem Tod diese apriorische Bedeutung zu nehmen, das Leben von vornherein unter den Gesichtspunkt seiner eigenen Ewigkeit zu stellen. Und zwar nicht nur als eine an den letzten irdischen Augenblick sich anschließende Verlängerung des Lebens; sondern von der gesamten Reihe der Lebensinhalte hängt das ewige Geschick der Seele ab, ein jeder setzt seine ethische Bedeutung als Bestimmungsgrund unserer transzendenten Zukunft in das Unendliche fort und durchbricht damit die ihm einwohnende Begrenztheit. Der Tod kann hier als überwunden gelten, nicht nur weil das Leben, als eine durch die Zeit erstreckte Linie, über die Formgrenze seines Endes hinausreicht, sondern auch weil es den durch alle Einzelmomente des Lebens hin wirkenden und sie innerlich begrenzenden Tod vermöge der ewigen Konsequenzen eben dieser Momente verneint.

Und auch für den umgekehrt gerichteten Blick erscheint der Tod als der Gestalter des Lebens. Die gegebene Stellung der Organismen innerhalb ihrer Welt ist die, daß sie sich in jedem Augenblick nur durch irgendwelche Anpassung – im weitesten Sinne des Wortes – am Leben erhalten können. Das Versagen dieser Anpassung bedeutet den Tod. Ebenso wie jede automatische oder willkürliche Bewegung als der Drang nach Leben, nach Mehr-Leben gedeutet werden kann, ebenso kann sie es als die Flucht vor dem Tode. Jede unserer Bewegungen findet in dieser Hinsicht ihr Symbol an der arithmetischen Größe, die ebenso durch Addition von unten her, wie durch Subtraktion von oben her zustande gebracht werden kann. Oder vielleicht ist das Wesen unserer Aktivität eine für uns selbst geheimnisvolle Einheit, die wir, wie so viele andere, nur durch Zerlegung in Lebenseroberung und Todesflucht erfassen können. Jeder Schritt des Lebens zeigt sich nicht nur als eine zeitliche Annäherung an den Tod, sondern als durch ihn, der ein reales Element des Lebens ist, positiv und a priori geformt. Und diese Formung wird also nun gerade durch die *Abwendung* vom Tode mitbestimmt, dadurch, daß Erwerb und Genuß, Arbeit und Ruhe, und all unsere andern, naturhaft betrachteten Verhaltungsweisen – instinktive oder bewußte Todesflucht sind. Das Leben, das wir dazu verbrauchen, uns dem Tode zu nähern, verbrauchen wir dazu, ihn zu fliehen. Wir sind wie Menschen, die auf einem Schiff in der seinem Lauf entgegengesetzten Richtung schreiten: indem sie nach Süden gehen, wird der Boden, auf dem sie es tun, mit ihnen selbst nach Norden getragen. Und diese Doppelrichtung ihres Bewegtseins bestimmt ihren jeweiligen Standort im Raume.

Diese Formung des Lebens *in seinem ganzen Verlaufe* durch den Tod ist bisher sozusagen etwas Bildhaftes, das von sich aus noch nicht zu irgendwelchen Schlüssen vordringt; es handelte sich nur darum, die gewöhnliche Vorstellung, die den Tod nur, gleichsam unorganisch, als den lebenbeendigenden Parzenschnitt ansieht, durch die organischere zu ersetzen, für die er ein formendes Moment des kontinuierlichen Lebensverlaufes von Anfang an ist; ohne daß der Tod wäre, auch jenseits seiner ungemischten Sichtbarkeit in der Todesstunde, wäre das Leben ganz und gar und unausdenkbar anders. Mag man aber seine enbiotische Verbreitung als eine Vorwirkung oder Vorschattung des singulären Todesereignisses, mag man sie als eine autochthone Formung oder Färbung jedes Lebensmomentes für sich ansehen – jedenfalls begründet erst sie, zusammen mit jener Akutheit des Todes, gewisse Reihen metaphysischer Vorstellungen vom Wesen und Schicksal der Seele. Ich scheide die Modifikationen nicht ausdrücklich voneinander, die der eine und die der andere Sinn des Todes in die folgenden Erwägungen hineinträgt; es wäre Sache leichten Überlegens, die Anteile jener beiden an diesen Vorstellungen zu sondern.

Die Hegelsche Formulierung, daß jedes Etwas seinen Gegensatz fordert und mit ihm zu der höheren Synthese zusammengeht, in der es zwar aufgehoben ist, aber ebendamit »zu sich selbst kommt« – läßt ihren Tiefsinn vielleicht nirgends stärker als an dem Verhältnis zwischen Leben und Tod hervorleuchten. Das Leben fordert von sich aus den Tod, als seinen Gegensatz, als das »Andere«, zu dem das Etwas wird und ohne das dieses Etwas überhaupt seinen spezifischen Sinn und Form nicht hätte. Insoweit stehen Leben und Tod auf *einer* Staffel des Seins, als Thesis und Antithesis. Damit aber erhebt sich über sie ein Höheres, Werte und Spannungen unseres Daseins, die über Leben und Tod hinaus sind und von deren Gegensatz nicht mehr berührt werden, in denen aber das Leben eigentlich erst zu sich selbst, zu dem höchsten Sinne seiner selbst kommt.

Die Basis dieses Gedankens ist, daß das Leben, wie es unmittelbar gegeben ist, seinen Prozeß in voller Ungeschiedenheit von seinen Inhalten abrollt. Diese tatsächliche Einheit kann nur gelebt werden und ist als solche intellektuell nicht zu bewältigen. Die Analytik des Verstandes erst zerlegt sie in jene beiden Elemente, ohne daß die so gezogene Scheidelinie darum einer objektiven Struktur des Gegenstandes weniger zu entsprechen brauchte, als – freilich in einer anderen Realitätsebene – die im Gefühle gegebene *Einheit* des Erlebens.

Die sachliche wie die psychologische Möglichkeit der Scheidung aber scheint mir, insbesondere für gewisse höchste Werte, nur durch die Tatsache gegeben, daß ihr Träger, ihr Prozeß, dem Tode unterworfen ist. Lebten wir ewig, so würde das Leben voraussichtlich mit seinen Werten und Inhalten undifferenziert verschmolzen bleiben, es würde gar keine reale Anregung bestehen, diese außerhalb der einzigen Form, in der wir sie kennen und unbegrenzt oft erleben können, zu denken. Nun aber sterben wir und erfahren damit das Leben als etwas Zufälliges, Vergängliches, als etwas, was sozusagen auch anders sein kann. Dadurch erst wird der Gedanke entstanden sein, daß die Inhalte des Lebens ja das Schicksal seines Prozesses nicht zu teilen brauchen, erst so wird man auf die von allem Verfließen und Enden unabhängige, jenseits von Leben und Tod gültige Bedeutung gewisser Inhalte aufmerksam geworden sein. Erst die Erfahrung vom Tode wird jene Verschmelzung, jene Solidarität der Lebensinhalte mit dem Leben gelöst haben.

Aber gerade mit diesen zeitlos bedeutsamen Inhalten gewinnt das zeitliche Leben seine eigene reinste Höhe; indem es sie, die mehr sind als es selbst, in sich aufnimmt oder sich in sie ergießt, kommt das Leben über sich hinaus, ohne sich zu verlieren, ja, sich eigentlich erst gewinnend; denn erst so kommt sein Ablauf als Prozeß zu einem Sinn und Wert und weiß sozusagen, weshalb er da ist. Es muß diese Inhalte erst ideell von sich sondern können, um sich bewußt zu ihnen zu erheben, und es vollbringt diese Sonderung im Hinblick auf den Tod, der zwar den Prozeß des Lebens annullieren, aber die Bedeutung seiner Inhalte nicht angreifen kann.

Wenn diese Scheidung zwischen Leben und Inhalt, die durch den Tod geschieht, die Inhalte überleben läßt, so tritt derselbe Akzent doch auch auf die andere Seite der Trennungslinie. Der seelische Lebensprozeß als ganzer stellt mit steigender Entwicklung das Gebilde immer klarer und stärker heraus, das man das Ich nennen kann. Es handelt sich um das Wesen und den Wert, um den Rhythmus und sozusagen den inneren Sinn, die unserer Existenz, als diesem besonderen Stück der Welt, zukommen; um dasjenige, was wir eigentlich von vornherein sind und doch wieder im vollen Sinne noch nicht sind. Dieses Ich steht in einer eigentümlichen, näherer Darstellung noch bedürftigen Kategorie, die ein Drittes ist, jenseits der gegebenen Wirklichkeit und der irrealen, bloß geforderten Wertidee.

Nun ist aber das Ich am Anfang seiner Entwicklung, sowohl für das subjektive Bewußtsein, wie in seinem objektiven Sein, aufs engste mit den Einzelinhalten des Lebensprozesses verschmolzen. Und wie dieser Lebensprozeß – so sahen wir eben – seine Inhalte von sich sondert, wie sie eine Bedeutung jenseits ihres dynamisch-realen Erlebtwerdens erhalten, so entläßt er, gleichsam auf seiner anderen Seite, das Ich aus sich, das sich, in gewissem Sinn uno actu mit den Inhalten, aus ihm herausdifferenziert und sich damit auch von den Inhalten, die zunächst das naive Bewußtsein ausschließlich erfüllen, als eine besondere Bedeutung, als Wert, Existenz und Forderung ablöst. Je mehr wir erlebt haben, desto entschiedener markiert sich das Ich als das Eine und Kontinuierende in allen Pendelschwingungen des Schicksals und des Weltvorstellens; und zwar eben nicht nur in dem psychologischen Sinn, in dem die Wahrnehmung des Gleichen und Beharrenden in sonst differenten Erscheinungen durch deren numerisches Anwachsen leichter und unvermeidlicher wird; sondern auch im objektiven Sinne, derart, daß das Ich sich reiner in sich selbst sammelt, sich herausarbeitet aus all den fließenden Zufälligkeiten erlebter Inhalte, sich immer sicherer und von diesen unabhängiger seinem eigenen Sinn und Idee zu entwickelt.

Hier setzt der Unsterblichkeitsgedanke ein. Wie in dem oben erörterten Fall der Tod das Leben versinken läßt, um die Zeitlosigkeit seiner Inhalte gleichsam freiwerden zu lassen, so beendet er nun, anders angesehen, die Erlebnisreihe der bestimmten Inhalte, ohne daß damit die Forderung des Ich, sich ewig zu vollenden oder weiterzuexistieren – das Gegenspiel jener Zeitlosigkeit – abgeschnitten wäre. Die Unsterblichkeit, wie sie die Sehnsucht vieler tieferen Menschen ist, hat den Sinn: daß das Ich seine Lösung von der Zufälligkeit der einzelnen Inhalte *ganz* vollbringen könnte.

Religiöserweise pflegt die Unsterblichkeit einen anderen Sinn zu haben. Sie gilt hier meistens einem Haben, die Seele will Seligkeit oder das Schauen Gottes oder vielleicht nur ein Weiterexistieren überhaupt; oder, bei stärkerer ethischer Sublimiertheit, will sie eine Qualität ihrer selbst: sie will erlöst sein, oder gerechtfertigt, oder gereinigt. Aber alles das kommt nicht in Frage gegenüber dem jetzigen Sinn der Unsterblichkeit, als des Zustandes der Seele, in dem sie nichts mehr *er*lebt, in dem ihr Sein sich also nicht mehr an einem Inhalt vollzieht, der in irgendeinem Sinn außerhalb ihrer selbst bestünde. Solange wir leben, erleben wir Objekte. Das Ich hebt sich zwar mit dem Vorschreiten der Jahre und ihrer Vertiefung mehr und mehr als der reine Prozeß, als das Invariable und Durchhaltende aus allen Mannigfaltigkeiten der vorüberflutenden Inhalte heraus, aber irgendwie bleibt es doch jeweilig mit diesen verschmolzen; das Sich-abheben, das Selbstsein der Seele bedeutet nur eine asymptotische Annäherung an das Ich, das nicht an irgendeinem Etwas, sondern nur an sich selbst existiere. Wo an Unsterblichkeit geglaubt wird und jeder materiale Inhalt, dem sie zum Zweck diene, abgelehnt wird – sei es als das ethisch nicht hinreichend Tiefe, sei es als das schlechthin Unwißbare –, wo sozusagen die reine Form der Unsterblichkeit gesucht wird, da wird der Tod wohl als die Grenze erscheinen, jenseits deren alle angebbaren Einzelinhalte des Lebens vom Ich abfallen und wo sein Sein oder sein Prozeß ein bloßes Sich-selbstgehören, eine reine Bestimmtheit durch sich selbst ist.

Über Geschichte der Philosophie

Aus einer einleitenden Vorlesung

Wahrheit und Irrtum verhalten sich in der Wissenschaft wie Gegenwart und Vergangenheit. Dadurch eben sind wissenschaftliche Lehren »vergangen«, daß sie als irrig erkannt sind; was weiter als Wahrheit gilt, ist nicht vergangen, sondern in das Inventar der Gegenwart aufgenommen – gleichviel ob auch dessen Stücke für eine spätere Gegenwart »vergangen« sein werden. Unvermeidlich scheint jeder Wissenschaft ihr Gegenwartsstadium die sachliche Wahrheit zu enthalten und alles davon abweichende Frühere »nur historisches Interesse« zu besitzen.

Von dieser Entwicklungsnorm der Wissenschaften macht allein die Philosophie eine Ausnahme. Ihr eigentümlicher Wahrheitsbegriff verhindert gerade in bezug auf ihre letzten und umfassendsten Probleme, daß ihre Vergangenheit in derselben Art überwunden sei, wie der Gäozentrismus durch den Heliozentrismus überwunden ist. Denn er wird dadurch bestimmt, daß diese Probleme nicht objektiv lösbar sind.

Eigentümlicherweise scheint die Vereinigung aller Denkenden, die die objektive Wahrheit mindestens prinzipiell ermöglicht oder fordert, nur über die Äußerlichkeiten oder Einzelheiten der Welt erreichbar. Auf den Gesamtcharakter des Daseins, auf die Frage nach den Wurzeln des Werdens, nach dem Sinn des Lebens scheinen nur individuelle Schichten der Seele zu reagieren, die sich allgemeiner Verständigung und objektiver Wahrheit versagen. Der Philosoph ist aber nun ein solcher, dessen Seele nicht, wie die der meisten Menschen, nur auf diese oder jene Einzelheiten, sondern auf das Gesamtdasein als auf eine Einheit bewußt antwortet; und dessen Antwort dennoch eine gewisse, theoretisch noch nicht recht beschreibliche Art von Überindividualität besitzt, die nicht Allgemeingültigkeit ist, sondern der von Kunstwerken vergleichbar, die diese neben einem höchst subjektiven Wesen zeigen können.

Indem eine Philosophie diese Reaktion ausdrückt, ist ihre Wahrheit nicht eigentlich ein Nachzeichnen des Objekts, sondern des Subjekts. Als Aussage über objektive Wirklichkeiten unterliegt sie jenem geschichtlichen Prozeß, der den früheren Irrtum durch die je gegenwärtige Wahrheit ablöst. Als Weltanschauung aber, d. h. als Ausdruck für das Sein einer Seele in ihrem Verhältnisse zum Weltganzen, ist ihre Wahrheit nach innen gewandt, ruht in der Treue, mit der jene seelische Tatsächlichkeit sich in ihr verkörpert, und ihre Bedeutung in der Größe und Tiefe dieser Seele selbst. Ist das Kunstwerk »ein Stück Welt, gesehen durch ein Temperament«, so ist Philosophie das Ganze der Welt, gesehen durch ein Temperament, ein état d'âme, wie man es von der Landschaft gesagt hat.

Weil also Philosophien nicht in demselben Sinne wahr sind, wie Behauptungen anderer Wissenschaften, so können sie auch nicht in demselben Sinne falsch sein. Noch heute finden Geister in Sokrates und Plato, in Thomas von Aquino und Giordano Bruno, in Spinoza und Leibniz die Entscheidungen und Erlösungen für ihr Verhältnis zur Welt. Von einer höheren Überschau aus gesehen, liegen diese Leistungen der Vergangenheit mit denen der Gegenwart in einer Ebene. Aber gerade darum besteht Philosophie in ihrer Geschichte, die den zeitlosen Bezirk der möglichen philosophischen Verhaltungsweisen der Seele allmählich realisiert.

Und doch muß der Vorstellung begegnet werden, als sei die Geschichte der Philosophie das eigentliche Objekt für den Philosophen und als seien Philosophen nur »historisch« zu verstehen. Beides sind Überspannungen des Historismus, wie sie heute auf allen Gebieten begegnen, aber vielleicht nirgends so sehr wie hier ein Prunkmantel sind, in den die Impotenz sich kleidet. Der Geschichtsbegriff wird ebenso zum Götzen, wie der Naturbegriff es geworden ist: die Wirklichkeiten erschöpfen sich in der Form ihrer Zusammenordnung, Verlauf und Verknüpfung der individuellen und sozialen Triebkräfte erscheinen als die Triebkraft selbst. Das geht so weit, daß man heute schon die Versenkung in die Sachprobleme der Philosophie als Verirrung bezeichnet, aus der nur die Hinwendung zur Geschichte erlösend und alle Rätsel lösend wirken könne.

In Wirklichkeit ist doch aber alle geschichtliche Entwicklung in jedem ihrer aufwärtsschreitenden Momente gerade nur durch Emanzipation von der Geschichte möglich gewesen, durch die Unzufriedenheit mit dem historisch Gegebenen, durch den Mut, von vorn anzufangen, wenn auch mit allmählich verbesserten Denkmitteln. Derjenige also, der Philosophie *kennen* will, ist mangels eines Gegenwartsstadiums ihrer freilich auf ihre Geschichte angewiesen – man kann Philosophie nicht ihrem Sachgehalt nach lernen, wie man Physik lernen kann; wer aber *philosophieren* will, darf sich nicht an ihre Geschichte binden, weil er Grundproblemen gegenübersteht, die ihn kaum anders ansehen, wie sie schon Plato und Kant angesehen haben. So ist Philosophie das ganz eigenartige Kulturgebilde, das je nach dem rezeptiven oder produktiven Verhalten des Subjekts absolut historischen oder absolut unhistorischen Wesens ist.

Nicht weniger mißverständlich ist das andere Axiom des philosophischen Historismus: daß philosophische Lehren nur historisch verstanden werden könnten, nur aus ihren Vorgängern und geschichtlichem Zusammenhang heraus. Dem gegenüber behaupte ich: auf diesem Wege geht man an dem wesentlichen Verständnis der Philosophien ebenso vorüber, wie wenn man Phidias und Michelangelo, Dante und Goethe nur historisch versteht; so glichen sie einem verschlossenen Gefäß, das von Hand zu Hand geht, ohne seinen Inhalt zu entfalten. All solches heißt, daß man zwar das Werden der Sache begreift, aber die Sache selbst nicht. Es verrückt den Augenpunkt, wenn man jeden Philosophen nur auf seine Stellung in einer geschichtlichen Reihe hin, d. h. in ausschließlicher Beleuchtung durch ein Vor-ihm und ein Nach-ihm betrachtet. In bezug auf die Entwicklung sachlicher Erkenntnisse mag dies gelten; versteht man aber alle Behauptungen über die Dinge als die Form oder das Kleid, dahinter als das Wesentliche, als das, was eigentlich ausgedrückt wird, die Seele des Philosophen steht, wie sie das Bild und Gefühl des Daseins in sich zustande bringt – so ist jeder große Philosoph, wie jeder Künstler, ein Anfang und ein Ende, mögen seine technischen, geschichtlich bestimmten Mittel so primitiv sein, wie die von Heraklit und Giotto, oder so raffiniert, wie die Schellings und Whistlers.

Sogar der Zusammenhang mit der allgemeinen Kultur ist bei der Philosophie wie bei der Kunst nicht ganz so wichtig wie bei anderen geistigen Produkten, weil sie mehr als diese auf der Persönlichkeit ruhen; das Traditionselement ist in ihnen gegenüber dem schöpferischen *relativ* gering. Dasjenige im Menschen, was durch alle historische und gesellschaftliche Beeinflussung schließlich nur *geformt*, in seinem Stil und seinem Ausdruck bestimmt wird, tritt hier als das Entscheidende hervor.

Es ist der individualistische Charakter der Philosophie, aus dem im letzten Grunde alle diese Bestimmungen folgen. Man mag der individualistischen Auffassung der Kultur sonst abgesagt haben: aber die Geschichte der Philosophie ist die Geschichte der großen Philosophen, ist Heroenkultus.

Und dieser heroistische Charakter überträgt sich auf die Elemente innerhalb der Lehren: es kommt für die Philosophie ausschließlich auf die ganz wenigen ganz großen Gedanken innerhalb jedes Systems an. Wenn man in der Geschichte der Philosophie den Ton auf Philosophie legt, so ist ihr wesentliches Ziel, die einheitliche Wurzel der Systeme darzustellen – die das System manchmal selbst nicht ausspricht –, ihren Grundrhythmus und ihr entscheidendes Motiv, das an sich jenseits aller Einzelheiten liegt und diese erst aus sich wachsen läßt.

Hiermit wird freilich eine gewisse Subjektivität der Auffassung unvermeidlich, die am besten von vornherein eingestanden wird – nicht als ein zu beseitigender Mangel, sondern als die Form, durch die erst der Rohstoff der gegebenen Philosophien zu dem neuen Gebilde: Geschichte der Philosophie – wird. Denn was für die Geschichte gilt: daß sie nicht eine mechanische Abspiegelung der realen Begebenheiten ist, sondern eine Formung derselben um der Zwecke des Erkennens willen, eine Deutung nach apriorischen Forderungen – das wird doch auch für die Geschichte der Philosophie gelten. Auch sie kann als historische Wissenschaft keine bloße Reproduktion sein; auch die »historische Wahrheit« ist eine geistige Aktivität, die aus ihrem Gegenstande etwas macht, was er an sich noch nicht ist, und zwar nicht nur durch kompendiöses Zusammenfassen seiner Einzelheiten, sondern indem sie von sich aus Fragen an ihn stellt, indem sie, gerade wie die sonstige Historie tut, das Singuläre zu einem Sinne zusammenfaßt, der oft gar nicht im Bewußtsein ihres »Helden« lag, indem sie Bedeutungen und Werte ihres Stoffes aufgräbt, die diese Vergangenheiten zu einem, ihre Darstellung für *uns* lohnenden Bilde gestalten.

Jener personale Charakter jeder großen Philosophie verträgt es aber durchaus, daß auf alle Erzählung des sogenannten persönlichen Lebens der Philosophen verzichtet wird. Denn die biographischen Anekdoten betreffen ja gerade das Unpersönliche am Philosophen. Ob jemand arm oder reich, schön oder häßlich, Engländer oder Deutscher, verheiratet oder Junggeselle war – das ist etwas relativ Allgemeines, das teilt er mit unzähligen andern. Die Quellen der Philosophie fließen doch tiefer, als daß sie aus diesen Strömungen an der Oberfläche des Lebens herzuleiten wären, aus irgendwelchen »Umständen«, d. h. aus dem, »was nur um das Leben herumsteht, ohne sich mit seinen innersten Bewegtheiten und dem Fatum seines Charakters zu decken«*.

Das Persönliche am Philosophen, soweit es uns hier interessieren darf, liegt allein in seiner Philosophie, denn diese allein ist sein Unvergleichbares, sein absolut Individuelles, mit keinem Geteiltes.

Wenn wir aus dieser Leistung eine innerlichste Persönlichkeit erschließen und aus dieser wieder die Leistung verstehen, so mag dies ein Zirkel sein. Aber es ist einer von denen, die für unser Denken unvermeidlich sind; es ist nur die völlige Einheitlichkeit des Gebildes, die sich darin ausdrückt, daß von den Elementen, in die wir es zerfällen, jedes nur durch das andere verständlich wird. Die Persönlichkeit, auf die es uns hier ankommt, ist eben nur der Mensch *dieses*

* Vgl. meinen *Kant. 16 Vorlesungen,* gehalten an der Berliner Universität.

Werkes, der Träger *dieser* Ideen. Den Philosophen verstehen wir, indem wir seine Philosophie verstehen.

Alle diese Abenteurer des Geistes, diese wunderlichen Heiligen und Unheiligen, haben freilich ihre tiefsten Intimitäten in der Form objektiver Weltbilder niedergelegt; und es liegt gerade eine Hauptattraktion aller bedeutenden Philosopheme in der Spannung zwischen der subjektiven Leidenschaft, mit der das Leben, das Verhältnis der Seele zum Grunde der Dinge, der Wert des Wirklichen und des Unwirklichen gefühlt wird – und der kühlen Begriffsmäßigkeit, der sublimierten Abstraktion, in der dieses Gefühl Form gewinnt und mit der es gerade für das Persönlichste in uns Allgemeingültigkeit beansprucht. Es wird unsere Aufgabe sein, jene produktive Subjektivität, in der das Genie, ganz jenseits seiner sonstigen Existenz im bürgerlichen Sinne, lebt, aus diesen Kristallisierungen und oft abstrusen Einkleidungen herauszuarbeiten, bis jede Philosophie als die Objektivierung eines bestimmten Typus Mensch verständlich wird, bis jede die in ihr investierte Seele sichtbar macht, deren Antwort auf den Gesamteindruck der Welt eben dieses Bild der Welt darstellt.

Nietzsche und Kant

Es ist für Epigonenzeiten bezeichnend, daß sie, den Blick auf die Schöpfer ihres Besitzstandes zurückwendend, in deren Vergleichung miteinander fast eine größere Befriedigung zu fühlen scheinen, als in der Nachforschung der Einzelgestalt. Allein in jeder Parallele zwischen großen Persönlichkeiten, jedem Messen ihrer aneinander, liegt eine Vergewaltigung; denn jede ist, ihrem inneren Wesen nach, etwas Unvergleichliches, jede wird von sich abgebogen, wenn sie mit der andern auf einen Generalnenner gebracht wird. All die Einzelheiten der Lehren, in deren Konfrontierung derartige Parallelen zu verlaufen pflegen, haben ihre echte Farbe und Sinn erst in der Hinwendung auf das Gesamtzentrum, den Einheits- und Einzigkeitspunkt der schöpferischen Persönlichkeit; in Zusammenhänge, die dieser äußerlich sind, eingestellt, verlieren sie, bei strengster Wörtlichkeit, ihre tiefste und entscheidende Nuance. Je »persönlicher« eine geistige Persönlichkeit ist, desto eifersüchtiger bewahrt sie den eigentlichen Sinn jeder Äußerung für den Zusammenhang ihres eigenen Wesens auf, desto fälschender und widerspruchsvoller ist es, sie mit einer andern zu messen – gleichviel ob das Resultat Gleichheit oder Ungleichheit ergibt. Aber diese in der Parallele, im Aufsuchen der »Beziehungen« gelegene leise Verbindung und Herabsetzung der großen Persönlichkeit scheint dem Epigonen eine größere Vertrautheit mit jener zu gewähren und ihre Unnahbarkeit in der vielleicht einzigen Weise, die den Respekt völlig wahrt, zu nivellieren.

Die Überschrift dieser Zeilen verspricht also keineswegs eine *Vergleichung* zweier Denkerpersönlichkeiten, die eine solche noch aus viel radikaleren als diesen prinzipiellen Gründen ablehnen müßten. Vielmehr handelt es sich ausschließlich um Nietzsche und nur darum, einigen seiner mißverstandensten Lehren an Kantischen Parallelen einen Hintergrund zu geben, der ihre Umrisse durch Gleichheit und Gegensatz schärfe; nicht Kants ganze Denkerpersönlichkeit tritt auf den Plan, sondern einzelne Elemente, deren typisch menschlicher Inhalt durch ihn die bestimmteste Gestalt gewonnen hat und so anderen, individuellen Lehren zu Maß und Klärung gereichen mag.

Nietzsche legt an den Zustand der Gesellschaft einen Maßstab, der ihren Wert in absolutem Gegensatz gegen alle demokratischen Ideale bestimmt. Während für diese die Summe oder der Durchschnitt von Glück und Freiheit, von Persönlichkeitsentwicklung und Kultur über den Wert jeder historischen Epoche entscheidet, verlegt Nietzsche diesen Wert ausschließlich in diejenigen Individuen, welche das jeweilig höchste Maß solcher Kräfte, Schönheiten, Entwickeltheiten besitzen; denn nur diese gäben den Teilstrich der Entwicklung an, zu der die Menschheit es bis zu diesem Augenblick gebracht hat. Wenn nur die jeweiligen Höhepunkte der Menschheit ihren Wert bestimmen, nur die Pioniere, die sich nicht an das Tempo der Vielen binden, so ist es freilich gleichgültig, wie hoch oder tief das Niveau der großen, dahinter zurückstehenden Masse liegt – ersichtlich übrigens eine Entscheidung der letzten Instanz des Wertbewußtseins, für die es, ebensowenig wie für ihr Gegenteil, einen Beweis oder eine Widerlegung aus dem logischen Verstande heraus gibt. Gilt aber so die Schätzung ausschließlich den höchsten Individuen, denen, die die Höherbildung des Typus Mensch tragen und gewährleisten, so ist nicht nur jener soziale Unterbau in seiner Beschaffenheit belanglos, sondern ebenso der Preis, der an Leiden und Entsagungen, an Härten und Opfern für den Aufstieg zu solcher Höhe gezahlt werden muß.

Darauf, ob sich der Träger solcher Werte selbst froh oder unglücklich fühlt, kann es nicht ankommen – denn das Sein der Menschen, die mit ihnen erreichte Stufe menschheitlicher Entwicklung, steht in Frage, nicht der subjektive Reflex dieser Tatsache im Empfinden –, außer soweit auch dieser gelegentlich in die objektive Vollendung der Menschen hineinreicht; so daß es zu den schlimmsten Mißverständnissen der Nietzscheschen Lehre gehört, wenn sie eines epikureischen Egoismus beschuldigt wird. Aber freilich, auch nach aller Unterdrückung, Leiden, Unentwickeltheit der großen Masse wird nicht gefragt, die jenen die Bedingung ihres Aufsteigens bereitet, ja, die durch die relative Niedrigkeit ihres Niveaus gerade erst anzeigt, daß die Menschheit in anderen Exemplaren sich nach oben entwickelt. Da die gesamte Menschheit nicht im gleichen Tempo aufsteigen kann, da vielmehr, je schneller ihre Gipfel aufwärts wachsen, die Distanz dieser gegen die Tiefen um so größer werden muß, so ist die Unbarmherzigkeit des Oben und Unten die gar nicht überwindliche Bedingung aller Werterhöhung unserer Art.

Und damit scheint Nietzsche ein Grundgefühl Kants aus der individuellen Moral in die Gattungsethik zu übertragen. Für Kant ist alle Moral nur in der Überwindung unserer niederen, sinnlichen Wesensteile denkbar. Der Mensch als ganzer, in seinem Naturfundament ein sinnlich-begehrliches Wesen, ist nun einmal nicht »gut«, sondern seinen irdisch-schweren Elementen gegenüber hat sich die Vernunft in jedem Augenblick erst in Kämpfen und Befreiungen durchzusetzen – eine Vergewaltigung des Tieferen durch das Höhere in uns, die nur unter Schmerzerscheinungen stattfinden kann. Es ist eines der letzten, die Geschichte der Menschenseele bestimmenden Motive: daß die entscheidenden Erhöhungen unseres Wesens an die Bedingung des Leidens gebunden sind; aber wie lang, wie verschlungen, über welche Stationen der verbindende Faden läuft – das begründet tiefste Unterschiede der Weltanschauungen.

Kant hat die Verbindung auf den äußersten Punkt des Subjektes zusammengedrängt, der rein in sich selbst ruhende Wert der Persönlichkeit macht sich für ihn »nur durch Aufopferungen kenntlich«. Nietzsche aber verlegt die Verknüpfung über das Individuum hinaus in die Menschheit: nur die Zucht des großen Leidens habe bisher »alle Erhöhungen der Menschheit geschaffen«. Und *darum* ist es möglich, daß er die scheinbar selbstverständliche Identität des Trägers der Erhöhung und des Trägers des Leidens aufhebt: daß Unzählige leiden, unterdrückt werden, sich aufopfern müssen, schafft für einen Einzelnen die Bedingungen für jene Kraft, Produktivität, Schwingungsweite der Seele, mit der die Menschheit eine noch unbetretene Stufe ihres Entwicklungsweges erobert. Die Kantische Wertbildung innerhalb der individuellen Seele ist auf das Ganze der geschichtlichen Gesellschaft verbreitert – die Spannung zwischen Wert und Leiden hat die Einheit der Einzelseele verlassen und sich zwischen einer Mannigfaltigkeit von Subjekten aufgetan, die nur noch von der Einheit des Menschentumes überhaupt umfaßt sind.

Daß Nietzsche ein Kantisches Grundmotiv gleichsam in eine neue Dimension distrahiert, wiederholt sich in eigentümlicher Weise an einem anderen Fundamentalpunkt ihrer Moralen. Den Prüfstein für die Pflichtmäßigkeit einer Handlung findet Kant darin, daß der Handelnde das Prinzip, von dem sie geleitet wird, als ein allgemeines, schlechthin gültiges Gesetz wollen könne. In der Versuchung zu lügen und zu stehlen, gegen den Entbehrenden hartherzig zu sein und die Kräfte der eigenen Persönlichkeit unentwickelt zu lassen – kann ich über die sittliche Zulässigkeit danach entscheiden, daß ich unmöglich eine Menschheit wollen kann, in der solche Maximen als Naturgesetze herrschten: sie würde sogleich an inneren Widersprüchen zugrunde gehen und gerade um des egoistischen Interesses willen, aus dem der so Handelnde verfährt, kann er nicht wollen, daß allgemein, also auch gegen ihn, so gehandelt würde.

Dieses selbe Kriterium ist es, das, nur nach einer anderen Richtung orientiert, sich aus Nietzsches wunderlichster Lehre, der *»ewigen Wiederkunft«* erhebt. Wenn der Weltprozeß, so lehrt er, sich in einer unendlichen Zeit an einer endlichen Masse von Kräften und Stoffen abspielt, so müssen alle aus diesen herstellbaren Kombinationen sich in einer endlichen Zeit, wie lang diese auch sei, erschöpfen; dann muß ersichtlich das Spiel von neuem anfangen und dem Kausalgesetz gemäß eben jene Kombinationen in der genau gleichen Reihenfolge wiederholen und so fort ins Unendliche; wobei, angesichts der Kontinuität des Weltgeschehens, jeder beliebige Augenblick seiner als ein solcher betrachtet werden kann, in dem eine schließende und beginnende Weltperiode zusammentreffen. So ist also der Inhalt jedes Momentes, jeder Mensch mit allem, was er lebt, schon unendliche Male dagewesen und wird unendliche Male, in absolut identischer Wiederholung, wiederkehren.

Als eine sachliche Behauptung ist dies von allen Seiten anzugreifen. Daß die Elemente der Welt nur in endlicher Masse existieren, ist eine willkürliche Annahme, daß es zwischen endlichen Elementen, nicht unendlich viele Kombinationen geben könnte, ist falsch. Aber eine Äußerung aus der Zeit des ersten Auftauchens der Lehre verrät ihren eigentlichen Sinn:

»Wie, wenn dir eines Tages ein Dämon in deine einsamste Einsamkeit nachschliche und sagte: ›Dieses Leben, wie du es bis jetzt lebst und gelebt hast, wirst du noch einmal und noch unzählige Male leben müssen; und es wird nichts Neues daran sein, sondern alles unsäglich Kleine und Große deines Lebens muß dir wiederkommen, und alles in derselben Reihe und Folge. Die ewige Sanduhr des Daseins wird immer wieder umgedreht – und du mit ihr, Stäubchen vom Staube!‹ Wenn jener Gedanke über dich Gewalt bekäme, er würde dich, wie du bist, verwandeln und vielleicht zermalmen; die Frage bei allem und jedem: ›Willst du dies noch einmal und noch unzählige Male?‹ würde als das größte Schwergewicht auf deinem Handeln liegen! Oder wie müßtest du dir selber und dem Leben gut werden, um nach nichts mehr zu verlangen, als nach dieser letzten ewigen Bestätigung und Besiegelung!«

Die endlose Wiederholung unseres Verhaltens wird ihm zum Kriterium, an dem uns dessen Wert oder Unwert zum Bewußtsein kommen soll. Was als auf den Moment beschränkte Handlung unwesentlich erscheint und – von dem Gefühl aus: vorbei ist vorbei – leichtsinnig aus dem Gewissen geschoben werden würde, erhält nun ein furchtbares Gewicht, einen nicht überhörbaren Akzent, sobald ihm ein unaufhörliches »Nocheinmal« und »Nocheinmal« bevorsteht. Gewiß wird die Handlung in ihrem inneren Wesen durch die unaufhörliche Rekapitulation nicht geändert; allein wie unter einem Vergrößerungsglas werden dadurch Bedeutsamkeiten ihrer sichtbar, über die die Flüchtigkeit ihres Nur-einmal-Seins den Blick wegtäuschte.

Dies aber war der praktische Sinn auch der Kantischen Norm. Die Verbreiterung unserer Handlungsweise zu einem allgemeinen Gesetz verleiht ihr sicher keine sachliche Bedeutung, die man nicht auch ihrer einzelnen Ausübung ansehen *könnte*: allein, wie unsere geistige

Wahrnehmung nun einmal beschaffen ist, fehlt der Beurteilung der ganz isolierten Tat oft die volle Durchschlagskraft, weil ihre Folgen sich in die unzähligen kreuz und quer laufenden Strömungen des Gemeinschaftslebens mischen, die ihre reine Wirkung, ablenkend oder verstärkend, unkenntlich machen; das eigentliche Leben der Tat an ihren Folgen tritt erst heraus, wenn ihr ganzes praktisches Milieu auf sie abgestimmt ist, wenn keine entgegengerichteten Tatfolgen die ihrigen überdecken, kurz wenn ihr Prinzip, statt eine zufällige Einzelheit in einem Chaos anderer zufälliger Einzelheiten zu sein, eine ausnahmslose Norm, ein »allgemeines Gesetz« ist.

Kant zieht die Tat in die Breitendimension, in die unendliche Wiederholung im Nebeneinander der Gesellschaft, während Nietzsche sie sich in die Längendimension erstrecken läßt, indem sie sich in endlosem Nacheinander an dem gleichen Individuum wiederholt. Aber beiderlei Multiplikationen der Tat dienen dem gleichen Zwecke: ihren Sinn der Zufälligkeit zu entheben, die ihre Darstellung im Nur-Jetzt, Nur-Hier, ihr antut. Der innere Wert der Handlung, an sich völlig jenseits von Zeit und Zahl, vom Wo- und Wieoft-Bestehen, soll für uns, die wir dennoch an diese Kategorien gefesselt sind, wenigstens mit einer Unendlichkeit von Zahl und Zeit ausgestattet werden, um mit ihrem wahren Gewichte zu wiegen.

Die Paradoxie dieser Lehre Nietzsches ist im Grunde nur ein Mißverständnis, das sich gerade durch die Aufweisung ihrer Analogie mit dem ruhigen, hier sehr unparadoxen Denken Kants lösen läßt. Vielleicht aber kann eine anders auslaufende Gegenhaltung mit Kant das gleiche für einen Punkt leisten, an dem Nietzsche nicht nur mißverstanden wird, sondern sich selbst mißverstand.

Als »Immoralismus« bezeichnet Nietzsche seine Lehre: die Verlegung aller Wertakzente des gesellschaftlichen Daseins auf die höchsten Individuen, unter völliger Gleichgültigkeit gegen die Vielen und ihre Zustände; die Predigt einer unbarmherzig auslesenden Züchtung, die für die Elenden und Zukurzgekommenen keinerlei Mitleid und Altruismus besitzt, weil alle Abwärtswendung des Interesses, alle scheinbare Sittlichkeit der Güte und Herablassung die Steigerung des Lebens zu noch unerreichten Höhen aufhält, eine Verkümmerung der Führenden auf das Niveau der Masse bedeutet: »Die Fernsten sind es, die eure Nächstenliebe bezahlen müssen.« Der Haß gegen die »Selbstlosigkeit«, die den Starken zum Diener des Schwachen, den Gesunden zum Diener des Kranken machen will – alles dies erscheint ihm selbst und viel zu vielen seiner Anhänger und Gegner als gegen die Moral gerichtet. Denn *Moral* ist für ihn im wesentlichen eine Erfindung des Christentums und der altruistisch-sozialen Gesinnung, er aber lehre anders als *moralische Werte.* Damit glaubte er sich in den äußersten Gegensatz zu Kant zu stellen, der umgekehrt gar keine anderen Werte als moralische anerkannt habe.

In Wirklichkeit liegt es ganz anders: Kant und Nietzsche sind beide Moralisten, d. h. Denker, welche in dem durch den Willen bestimmbaren Tun und Sein des Menschen seinen Wert letzter Instanz erblicken. Ihr Unterschied ist nur der, daß Kant ausschließlich die bestehende Moral zu formulieren sucht, während Nietzsche ihr, die zweifellos als »Moral« bestehen bleibt, einen neuen Inhalt geben möchte. Kant ist der Theoretiker, der das Gegebene erkennen will, Nietzsche der Moralprediger, der dies Gegebene praktisch reformieren will. Wer kann sich anmaßen, fragt Kant, eine neue Sittlichkeit zu erfinden, als ob die Welt vor ihm in dem, was Pflicht sei, in durchgängigem Irrtum gewesen wäre? Nietzsche aber, auf der Entwicklungslehre fußend, scheut durchaus den Radikalismus des geschichtlichen Anderswerdens nicht, er sieht keinen Grund, weshalb die Welt nicht wirklich in dem, was die künftigen Entwicklungsstadien als Pflicht brauchen, im Irrtum sein könne. Aber »moralisch« bleibt sein Interesse genauso wie das Kants.

Und er selbst dementiert seinen Immoralismus, wenn er über den Gegensatz zwischen der Herdentiermoral und seiner Lehre sagt: jene sei »nur *eine* Art von menschlicher Moral, neben der, nach der, viele andere, vor allem *höhere* Moralen möglich sind oder sein sollten«. Hier weiß er, worüber er sich sonst, mindestens dem Ausdruck nach, täuscht und damit seinen Nachtretern zum Verhängnis wird: daß an die Stelle der herrschenden Moral wohl eine andere, aber nicht etwas anderes als Moral treten kann. Er verfällt einer Vorstellungsassoziation, die er doch eigentlich so gut durchschaut: weil die Sorge für die Interessen der Majorität, die Hingabe an die Mühseligen und Beladenen, der Verzicht auf die Durchsetzung des Ich solange als Moralität gegolten hat, ist solches Verhalten mit dem Begriff der Moral überhaupt verschmolzen, so daß die Absage an jene Ideale nichts Geringeres als eine Absage an die Moral überhaupt zu sein scheint – eine psychologische Allzumenschlichkeit, vergleichbar der festgewachsenen Assoziation zwischen dem Vaterlande und seiner lange bestehenden Verfassung, infolge deren jede Opposition gegen diese Verfassung als gegen das *Vaterland* gerichtet gilt.

Dieser illegitimen Verbindung unterlag auch das Kantische Denken. So allgemein und über die Zufälligkeit historischer Lagen erhaben sein Moralprinzip erscheint: daß die Eignung zum allgemeinen Gesetz über die sittliche Zulässigkeit der Handlung entscheide – so ist doch auch dies in Wirklichkeit aus der historischen Situation des 18. Jahrhunderts hervorgegangen, aus der Idee des »allgemeinen«, durch die Forderung der »Freiheit und Gleichheit« bestimmten Menschen. Auch Kant hat die Moral einer besonderen Situation für die Moral überhaupt gehalten. Nur daß diese methodische Gleichheit ihrer Ausgangspunkte weniger ins Auge fällt, weil Kant, der bloß Konstatierende und Formulierende, diese historische und ins Absolute übersteigerte Moral vorbehaltlos annimmt, während Nietzsche sie ebenso ablehnt.

Aber ein Immoralist, wie es die späteren griechischen Sophisten, die philosophierenden Abbés des 18. Jahrhunderts oder Max Stirner waren, ist er darum keineswegs. Er ist es so wenig, daß er, um den moralischen Wert der Menschheit zu retten, alle bisherigen Inhalte der Moral preisgibt.

Daß hier in Gesinnung und Wertsetzung ein unversöhnlicher Gegensatz zwischen den beiden Denkern besteht, wird niemand wegreden wollen. Etwas anderes aber als dieses unmittelbare Verhältnis zwischen ihnen ist jenes, das sie im Geiste eines Dritten und für die zusammenfassende Betrachtung der Gegenwart besitzen. Untereinander würden sie sich bis auf den letzten Hauch bekämpfen; für uns aber scheint die Kantische Lösung des moralischen Problems mit der Nietzscheschen keineswegs unverträglich. Denn das Problem war für jeden ein anderes, weil jeder ein anderer Typus Mensch war: der eine der Intellektualist, dem auch die praktischen Werte nur ein Gegenstand theoretischer Feststellung waren, der andere das leidenschaftlich-reformatorische Temperament, dem auch das theoretische Erkennen nur ein Mittel für praktische Werte war. Der eine schilderte das Ideal, das galt, der andere das, das statt aller geltenden gelten *sollte;* kein Wunder, daß die Inhalte dieser Schilderungen sehr entgegengesetzt waren. Aber nur für denjenigen, der in dem Inhalt des einen völlig befangen ist, verhindert dies ein Nebeneinanderbestehen, das sogleich zulässig wird, sobald die Verschiedenheit der Dimensionen klar wird, nach denen die Moral des einen und die des andern hingeht.

Wie man nun die Nietzschesche Philosophie werten mag – ein Problem, zu dem hier durchaus keine Stellung genommen ist: es wird manche Geister ihm nähern können und manche – zu seinem Vorteil – von ihm entfernen, wenn die Paradoxität seiner Lehren schwindet, die sie als ein entstellender disharmonischer Oberton begleitet und die er selbst freilich durch die weitausladenden Gesten, die oft krampfhaften Akzente seiner Ausdrucksweise herbeiruft. Sie sind für die sensationsbegierige Masse unbedeutender, für wenige aber vielleicht bedeutender, wenn sie sogar an den exponiertesten Punkten ihrer, die ich hier behandelte, diesen Schein bis zu dem Grade verlieren, daß sie die Konfrontierung mit der kühlen Abgewogenheit und den ebenmäßigen Proportionen des Kantischen Denkens ermöglichen.

Das Problem der historischen Zeit

Da der Gegenstand der Geschichte als eines theoretischen Gebildes das Geschehene ist – abgehoben von dem Gegenwärtigen wie von dem Zukünftigen –, so gehört die Zeit jedenfalls zu den entscheidenden Bestandteilen ihres Begriffes. Allein weder ihr Verhältnis zu dessen anderen Bestandteilen noch der besondere Sinn, mit dem sie gerade in der Geschichte wirksam ist, scheint mir bisher zu der erwünschten oder auch nur zu der möglichen Klarheit gelangt zu sein.

I.

Ein Wirklichkeitsinhalt ist dann ein historischer, wenn wir ihn innerhalb unseres Zeitsystems an eine bestimmte Stelle geheftet wissen – wobei diese Bestimmtheit mannigfache Genauigkeitsgrade haben mag. Dieses Selbstverständliche und Triviale wird sich gegenüber tiefer und weiter scheinenden formalen Definitionen des Geschichtlichen doch als die entscheidendere zeigen.

Es wird zunächst dadurch ausgeschlossen, daß ein Wirklichkeitsinhalt schon durch die Tatsache, daß er überhaupt nur zu irgendeiner Zeit bestanden hat, zu einem historischen werde. Entdeckte man z. B. irgendwo in Asien eine verschüttete, mit vielerlei interessanten Dingen angefüllte Stadtanlage, die aber weder durch ihren Stil noch durch direkte oder indirekte Zeugnisse den geringsten Hinweis auf ihr Alter gäbe – so wären diese Überbleibsel zwar vielleicht in vielen Hinsichten höchst wertvoll und bedeutsam, aber eine historische Urkunde wären sie nicht. Solange sie nur in der Zeit überhaupt, aber nicht in einer bestimmten Zeit stehen, sind sie in einem historisch leeren Raum. Und wüßten wir selbst durch eine Offenbarung, daß es sich um Reliquien eines auch sonst bekannten Volkes handelt, es gelänge aber durchaus nicht – wofür es freilich kein konkretes Beispiel gibt –, ihnen in der Entwicklung dieses Volkes eine irgendwie bestimmte Zeitstelle anzuweisen, so wären sie noch immer kein historisches Dokument.

Aus eigentümlicheren Strukturverhältnissen noch geht die Ohnmacht des *Verstehens* hervor, einem Wirklichkeitsinhalt den Charakter des Historischen zu verleihen. Zweifellos ist das Verstehen die conditio sine qua non für die Anerkennung eines Inhalts als eines historischen. Wenn z. B. die berichtete Handlungsweise eines Menschen uns mit Rücksicht auf seinen sonst bekannten Charakter total »unverständlich« ist, obgleich sie an sich möglich wäre, so weigern wir uns, sie als historische Tatsache anzunehmen. Schon die bloße Benennung eines Seins oder Geschehens, sein bloß potentielles Historisch-Sein fordert ein gewisses Maß von Verstehen, ohne welches es ein unqualifizierbares, ununterscheidbares X wäre: wenn wir ein Geschehen als eine Schlacht oder einen Kanalbau, ein Tun als Herrschen oder Produzieren, ja wenn wir es als unverständlich bezeichnen, liegt dem ein prinzipielles Verstehen zugrunde.

Nun aber ist das zunächst ganz paradox Scheinende: daß dieses Verstehen als solches gar nichts mit der historischen Wirklichkeit als solcher zu tun hat, sondern etwas völlig Zeitloses ist. Der Aktus, mit dem ich den Charakter des Paulus oder des Moritz von Sachsen »verstehe«, ist prinzipiell genau derselbe, wie wenn ich den Charakter von Othello oder Wilhelm Meister verstehe. Das Verständnis, d. h. das Nachfühlen eines einheitlichen Zusammenhanges von Elementen, gilt ausschließlich deren ideellem Inhalt, und sobald man diesen beisammen hat, so erfolgt es, gleichviel ob er außerdem unter der Kategorie der Wirklichkeit oder der Phantasie, unter der Kategorie der Gegenwart oder der Vergangenheit besteht. Ich verstehe Paulus nicht wegen seiner geschichtlichen Realität, sondern, sozusagen umgekehrt, verstehe ich von dieser nur die ideell von ihr ablösbaren Inhalte. Ihr Sein, die Wirklichkeit als solche, ist das Hinzunehmende, niemals zu Verstehende. Und da die historische Zeit ausschließlich die Form von Wirklichkeit ist, so verläuft das Verstehen auch in völliger Unabhängigkeit von ihr. Wo wir dennoch aus solchem ideellen Verhältnis von Inhalten deduzieren, daß ein gewisser Inhalt real ist, leiten wir nur die auf anderen Wegen bereits für den einen festgestellte Wirklichkeit auf einen anderen über.

Dieser Erkenntnis tut es keinen Abbruch, daß das Verstehen oft gerade Zeitverhältnisse einschließt: wenn sein Gegenstand z. B. ein ursächliches Hervorgehen einer Erscheinung aus einer andern ist. Dann bildet eben die Gruppe dieser Erscheinungen die Verstehens-Einheit, das Zeitverhältnis, als ein nach Ordnung und Dauer notwendiges, ist jetzt selbst ein Inhalt, der verstanden werden will; allein dieses, auf die Relation bestimmter Elemente gerichtete Verständnis ist ersichtlich ganz unabhängig davon, an welcher Stelle unserer Zeitrechnung die ganze Gruppe sich findet. Denn nicht weil sie an einer bestimmten Stelle steht, sondern weil sich ihre Inhalte untereinander bedingen, wird sie verstanden. Diese immanente Zeit einer verstandenen Tatsachen-Gruppe ist nicht die historische Zeit, sie gleicht der Zeit, deren Messung innerhalb eines naturwissenschaftlichen Experimentes wichtig ist und die mit dem kalendarischen Zeitdatum, an dem das Experiment angestellt wird, überhaupt nichts zu tun hat.

Dieses Motiv wäre ganz unverstanden, wenn man aus der Empirie heraus einwendete: gewisse Erscheinungen seien doch gerade nur dadurch verständlich, daß sie an einer ganz bestimmten Zeitstelle stehen; die Ausbreitung des Christentums sei nur zu begreifen, weil es auf gewisse Gemütszustände der antiken Welt traf, die eben damals, aber weder vorher noch nachher bestanden, das Aufkommen des Barockstils sei nur in der Epoche, in der die Renaissance ihre spezifischen Kräfte erschöpft hatte, als möglich anzusehen usw.

Ganz richtig. In diesen Fällen gehören die zeitlich voranliegenden Bedingungen der zu verstehenden Tatsache zu dem jetzt betrachteten Verstehenskomplex. Haben wir etwa vorher die Erscheinungen des Barock ihren Inhalten nach auseinander verstanden, derart, daß dieses Verständnis bei jeder beliebigen zeitlichen Plazierung des Barockkomplexes ungeändert bliebe, so wird jetzt der zum Problem gewordene Bezirk um die Renaissance erweitert, das Verstehen spielt jetzt, statt nur zwischen den Elementen des Barock, zwischen diesem und der Renaissance, und beide bilden jetzt die Verstehens-Einheit, die als solche in ihrer nun erlangten inneren, sachlichen Einsichtigkeit gar nicht davon berührt wird, an welche Stelle der historischen Zeit sie gehört. Und wenn nun wiederum die Renaissance nur aus den vorhergehenden mittelalterlichen Zuständen verständlich erscheint, so muß die selbstgenugsame Gruppe von Inhalten um diese erweitert werden. Dann aber wäre auch diese neue größere Gruppe rein ihrem Inhalte nach verstanden, und darin änderte sich nicht das geringste, wenn ihre empirische Realisierung tausend Jahre früher stattgefunden hätte. Denn wenn das Verständnis sich dadurch verbesserte oder verschlechterte, so wäre damit der Voraussetzung widersprochen, wonach gerade die Gegenstände des Verständnisses, eben diese Inhalte und keine anderen, zeitlich disloziert werden sollten.

Da indes prinzipiell kein erklärendes Moment das letzte sein kann, sondern zu seinem eigenen Verständnis immer ein vorangehendes fordert, so streckt sich nun die Verstehens-Einheit der Forderung nach ins Unendliche, der Tatsache nach bis an den frühesten, uns jeweilig bekannten Geschehensinhalt. Nehmen wir an, daß die bekannten Geschehnisse der Geschichte durchweg zu Kausalreihen verbunden sind, so bildet nun erst die Totalität dieser Geschehnisse die für das Verständnis jeder Einzelheit zulängliche Gruppe.

In dem Augenblick aber, in dem diese, durch das sachlich immanente Verstehen zusammengehaltene Gruppe dasteht – als wirklicher oder als hypothetischer Geistesbesitz –, ändert sich das bisher behauptete Zeitverhältnis von Verstehens-Einheiten. Jede einzelne, die als abgeschlossen verständliche gesetzt wurde, konnte ohne Änderung dieses Charakters an jede beliebige Stelle der Zeitreihe gesetzt werden. Jetzt, wo diese Totalität die Totalität der gewußten Inhalte umfaßt, ist dies nicht mehr möglich. Denn vor ihr und nach ihr ist jetzt die – für uns – leere Zeit, in der kein Stellenwechsel möglich ist, weil keine Stelle von der andern unterschieden ist, so wenig wie in dem als leer gedachten absoluten Raum ein einzelner Körper eine »Stelle« haben kann. Wie Körper sich nur gegenseitig ihren Ort bestimmen und das Ganze der Körperwelt deshalb ortsfrei ist, da es kein Etwas außerhalb seiner hat, das ihm einen Ort »bestimmen« könnte – so ist Zeit nur eine Relation der Geschichtsinhalte untereinander, während das Ganze der Geschichte zeitfrei ist.

Und nun verstehen wir erst den Sinn und zugleich die Paradoxie jener Hilfskonstruktion, die den einzelnen geschlossenen historischen Komplex zeitlich verschiebbar sein ließ, ohne daß das Verständnis seiner Inhalte darunter zu leiden schien. Denn da sich nun gezeigt hat, daß das gegenseitige Verständlichmachen, auf das hin sie sich zur Einheit schloß, nur ein vorläufiges und fragmentarisches war und in vollem Maße erst dann eintritt, wenn eine solche Gruppe nach beiden Zeitrichtungen hin – denn wir verstehen ein Geschehen erst dadurch ganz, daß wir auch seine *Folgen* kennen – bis zur Grenze unseres Wissens ausgedehnt wird, so ist in dieser *Total*reihe einem jeden Inhalt seine Stelle unweigerlich und prinzipiell unzweideutig festgelegt. Als selbstgenugsamer konnte der kleine Komplex beliebig verschoben werden, nur seine Elemente lagen gegenseitig fest; jetzt hat diese Festigkeit das *ganze* Geschehen ergriffen.

Gewiß betrifft das Verstehen auch jetzt die zeitfreien Inhalte, die insoweit an beliebiger Zeitstelle zu realisieren wären. Allein von dieser Beliebigkeit kann kein Gebrauch gemacht werden, da die genaue Plazierung, die jedem Inhalte innerhalb seiner Partialgruppe zukam, nun für uns, bei logischer Entwicklung dieser Bestimmung, innerhalb der historischen *Totalität* und nur in dieser besteht, ein Verschieben in dieser also ausgeschlossen ist. Indem die aus den reinen Sachgehalten hervorgehende, also gegen die äußere und absolute Zeitstelle gleichgültige Bestimmung der relativen Zeitstelle sich erst dann als vollendet zeigt, wenn sie als Relation zu der *Gesamtheit* erkundbarer Inhalte festgelegt ist – wird die Bestimmung auf Grund des bloßes Inhaltes eines Seins oder Geschehens zur Bestimmung von dessen absolutem Zeitpunkte; wobei mit dem letzteren die Fixierung in der Geschehensreihe von dem frühesten bis zum spätesten uns bekannten Datum gemeint ist.

Damit löst sich die Antinomie, von der ich ausging. Als historisch durfte ein Inhalt nur gelten, wenn er zeitlich fixiert ist; andererseits aber doch auch nur dann, wenn er mit anderen zusammen eine Verstehens-Einheit bildete, die, weil ausschließlich der zeitlose Sachgehalt das Verstehen bestimmt, an jede beliebige Zeitstelle gesetzt werden kann, ohne das Verständnis irgend zu verringern. Diesen Widerspruch beseitigt nun die Einsicht, daß das Verstehen erst dann vollständig ist, wenn es die Gesamtheit der verwirklichten Inhalte in sich einbezogen hat, diese verstehensmäßig angeordnete Gesamtheit aber für jeden ihrer Teilinhalte nur *einen* Platz hat; jetzt ist kein phantasiemäßiges Verschieben mehr erlaubt, da jede Stelle, auf die es erfolgte, bereits von einem unvertreibbaren Inhalt besetzt ist. Man kann sagen, historisch sei ein Ereignis, wenn es aus sachlichen, gegen ihre Zeitstelle völlig gleichgültigen Gründen eindeutig an einer Zeitstelle fixiert ist.

Also: daß ein Inhalt in der Zeit ist, macht ihn nicht historisch; daß er verstanden wird, macht ihn nicht historisch. Erst wo beides sich schneidet, wo er auf Grund des zeitlosen Verstehens verzeitlicht wird, ist er historisch. Dies kann aber prinzipiell nur geschehen, wo das Verstehen die Gesamtheit der Inhalte ergreift, weil nur im Zusammenhang des absoluten Ganzen das Einzelne wirklich verständlich wird. Daraus folgt, daß die Verzeitlichung hier nur die Fixierung an einer *bestimmten* Zeitstelle bedeuten kann. Denn einerseits kann, wo sie auf Grund des Geschehens*ganzen* erfolgt, jedes Ereignis nur eine, mit keiner andern vertauschbare Stelle haben, andererseits kann das Verstehen nur auf die relative Bestimmtheit innerhalb der Zeit Anweisung geben, nicht auf die Einstellung in Zeit überhaupt – denn dies würde ja nur sagen, daß das Ereignis überhaupt wirklich ist, was gerade das Verstehen *nicht* leisten kann.

Erst mit dieser Bestimmung eines Inhaltes als historischen durch Fixierung an einer bestimmten Zeitstelle erscheint der Charakter der Individualisiertheit, mit dem man schon lange das historische Erkennen gegen das naturwissenschaftliche abheben will, an seine rechte Stelle gerückt. Man hat diese Individualisiertheit immer in der Einmaligkeit des geschehenden Inhalts gesucht; die naturwissenschaftliche Absicht dagegen sähe ihn auf das zeitlos-allgemeine Gesetz hin an, für das seine Einmaligkeit oder beliebige Wiederholung ganz irrelevant sei. Dies scheint mir doch keine entscheidende Bestimmung zu sein. Haben wir eine Ereignisgruppe der angedeuteten Art, die in ihrer relativen Geschlossenheit für sich verständlich ist, so können wir sie ohne Schädigung dieser Verständlichkeit beliebig hin- und herschieben; sie mag nun ihrem Inhalt nach schlechthin einmalig sein, so werden wir sie doch solange nicht als historisches Element anerkennen, bis sie ihre zeitliche Labilität mit einer eindeutig festen Stelle im Gesamtverlauf des Geschehens vertauscht hat.

Vielleicht liegt nur eine Variante dieses Motivs darin, daß Ereignisse doch keineswegs der Einzigkeit ihres Inhalts ihren Charakter als historische verdanken. Sie blieben historische, auch wenn sie sich tausendmal in qualitativer Identität wiederholten. Es scheint hier eine unberechtigte Übertragung der Einmaligkeit des Weltprozesses als ganzen, der sich freilich nicht wiederholen kann, weil jede Wiederholung – auch die der ewigen Wiederkunft – in ihn schon einbegriffen wäre, auf seine Teile stattzufinden. Da unbegrenzt viele Tatsachen prinzipiell in genauer Inhaltsgleichheit ablaufen können, sehe ich den Sinn ihrer Einmaligkeit oder Individualität nicht ein, wenn diese sich auf den Inhalt beziehen sollte, sondern erst, wenn sie bedeutet, daß an dieser Zeit*stelle,* die dem Begriffe der Zeit nach unwiederholbar ist, gerade dieser Inhalt sich findet.

Nur der Zeit*punkt,* der zwischen allem, was ihm voranging, und allem, was ihm folgte, festgelegt ist, gibt dem historischen Inhalt den hier fraglichen Charakter. Denn erst so nimmt er an der einzigen uns bekannten absoluten Unwiederholbarkeit, eben der der Totalität des Weltprozesses teil (gleichviel wie unvollkommen unser Erkennen die Zuweisung im Verhältnis zu dieser Totalität vollziehe). Ihm bestimmt dieses gesamte Geschehen seine Stelle, die also auch nur eine schlechthin einzige sein kann – ob er nun in qualitativer Hinsicht individuell sei oder wiederkehre. Es ist ein Irrtum zu meinen, daß nur durch die Einstellung in die Zeitlosigkeit überhaupt einem Erkenntnisinhalt diejenige Individualität geraubt würde, durch die er zu einem historischen wird; der Mangel eines »bestimmten« Zeitpunktes genügt dazu vollkommen. Dieser allein ist der Träger der historischen Einzigkeit: nur um ihn eindeutig zu bestimmen, muß der Inhalt ein eindeutig individueller sein.

Keineswegs eben ist es die bloße Zeitlichkeit eines Vorgangs, die ihn zu einem historischen macht – sobald diese nicht den Charakter eines festgelegten Zeitpunktes hat. Zeitliche Relationen von sachlicher Begründetheit herrschen ja auch innerhalb von physikalischen und chemischen Vorgängen. Wird in einem Laboratorium die Dauer einer Schwingung, eines chemischen Prozesses, einer psycho-physischen Reaktion gemessen, so wird auch hier Anfang und Ende, beziehungsweise die Zwischenstadien, an bestimmten Punkten einer Zeitstrecke festgelegt. Allein zu irgendwelchem Vorhergehenden oder Nachfolgenden hat diese sachlich-zeitliche Einheit gar keine Beziehung, kann sie nach der ganzen Problemstellung dieser Erkenntnisse nicht haben. Die Frage, wann dieses Ereignis als ganzes vorgegangen ist, das heißt also eben: welche Beziehung zu einem

Vorher und Nachher es besitzt, ist für eben diese Zeit-Erkenntnis ganz irrelevant. Und deshalb ist das Ereignis kein historisches. Würde es sich aber etwa um das erste derartige Experiment eines Forschers handeln, das für die Weiterentwicklung der betreffenden Wissenschaft bahnbrechend war, so wäre es sogleich erkenntnismäßig wichtig, seine Stelle in einem übergreifenden Zeitverlauf, d. h. seine Beziehung zu dem vorherigen und dem nachfolgenden Stadium der Wissenschaft zu fixieren, mit andern Worten: *dieser* experimentale Naturvorgang wäre ein historischer! Je nach der Einstellung der Betrachtung also hätte er entweder eine Zeitlichkeit, die nicht historisch ist, oder bezeichnete einen Zeitpunkt, der bedeutungsgemäß durch sein Vorher und Nachher, also prinzipiell durch die Ganzheit des Weltverlaufs überhaupt fixiert ist, womit er erst zu einem historischen würde.

Diese Fixierung läßt sich in einer Weise ausdrücken, die zwar selbstverständlich erscheint und so im Vorhergehenden auch angewendet wurde, in Wirklichkeit aber zu einer gar nicht selbstverständlichen Klärung historischer Kategorien verhilft. Vor allem des Begriffes der Dauer. Genau angesehen nämlich ist das, was wir unter der Zeitdauer eines Zustandes verstehen können, keineswegs dem logischen oder physikalischen Begriff der Beharrung angemessen. Nähme man sie in diesem letzteren Sinne, so wäre die Ausdehnung dieser Dauer ganz gleichgültig, es wäre, so paradox dies zunächst klingt, historisch völlig irrelevant, ob ein Zustand ein Jahr oder zehn Jahre beharrt. Denn wenn, wie dieser Begriff es fordert, wirklich innerhalb der Zustandsdauer kein Augenblick einer solchen individuellen, gesellschaftlichen, kulturellen Existenzperiode von dem andern unterscheidbar wäre, also Anfang und Ende der Epoche qualitativ völlig zusammenfielen, so wüßte ich nicht, welches Interesse sich an deren Kürze oder Länge knüpfen sollte. Da innerhalb ihrer jeder Moment inhaltlich jedem gleich ist, so gäbe es für keinen ein durch seinen Inhalt bestimmtes Früher oder Später einem andern gegenüber, d. h., kein Moment innerhalb dieser Dauer wäre ein historischer.

Wenn uns die Dauer einer Regierung, einer Staatsverfassung, einer Wirtschaftsform wichtig ist, so meinen wir damit eine Vielheit einzelner, einander zeitlich ablösender Ereignisse, meinen mindestens, daß am Ende der Periode sich der Zustand der Gruppe derart geändert hat, daß der darauf folgende jetzt aus ihm in einer Weise verständlich ist, wie er es aus dem Anfangszustand der Periode nicht gewesen wäre. Hätte sich aus einer im übrigen dunkeln Epoche nur die Nachricht erhalten, ein gewisser König habe dreißig Jahre regiert, so sagt uns das historisch nicht das geringste mehr, als wenn die Überlieferung auf zehn Jahre lautete – es sei denn auf die Möglichkeit künftiger Entdeckungen hin, die in und um diese bloße Zeitdauer ein Früher oder Später einzelner differenzierter Ereignisse legen. Wüßten wir nur, daß der Krieg, den Friedrich der Große 1756 begann, sieben Jahre gedauert hat, so würde uns diese Zahl nichts anderes als eine größere oder kleinere sagen, wäre sie nicht von verständlich einander folgenden Ereignissen ausgefüllt oder kennten wir nicht gerade die *Wandlungen* der europäischen Politik, die von ihm bewirkt worden sind.

Daß ein Ereignis, das uns als letzterkennbares historisches Element gilt, d. h., dessen Teile für uns kein inhaltlich determiniertes Vorher und Nachher mehr zeigen und dies auch nicht durch Verwebung mit andern, ihm äußeren Reihen ersetzen – daß ein solches Ereignis irgendeine zeitliche Ausdehnung besitzt, ist historisch völlig gleichgültig; denn eine Länge, für die es nicht darauf ankommt, eine wie große Länge sie ist, ist praktisch überhaupt keine. Ein solches Ereignis ist historisches Atom und seine Bedeutung eben als historisches gewinnt es ausschließlich, indem es in der charakterisierten Weise einem zweiten gegenüber ein späteres, einem dritten gegenüber ein früheres ist. Daß ein Ereignis in einen Zeit*punkt* fällt, ist eine treffende symbolische Bezeichnung: denn bei genauerem Zusehen löst sich der historische Sinn der Dauer in die Relationen des Früher oder Später auf, so daß für jedes Element die Punktualität des einfachen Überhaupt-Daseins, d. h. An-dieser-Stelle-Seins, ausreicht. Wir müssen begreifen – logisch oder intuitiv, physikalisch, physiologisch, psychologisch –, daß das eine Geschehen dem andern gegenüber bedingend oder bedingt oder sonst irgendwie ihm verbunden oder vereinheitlicht ist. Dies aber versetzt es nicht in die objektiv verfließende Zeit und läßt es an deren Ausdehnung teilnehmen, sondern gibt jedem nur eine korrelative Stellung zum andern.

II.

Hier aber zeigt sich eine antinomische Problematik schwerster Art. Jedes historische Atom (das ebenso eine Regierungszeit wie ein Krieg, ebenso eine Schlacht wie eine Episode in ihr sein kann, je nachdem, was wir gerade von ihm wissen oder wissen wollen) füllt tatsächlich eine Zeitstrecke kontinuierlich aus; die Regierungszeit besitzt, auch wenn sie isoliert dastünde und auch keinerlei bekannte Erfüllungen zeigte, jene objektive Dauer, die sich in diesem Falle als historisch nichtig gezeigt hat, da sie so für die Geschichte nur einen Zeitpunkt festlegt, bestimmt, ein Früher oder Später andern Punkten gegenüber festzulegen; seine inneren Mannigfaltigkeiten unterstehen natürlich wieder anderen entsprechenden Einheitsbegriffen. Und diese Divergenz erstreckt sich über die Ganzheit der Geschichte überhaupt. Sie besteht auf Grund der Setzung umschriebener Ereignisse, mit Einzelbegriffen bezeichenbarer Inhalte; aber das wirklich erlebte Geschehen hat diese Form nicht, sondern verläuft schlechthin absatzlos in einer Kontinuität, die der bloßen Zeit ohne Bruch angeschweißt ist.

An keinem andern Punkt vielleicht kann man in den Spalt zwischen dem Geschehen und der »Geschichte« bis zu solcher Tiefe hinabblicken. Das geschichtliche Bild, das wir mit dem »Siebenjährigen Krieg« *meinen*, hat keine Lücke, es erstreckt sich eben vom August 1756 bis zum Februar 1763. In Wirklichkeit ist aber nur das *Geschehen*, das sich in diesen Zeitgrenzen und innerhalb der den Krieg lokalisierenden Raumgrenzen zutrug, ein kontinuierliches. Die *»Geschichte«* dieser Zeit ist keineswegs kontinuierlich. Von der Stetigkeit vielmehr, mit der aus einem Marsch oder einem Biwak von Truppen eine Schlacht sich vorbereitet, mit der die Bewegungen der einzelnen Soldaten aus den noch nicht schlachtmäßigen in die eigentlich kämpfenden übergehen, mit der sich an den Kampf selbst Flucht. Verfolgung, schließlich Ruhe ansetzt – von dieser Stetigkeit des wirklichen Geschehens sind wir zwar in abstracto überzeugt; das historische Bild aber, das wir aus Forschung und phantasiemäßiger Konstruktion heraus wirklich *haben*, besteht aus diskontinuierlichen, gleichsam um je einen zentralen Begriff herum geronnenen Teilbildern wie die eben genannten. Um jeden solchen Kristallisationspunkt sammelt unser geschichtsbildendes Verfahren eine Anzahl unterscheidbarer Einzelvorgänge, deren Ganzheit aber eben als dieses ganze »eine Ereignis« von den benachbarten Ereignissen sich durchaus scheidet.

So sagen wir etwa, daß 1758 die Schlacht bei Zorndorf von Friedrich gewonnen wurde, daß er dann nach Sachsen zur Unterstützung seines Bruders Heinrich ziehen wollte, inzwischen durch den Überfall bei Hochkirch ungeheure Verluste erlitt, dann aber durch geschickte Strategie seine Verbindung mit Heinrich dennoch zustande brachte. Hier sind also vier Momente, deren jeder in sich eine begriffliche Einheit ist, die zwar in einer bestimmten Reihe einander folgen, aber doch vermittels ihrer begrifflichen Sondersynthesen eine Diskontinuität zeigen; jede hält ihre Bestandteile enger und stetiger in sich zusammen, als jede mit der andern zusammenhängt. Jedermann gibt zwar zu, daß das Geschehen im Jahre 1758 ein völlig kontinuierliches war und daß nur die herangebrachten Begriffe von Schlacht, Sieg, Niederlage, Heeresvereinigung dies Geschehen in Teile zerschneiden. Allein diese Nachträglichkeit, die ersichtlich in einer andern Ebene, als in der des konkret Vorgestellten liegt, läßt die Nähte nicht wieder verwachsen.

Es stellt sich also das ganz Merkwürdige ein: daß diejenige Vorstellung von der Form des Geschehens, die dessen Realität sicher allein entspricht, die kontinuierliche, nur ein von dem konkreten historischen Inhalt zurücktretender, abstrakt reflektierender Gedanke ist, während die wirklich zeichnende Bildung dieses Inhalts sich in der wirklichkeitsfremden Form der Diskontinuität der »Ereignisse« bewegt! Die »Schlacht von Zorndorf« ist ein in besonderer Art aus unzählig vielen Einzelvorgängen gebildeter Kollektivbegriff. In dem Maße, in dem die Kriegsgeschichte jene Einzelheiten zur Kenntnis bringt, jeden Angriff, jede Deckung, jede Episode, jedes Sonderengagement von Truppenteilen usw., also sich dem Bilde dessen, was »wirklich war«, mehr nähert – in eben diesem Maß atomisiert sich der Begriff der Schlacht und verliert die Kontinuität, die wir nur durch ein gleichsam darüber schwebendes apriorisches Wissen, vermittels des Hindurchlegens einer ideellen Linie – nämlich des Begriffes Schlacht – durch all diese Wissensatome, dennoch von diesem Ereignis aussagen, indem wir es eben »eine Schlacht« nennen. Indem wir jedes solche Atom unter einen bestimmten differenzierten Begriff bringen, wird es gegen das vorherige und gegen das nachherige isoliert; wir kennen nun immer kürzere Partikel, zwischen jedem und jedem nächsten solchen entsteht ein unausgefüllter Raum, der für unser historisches Erkennen, unsere Bildgestaltung, gleich Null ist. Nur insoweit historische Inhalte, unter einem Begriff zusammengefaßt, als jeweilige *Einheit* gelten, haben sie die Form des Lebens, der erlebten Wirklichkeit: die Stetigkeit. In dem Augenblick, in dem man die einzelnen, zeitlich auseinanderliegenden Bestandteile solcher Einheit feststellt und benennt, fällt diese auseinander und die Einheit haftet nun wieder an den begrifflich markierten Partikeln.

So ist »die Regierung Friedrichs des Großen« in der Anfang und Ende verbindenden Überschau eine Einheit. Ergreift aber das historische Bewußtsein das darunter Begriffene: seine Kriege und seine wirtschaftliche Kultivierung Preußens, sein Verhältnis zum französischen Geist und seine Herstellung des preußischen Landrechts, so ist jedes dieser Elemente in sich zusammengehalten, gravitiert nach seinem eigenen Zentrum und besitzt seine kontinuierliche Verbindung mit dem anderen nur durch eine Art von Interpolation, die die leeren Spatien von der Idee eines lebendigen ununterbrochenen Geschehens durchströmen läßt. Immer aber liegt das so entstehende Bild des Lebens in einer erkenntnistheoretisch anderen, abstraktiveren Ebene als die einzelnen Elemente, die aus ihrer umschriebenen Konkretheit erst in jene hinaufgehoben werden müssen.

Und so geht dieser Prozeß weiter, wenn nun der Siebenjährige Krieg als Einheit gilt, die sich in Schlachten, Heereszüge, Verhandlungen auflöst; jede der Schlachten wieder in der vorhin angedeuteten Weise in ihre Etappen und so fort. Die Fortsetzung dieses Verfahrens scheint in einer atomischen Struktur des Geschehens münden zu sollen: wir hätten schließlich lauter Momentbilder, eines ganz nahe an das andere herangedrängt, aber immer zwischen beiden das Intervall, das gar nicht ausgefüllt werden kann, weil seine stetige Ausfüllung jene Bildhaftigkeit und sozusagen Eingerahmtheit des Einzelnen aufheben würde, die sein bezeichenbares Bestimmtsein, seine Rolle als einzelnes historisches Element, bedingen. Jene lebendige, dem Zeitverlauf genau angeschmiegte Kontinuität wäre damit sowenig zu erreichen, wie man durch noch so viele Punkte die Stetigkeit der Linie ersetzen kann.

Das Entscheidende ist also gar nicht, daß wir nicht »genug« wissen, um die ganze Strömung der lebendigen Wirklichkeit lückenlos in unsere historische Erkenntnis aufzunehmen: diese vielmehr *hat prinzipiell gar nicht die Form,* um die Kontinuität des Erlebens nachzuzeichnen, und um so weniger, je mehr wir »wissen«, d. h., je mehr konkrete, als begriffliche Einheiten genau umschriebene Bilder wir gewinnen. Weil wir die Kontinuität des Geschehens unmittelbar in einer nicht aussprechbaren Weise als unsere eigene Daseinsform erleben, sind wir zwar befähigt, sie auch in die historischen Ereignisse hineinzumeinen. In dem Maße aber, in dem wir an jeder solchen Einheit, die immer spezialisierendere, immer genauer sehende Funktion des Erkennens üben, zerfällt sie in lauter Diskontinuitäten, deren jede einzelne zunächst wieder als kontinuierliche Dauer gemeint ist, bis das fortschreitende Erkennen auch an ihr die gleiche Zerspaltung und damit die gleiche Entlebendigung vollzieht. Dies kann so weit gehen, daß die Wiedereinfügung der gesondert erkannten Geschehensatome in den Gesamtverlauf, wodurch sie zu historischen werden, nicht mehr möglich ist, daß sie ein zu geringes Quantum eigenen Sinnes haben, als daß jene durch ihren Inhalt begreifliche Verbindung mit allen andern sich herstelle.

Die einzelnen Schlachten des Siebenjährigen Krieges, in isolierter Betrachtung beliebig verschiebbare Atome, können zu historischen Elementen werden, sobald der Siebenjährige Krieg selbst als Kontinuität, die jeder Schlacht ihre Stelle anweist, begriffen wird, dann wieder dieser Krieg in der Politik des 18. Jahrhunderts usw. Gelangen wir nun aber abwärts zu einem einzelnen Handgemenge zwischen einem preußischen und österreichischen Grenadier bei Kunersdorf, so ist dies kein historisches Gebilde mehr, weil es genau ebenso bei Leuthen oder bei Liegnitz hätte stattfinden können. Und kennte man jede körperliche und seelische Bewegungsnuance, die unter den Russen, Österreichern und Preußen am 12. August 1759 vorging, so daß von den Begriffen, die die Reihenfolge der Tatsachen bezeichnen, keiner mehr einen meßbaren Zeitraum des Geschehens zusammenfaßte – so wäre damit die Absicht der Historik dennoch nicht erreicht. Denn sie begehrt gar nicht diese Einzelheiten zu wissen, sondern will das sie zusammenfassende höhere Gebilde: Schlacht von Kunersdorf – kennen.

Jenes Fechten zwischen einem österreichischen und einem preußischen Grenadier, obwohl ein echter und notwendiger Teil der Schlacht, fällt aus der historischen Interessenreihe heraus, die sich andernfalls in eine Diskontinuität auflöst. Die Schlacht von Kunersdorf aber, die wir kennen wollen, ist eine notwendig durch eine Zeitausdehnung hindurch kontinuierlich *erstreckte* Einheit. Diese ist ihrer Form nach allerdings ein Bild der Wirklichkeit, die kontinuierlich ist, sie kann sich aber nie mit realem Inhalt erfüllen, weil diese jeweils letzten Einzelbilder zwar die Form des Früher oder Später, aber damit die der Diskontinuität haben und jene, nur in einer abstrakteren Intuition erfaßte Zeitspanne sowenig ausfüllen können, wie eben noch so viele Punkte eine Linie erfüllen können, deren Lauf sie freilich bezeichnen.

Es scheint ein allgemeines Prinzip zu bestehen, daß das Zerfällen einer Erscheinung in Elemente, als deren Summe sie dann wieder begriffen werden soll, bei einer bestimmten Stufe der Zerkleinerung die Individualität der Erscheinung aufhebt. Wenn wir das Wesen eines Menschen, der uns als eine ganz singuläre Vision gegeben ist, in seine einzelnen Züge zerlegen, entdecken wir meistens, daß jeder von diesen ein mehr oder weniger allgemeiner ist, der mit vielen andern Menschen geteilt wird. Das Schicksal eines Individuums, als Ganzes unvergleichlich, läßt sich in eine Summe von Ereignissen vereinzeln, deren jedes eigentlich ein häufiges Vorkommnis ist, und zwar um so augenscheinlicher, je kleiner man die Abschnitte wählt. Die atomistische Weltanschauung, für die die kleinsten Teile und ihre Bewegungen als einzige Realitäten bestehen, kann das Problem der Individualität weder lösen, noch auch nur anerkennen.

So also verflüchtigt sich der Individualcharakter einer Gegebenheit, durch den sie zeitlich fixierbar, also historisch wird, gerade oft, natürlich nicht immer, durch diejenige Auseinanderlegung und Spezialisierung ihrer Elemente, die doch als wachsende Exaktheit und Erkenntnis der Dinge, »wie sie wirklich gewesen sind«, gilt.

Man kann demnach von einer *Schwelle der Zerkleinerung* reden. Mit der Kenntnis jeder Muskelzuckung jedes Soldaten würde uns jene einheitliche Lebendigkeit des ganzen Ereignisses, die Anfang und Ende seines zeitlichen Bildes verbindet, verlorengehen; das historische Element muß so groß bleiben, daß sein Inhalt Individualität behält, und durch sie die Hinweisung auf ein völlig bestimmtes Früher oder Später allen andern gegenüber.

Die geschichtliche Erkenntnis bewegt sich also in einem dauernden Kompromiß zwischen der Aufstellung ausgedehnter Einheitsgebilde, deren Kontinuität zwar die Form des Geschehens nachbildet, aber nicht mit der Einzelheit realer Anschauungen zu erfüllen ist – und diesen letzteren, die im wissenschaftlichen Ideal nur je einen chronologischen Punkt bezeichnen und gerade dadurch dieses Ideal der Stetigkeit des realen Geschehens entrücken.

In dieser tiefen Antinomie der Historik offenbart sich das Problem, das ich für das fundamentale ihrer Erkenntnistheorie halte: wie wird aus dem Geschehen Geschichte? Indem das Leben die geistige Form des Historischen annimmt, zeigt sich sowohl der historische Realismus, der die Ereignisse nachzuzeichnen glaubt, wie sie wirklich gewesen sind, als eine ebenso einseitige Vergewaltigung der Sachlage wie der Idealismus, für den Wirklichkeit soviel wie Erkenntnis der Wirklichkeit ist: der eine büßt die Inhalte ein, der andere ihre Kontinuität.

Dennoch möchte ich dem Problem gegenüber, das sich zwischen dem erlebten Leben einerseits und seiner Umformung, die wir Geschichte nennen, andererseits, anspinnt, die Hoffnung wagen: daß die Fremdheit zwischen beiden vielleicht eine erkenntnistheoretische, aber keine metaphysische Entscheidung letzter Instanz sein kann, da schließlich auch die Geschichte eine Äußerung und Tat des Lebens ist, eben desselben Lebens, dem sie sich zuerst *gegenüber*stellte: denn auch das Gegenüber-vom-Leben ist eine Form des Lebens. Der Realismus der Geschichte liegt nicht in dem Lebens*inhalt,* den sie, wie er wirklich war, nachzeichnete, sondern darin, daß ihr unvermeidliches Anders-Sein-als-das-Leben irgendwie den Triebkräften, dem Gesetze dieses Lebens selbst entspringen muß.

Vom Wesen des historischen Verstehens

Die Beziehung eines Geistes zu einem andern, die wir als Verstehen bezeichnen, ist ein Grundereignis des menschlichen Lebens, dessen Rezeptivität und Eigentätigkeit in einer nicht weiter auflösbaren, nur zu erlebenden Weise vereinigend. In der Einsicht in das Verstehen überhaupt liegt die in das spezifisch historische Verstehen eingebettet. Denn wie alle unsere ideellen, rein geistigen Produktionen ihre fragmentarischen Vorzeichnungen an denjenigen Formen und Verfahrungsweisen finden, die der Geist um der praktischen Forderungen und Förderungen des Lebens willen entwickelt hat, so ist auch die wissenschaftliche Geschichte andeutend vorgeformt in den Gestaltungen und Methoden, mit denen die Praxis sich die Bilder der Vergangenheit als Bedingungen des weiterschreitenden Lebens einbaut. Aber indem jeder Schritt des Lebens, durch das Bewußtsein von Vergangenem getragen, ohne irgendein Maß davon ganz undenkbar ist, handelt es sich dabei doch nicht um das unübersehliche, formlose Chaos des ganzen erinnerten oder überlieferten Lebensstoffes; vielmehr ist schon dessen praktische Verwertung bedingt durch seine Zerlegung und Synthese, seine Anordnung unter Begriffe und in Reihen, durch Erteilung und Verschiebung von Akzenten, durch Deutungen und Ergänzungen. So funktionieren hier vielerlei theoretische Kategorien in nicht-theoretischem Interesse, in die Zweckzusammenhänge des Lebens so kontinuierlich eingegliedert, wie irgendwelche Bewegungskoordinationen, Triebe oder Reflexe.

Geschichte als Wissenschaft entsteht, sobald jene Kategorien, die das Lebensmaterial zu einem geistig anschaulichen, logisch sinnvollen und dadurch zunächst praktisch verwendbaren Gebilde formen, sich aus dieser Zweckdienlichkeit lösen und von sich aus, in freischwebendem theoretischem Interesse, in neuer Vollständigkeit und Eigenwertigkeit die Bilder vergangenen Lebens bauen. Wie wir fortwährend die gleichsam embryonalen Historiker unser selbst sind, so, von der anderen Seite gesehen, vollenden und verabsolutieren wir als wissenschaftliche Historiker die Einstellungen und Formgebungen des vorwissenschaftlichen Lebens. Auf Grund dieses ganz allgemeinen Wechselverhältnisses ist die Einsicht in das historische Verständnis durch die andere bedingt, wie es denn überhaupt geschehe, daß ein Mensch den andern versteht. Denn wie verschieden auch Ausgangspunkte und Wege, Interesse und Material sei, schließlich ist das Verstehen von Paulus und Ludwig XIV. das wesenhaft gleiche wie das eines persönlich Bekannten.

Die Struktur allen Verstehens ist innerliche Synthese zweier, von vornherein getrennter Elemente. Gegeben ist eine tatsächliche Erscheinung, die als solche noch nicht verstanden ist. Und dazu tritt aus dem Subjekt, dem diese Erscheinung gegeben ist, ein Zweites, entweder diesem Subjekt unmittelbar entsteigend oder von ihm aufgenommen und verarbeitet, eben der verstehende Gedanke, der jenen zuerst gegebenen gleichsam durchdringt, ihn zu einem verstandenen macht; dieses zweite seelische Element ist manchmal für sich bewußt, manchmal nur an seiner Wirkung, eben dem nun verstandenen ersten, spürbar. Dieses Grundverhältnis findet drei typische Ausgestaltungen, alle drei aus ihrer geringeren oder größeren vorwissenschaftlichen Durchführung in die Methodik der wissenschaftlichen Geschichte übergehend.

I.

Zuerst handelt es sich darum, die den äußeren Sinnen gegebenen Erscheinungen und Betätigungen eines Individuums überhaupt dadurch zu verstehen, daß sie seelisch motiviert sind, beziehungsweise die seelischen Ereignisse vermittels solcher ihnen zugeordneter sinnlicher Äußerungen zu verstehen. Für den allerersten Anschein ist uns der andere Mensch eine Summe äußerer Eindrücke. Wir sehen, tasten, hören ihn – aber daß »hinter« all diesem eine Seele lebe, daß all diese Äußerlichkeiten eine seelische Bedeutung, eine mit ihrem Sinnenbilde nicht erschöpfte Innenseite haben, kurz, daß der andere keine Marionette, sondern etwas innerlich Verständliches ist, das sei nicht in gleichem Maße gegeben, sondern bleibe für immer eine nie absolut zu bewahrheitende Vermutung. Und wie so der einzelne die Beseeltheit des andern überhaupt diesem erst mitteilen muß, statt sie als eine zwingende Konkretheit, wie einen Sinneneindruck, zu empfangen, so natürlich auch bezüglich der einzelnen seelischen Inhalte. Was jener will und denkt und fühlt, könnten wir ihm nicht ansehen, sondern alles Ansehbare sei nur Brücke und Symbol, um das Subjekt zur konstruktiven Schöpfung dessen, was wohl in der Seele des andern vorgehen mag, anzuregen, anzuleiten. Die weitere Konsequenz davon ist, daß alles Wissen um diese Vorgänge im anderen, alles Verstehen ihrer eine Hineinverlegung selbsterlebter Innenereignisse ist: jedes Gefühl, das Aufsteigen von Vorstellungen auf Grund vorangegangener, die Herrschaft von Impulsen durch den ganzen Ideenkreis hin – alles das müsse erst in mir vorgegangen sein, um dem anderen imputiert zu werden. Denn woher als aus der eigenen Seele sollte ich denn das Material für Erkenntnis und Verständnis der anderen nehmen, die sich doch eben nicht lesbar vor mir ausbreitet?

Hier liegt ersichtlich auch das Grundproblem des spezifisch historischen Verstehens. Kann ich schon den meinen Augen und Ohren sich darbietenden Menschen nur so verstehen, daß ich ihn über alles Gesehene und Gehörte hinaus mit den Inhalten meiner eigenen Seele ausstatte, so wäre mir der längst Vergangene, von dem nur sachliche Handlungen, fragmentarische Äußerungen, objektive Erfolgsspuren seiner Existenz überliefert sind, ein bloßer Komplex äußerer unverstandener Einzelheiten, wenn ich nicht hinter all dieses seelische Zustände und Bewegtheiten legte, deren Sinn und Zusammenhang mir von nirgends anders her als aus den Erfahrungen meines eigenen Innern kommen kann. Das Verständnis der historischen Person setze also, so verschieden sie sonst von mir sei, in den zu verstehenden Punkten eine wesentliche Gleichheit zwischen uns beiden voraus.

Ich knüpfe an diese scheinbare Unvermeidlichkeit an, der sich allerdings gewisse Beobachtungen als Beweise anbieten. Die Erfahrung scheint zu zeigen, daß wer nie geliebt oder gehaßt hat, den Liebenden oder den Hassenden nicht versteht, der nüchterne Praktiker nicht das Verhalten des idealistischen Träumers und dieser nicht jenen, der Phlegmatiker nicht die Gedankenverknüpfungen des Sanguinikers und umgekehrt. So wird der persönlich philiströse, an kleinbürgerliche Verhältnisse angepaßte Historiker die Lebensäußerungen von Mirabeau oder Napoleon, von Goethe oder Nietzsche – so reichlich und deutlich sie seien – nicht verstehen. Die Hoffnungslosigkeit, mit der das Verständnis des Europäers der Psyche des Orientalen gegenübersteht, wird von den Orientkennern gerade um so entschiedener bestätigt, je tiefer und breiter ihre Erfahrungen sind. Weniger autoritativ, aber, wie ich glaube, nicht weniger begründet ist der Zweifel, ob der moderne Mensch den Athener der Perserkriege, den mittelalterlichen Mönch, ja auch nur die Hofgesellschaft, die Watteau gemalt hat, in ihrer wirklichen Innerlichkeit versteht. Ich spreche hier nicht von dem Mangel oder der Vieldeutigkeit der Quellen, sondern von einem Versagen des Verständnisses, dem kein Maß und Inhalt von Dokumenten abhelfen kann, weil die Beschaffenheit des Subjekts die als Verstehen geltende Reaktion auf das Objekt nicht hergibt.

Dennoch wäre der Schluß, daß die Gleichheit zwischen Subjekt und Objekt das Verständnis trägt, voreilig. Sieht man jene Tatsachen nämlich näher an, so zeigt sich, daß sie nur negativer Art sind, das heißt, daß ein gewisses Maß von Ungleichheit des Wesens zwar das Verstehen unterbindet; woraus aber keineswegs folgt, daß die Gleichheit es positiv bewirkt. Das wäre der gleiche Irrtum, der aus der Geistesstörung durch bestimmte Hirnverletzungen schließen wollte, daß diese Stelle der Hirnrinde den betreffenden Bewußtseinsvorgang in seiner Normalität erzeugt hätte. Änderung oder Ausfall einer einzigen von den komplizierten näheren und ferneren Bedingungen organischer und insbesondere seelischer Prozesse genügen oft zu deren völliger Ablenkung, ohne daß diese eine darum als ihre positive Ursache gelten dürfte. Man wird nur sagen können, daß bei einer gewissen Größe psychischer Wesens*verschiedenheit* das Verständnis von Äußerungen gehemmt ist. Daß aber die Wesens*gleichheit* es hervorruft, ist dadurch um so weniger bewiesen, als wir unzählige Male sehen, daß gerade zwischen Menschen der allerverwandtesten Naturanlage die allerärgsten Mißverständnisse entstehen.

Die logische Voraussetzung für die angebliche Bedingheit des Verstehens durch Wesensgleichheit ist die, daß man als die seelischen Beschaffenheiten im anderen nur, auf gewisse äußerliche Symbole und Andeutungen hin, *schließen* müßte. Auch ist dies auf den ersten Blick plausibel. Das Kind höre sich selbst schreien, wenn es einen Schmerz hat, und könne daraus und nur daraus schließen, daß ein anderer, den es schreien hört, gleichfalls Schmerz empfinde, und ähnliches. Allein gegen die Verallgemeinerung dieser Hypothese will ich nur eine einzige rein empirische Gegeninstanz anführen. Eine der Wahrnehmungen an anderen, die uns deren seelische Verfassung am unzweideutigsten und eindrucksvollsten verkünden, ist der Blick ihres Auges. Gerade für diesen aber fehlt uns jede Analogie aus der Wahrnehmung unser selbst. Wer nicht Schauspieler ist und sich vor dem Spiegel den Augenausdruck von Zorn und Zärtlichkeit, von Mattigkeit und Ekstase, von Schreck und Verlangen einstudiert, hat so gut wie gar keine Gelegenheit, diesen an sich selbst zu beobachten. Es kann hier also gar keine Assoziation zwischen dem eigenen Innenerlebnis und der eigenen Außenwahrnehmung aufkommen, als deren Rückläufigkeit der Schluß von der fremden Außenwahrnehmung zu der Deutung des fremden Innern einträte. Diese eine Tatsache scheint mir ein völlig hinreichender Beweis, daß jene innerlich-äußerliche Eigenerfahrung nicht den Schlüssel zu der äußerlich-innerlichen Fremderfahrung bieten kann.

Es bedarf aber einer solchen auch nur wegen der unglückseligen Zerreißung des Menschen in Körper und Seele, die den Körper für sich einer angeblich nur physisch-äußerlichen konkreten Wahrnehmung ausliefert, für die Feststellung des Seelischen aber jener assoziativ vermittelten Hineinverlegung der subjektiven Innenerfahrung in den anderen bedarf – eines Aktus, der ebenso kompliziert, ja mystisch, wie für die ihm zugemutete Leistung unzulänglich ist. Ich bin vielmehr überzeugt, daß wir *den ganzen Menschen* wahrnehmen und erst in einer nachträglichen Abstraktion aus ihr die isolierte Körperlichkeit – gerade wie auch in dem Wahrnehmenden nicht das anatomisch isolierte Auge sieht, sondern der ganze Mensch sieht, dessen Gesamtleben durch das einzelne Sinnesorgan nur wie kanalisiert ist. Diese Wahrnehmung der Totalexistenz mag dunkel und fragmentarisch, durch Nachdenken und persönliche Erfahrung verbesserungsfähig und durch Einzelheiten angeregt, durchaus nach Begabtheitsgraden abgestuft und bisher in keinem bestimmten Organ lokalisierbar sein – sie ist die grundlegende einheitliche Art, wie der Mensch auf den Menschen wirkt, ist der intellektuell nicht recht analysierbare Gesamteindruck, die erste und meistens entscheidende, wenn auch noch vieler Vervollkommnung fähige Erkenntnis des anderen.

Und wie nun historisches Verständnis überhaupt nur eine Modifikation des zeit*gleichen,* ganz aktuellen Verstehens ist, so enthält prinzipiell die überlieferte Schöpfung oder Rede, Handlung oder Wirkung des vergangenen Menschen wirklich ihn selbst und gibt ihn unserer ebenso ungetrennten Aufnahmefähigkeit hin; alles einzelne, was der Mensch darbietet, ist pars pro toto. Gewiß sind im Historischen die Anregungen knapper, der Weg zum Gewinn des vollen Bildes länger und windungsreicher, der Erfolg unvollständiger und problematischer. Schließlich aber, insofern er überhaupt erreicht wird, steht das Bild der historischen Persönlichkeit und ihres Verhaltens in derselben Art vor uns wie das eines persönlich Gekannten, in ihren einzelnen Bestimmungen wie in deren kausaler Verbundenheit zugängig und begriffen, ohne irgendwie ein Abklatsch unserer eigenen Eigenschaften oder Erlebnisse zu sein.

Und selbst wenn es, damit es überhaupt nur zu seiner *Feststellung* käme, einer Übertragung der seelischen Tatsachen aus dem Eigenbesitz bedürfte, so wäre damit noch keineswegs das *Verständnis* dieser Tatsachen gegeben. Denn wie oft stehen wir unserer eigenen Vergangenheit ganz verständnislos gegenüber, wie oft begreift der reife Mann Handlungen und Gefühle seiner Jugendzeit nicht mehr, wie vieles soeben Gefühlte und Gewollte müssen wir als verschlossene Tatsache unseres Daseins hinnehmen, ohne zu verstehen, wie es aus seinen Vorbedingungen und unserem Charakter hat entstehen können, ja was es nur seinem eigentlichen Sinne nach bedeutet! Hier ist doch der Gegenstand des Verstehenwollens gewiß in eigener Erfahrung gegeben, und nichts kann darum entschiedener beweisen, daß die angebliche Übertragung des inneren Eigenerlebnisses nicht den Weg zum Verständnis der historischen Persönlichkeit bedeutet. Mag sein, daß man nur den Geist begreift, dem man irgendwie gleicht, daß uns etwa die Handlungen von Wesen auf dem Sirius unverständlich wären; aber darum, daß man einem Geist essentiell gleicht, begreift man ihn noch nicht.

Der griechischen Denkweise, mit ihrem festen Substantialismus, ihrem Haften an der plastischen Formsicherheit und deren unmittelbarer Überzeugungskraft, entsprach es, daß nur »Gleiches durch Gleiches« erkannt werde. Uns aber erscheint dies als ein naiv mechanistisches Dogma: als seien die verstehende Vorstellung und ihr Gegenstand zwei zur Deckung zu bringende Größen – während die Tatsachen damit doch in erstaunlicher Weise vergewaltigt werden. Denn es kann doch niemand leugnen, daß er an anderen Gefühle feststellt, die er selbst nicht gefühlt hat, Verknotungen des inneren Schicksals versteht, die er selbst nie durchlebt hat, Willensimpulse vorstellt, die seinem eigenen Wollen völlig fernliegen.

Man kann diese Schwierigkeit, der die Eigenerfahrung als angebliche Bedingungen des Verständnisses begegnet, nicht dadurch beseitigen, daß man zugibt: natürlich decke der selbsterlebte Seelenvorgang nicht ganz genau den des anderen; man müsse an jenem irgendwelche Umformungen, Umstimmungen, gewisse Änderungen der Quantität und Qualität vornehmen. Denn damit, daß man die Differenz zwischen beiden zu einer unbedeutenden oder formalen macht, ist sie nicht leichter zu überwinden; und wo überhaupt gibt es den Maßstab, der sie objektiv als größer oder kleiner zu beurteilen gestattete? Das Prinzip, daß wir nur das an uns selbst Erfahrene an anderen verstehen, kann nur gelten oder nicht gelten und wird durch den noch so geringfügigen seelischen Inhalt, den wir an der fremden Seele wissen, ohne daß er je in unserer aufgetaucht wäre, genauso durchbrochen, wie durch den umfänglichsten.

Was über diese Bedenklichkeiten der ganzen Theorie hinwegträgt, ist der Realismus, der die Dinge, »wie sie wirklich sind«, in das Erkennen aufnehmen will. Das eigene Erlebnis ist, seinem Begriffe nach, unmittelbare Realität, und nur wenn das Erlebnis der anderen Seele in Identität mit diesem vorstellbar ist, glaubt deshalb diese naive Denkweise auch des wahren Vorgangs im anderen – vermöge der Identifizierung der äußeren Phänomene – sicher zu sein. Daraus, daß ich das Erlebnis des anderen freilich vorstellen muß, schließt man ganz irrig, daß ich es wie mein eigenes vorstellen muß (wie die Ethiker des Egoismus daraus, daß ich das Subjekt meines Wollens bin, folgern, daß ich auch dessen Objekt sein müsse) – schließt so, weil nur das eigene als volle Wirklichkeit gilt, während man deren also bei dem anderen nicht sicher wäre, es sei denn durch die mögliche Übertragung von jenem in dieses oder als dieses. Auch müßte ich bei dieser Theorie des »Einfühlens« meiner eigenen Innenvorgänge in den andern zuvor wissen, *welchen Teil* meiner eigenen Erlebnisse ich zu dieser Mission delegieren soll; die Anschauung des Fremdvorgangs, die ich auf diesem Wege zu gewinnen hätte, wird für ihn also schon vorausgesetzt.

Ich glaube vielmehr, daß die Einverleibung der eigenen Seele in den anderen, damit man ihn als beseelt empfinde, eine völlig unbewiesene Übertragung aus andersartigen Erfahrungen auf dieses unvergleichbare Phänomen ist, daß das Du vielmehr ein Urphänomen ist ebenso wie das Ich, daß die Projektionstheorie für das Du so wenig wie für die räumlichen Dinge als solche gilt. Die Dinge werden nicht in unserem Kopf fertig und dann durch ein geheimnisvolles Verfahren in den gleichsam bereitstehenden Raum projiziert – wie man mit seinen Möbeln in eine leerstehende Wohnung zieht –, wobei das Innewerden dieses ganzen Raumes noch immer kein geringeres Problem aufgäbe, als wenn wir des Gegenstandes von vornherein als eines räumlichen inne würden. Vielmehr ist dessen Räumlichkeit, wenn wir hier überhaupt einmal die Frage vom Subjekt her stellen, eine ursprüngliche Art oder Form des Anschauens. Anschauen heißt in diesem Fall nichts anderes als räumlich anschauen, und die Verdoppelung des Dinges, als sei es erst einmal in uns und dann außer uns, ist völlig überflüssig.

So also ist die Seele nicht erst etwas, was wir in uns wissen und dann in einen dazu geeigneten Körper hineinprojizieren, so daß wir erst durch diesen merkwürdigen Prozeß zu einem Du kämen, sondern es entstehen – indem wir uns auch hier auf dem Standpunkte des Idealismus halten – gewisse Vorstellungen in uns, die von vornherein ein Du ausmachen und als dessen seelische Inhalte apperzipiert werden. Der Sprachausdruck, demgemäß die Beseeltheit des Menschen »hinter« seinem Sichtbaren und Tastbaren liegt, diese ganz oberflächliche räumliche Symbolisierung, trägt sicher sehr viel dazu bei, diese Beseeltheit als das geheimnisvoll ungreifbare Jenseitige erkenntnistheoretisch von dem unmittelbar zugängigen »Äußeren« zu scheiden. Haben wir freilich erst einmal das Phänomen des anderen Menschen in Körper und Seele zerschnitten, so müssen wir dann wieder eine Brücke zwischen sie bauen, um die Einheit, die wir von vornherein haben, jetzt noch nachträglich zusammenzuflicken: wir geben den Körper ausschließlich der optischen Sinnlichkeit preis, überantworten die Seele ebenso ausschließlich unserer eigenen Seele und lassen dann durch eine Hineinverlegung, Übertragung, Projizierung oder wie man diesen niemals aufzeigbaren Akt nennen mag, diese Seele in jenen Körper überwandern. Aber diese Zerlegung ist die Gewalttat eines atomisierenden Denkens.

Freilich, auch die Praxis des Tages ebenso wie die historische Bildgestaltung aus immer zufälligem und lückenhaftem, oft nur alleroberflächlichstem Material scheint diese Zerlegtheit und die vom Denken also zu überwindende Distanz zwischen Äußerem und Seelischem zu legalisieren. Allein dieses Auseinander, bewirkt durch die Fragwürdigkeit und Diskontinuität des Lebensstoffes, hat doch zum Ausgangspunkt und zum Zielpunkt die einheitliche Grundtatsache, die man das Du nennen kann: den unmittelbar als beseelt verstandenen Anderen. Auch wo die Überlegung von einem äußerlichsten Symptom auf den längsten und gewagtesten Wegen zu deren seelischem Verständnis führt, liegt diese Kategorie zum Grunde und steht wieder, als voll verwirklichte, am Ende des Wegs.

Eben diese Kategorie des Du – für den Aufbau der praktischen und der historischen Welt ungefähr so entscheidend wie die der Substanz oder der Kausalität für die naturwissenschaftliche Welt – ist mit keiner anderen zu vergleichen. Nicht in demselben Sinne wie jedes andere Objekt kann ich das Du als meine Vorstellung bezeichnen: ich muß ihm ein Für-sich-Sein zusprechen, wie ich es, im Unterschiede zu allen eigentlichen Objekten, nur an meinem eigenen Ich empfinde. Daraus erklärt es sich, daß wir den anderen Menschen, das Du, zugleich als das fernste und undurchdringlichste Gebilde und als das nächste und vertrauteste empfinden. Das beseelte Du ist einerseits unser einziger Pair im Kosmos, das einzige Wesen, mit dem wir uns gegenseitig verstehen und als »Eines« fühlen können wie mit nichts anderem, so daß wir die sonstige Natur, wo wir Einheit mit ihr zu fühlen meinen, in die Kategorie des Du einstellen, und Franziskus deshalb die tierischen und die unbeseelten Wesen als Bruder anredete. Andererseits aber hat das Du eine Selbständigkeit und Souveränität neben uns, wie nichts anderes, einen Widerstand gegen die Auflösung in das subjektive Vorstellen des Ich, jene Absolutheit der Realität, die das Ich an sich selbst fühlt.

Das Du und das Verstehen ist eben dasselbe, gleichsam einmal als Substanz und einmal als Funktion ausgedrückt – ein Urphänomen des menschlichen Geistes, wie das Sehen und das Hören, das Denken und das Fühlen, oder wie Objektivität überhaupt, wie Raum und Zeit wie das Ich; es ist die transzendentale Grundlage dafür, daß der Mensch ein ζῶον πολιτικόν ist. Gewiß ist es eine spätere Stufe unserer Entwicklung, gewiß hat es nur selten die gleiche Unzweideutigkeit seines Inhalts, gewiß tritt es nur auf kompliziertere psychologische Vorbedingungen hin ein. Allein auch jene sich als primär gebenden Bewußtseinsakte sind durch Vorangegangenes bedingt; auch sie bedürfen einer Entwicklung. Es besteht hier nur ein gradueller Unterschied, und durchaus irrtümlich ist die Meinung, daß solche seelischen Erscheinungen, weil sie nur spät, unvollkommen, in vielfach bedingten Situationen auftreten, darum in sich nichts Einfaches und Primäres sein könnten. Daß die Unzulänglichkeit der *Bedingungen*, unter denen sich das Bild oder das Verständnis erhebt, deren Vollendetheit hintanhält, beweist nicht im geringsten, daß sie durch Zusammenflickung jener bloßen Bedingungen assoziativ erzeugt würden.

Unterschiede innerhalb dieses Urphänomens sind unverkennlich, hauptsächlich zwischen dem Verständnis für ein aktuelles Ereignis oder eine mitlebende Person und dem für historisch gewordene Objekte. Allein daß hier die Daten numerisch geringer und zufälliger zu sein pflegen, daß sie statt sinnlicher Unmittelbarkeit mehr auf intellektuelle Vermittlung angewiesen sind, daß keine gemeinsame Zeitatmosphäre den Verstehenden und seinen Gegenstand umfängt – dies alles kann im einzelnen Fall das Verständnis teilweise oder ganz ausschließen, aber eine notwendige und prinzipielle Differenz besteht zwischen Gegenwart und Vergangenheit in dieser Hinsicht nicht. Freilich können wir das Verhältnis des eigentlichen Erlebens nur zu der ersteren haben; außerdem aber auch zu ihr, wie zu der zweiten, das Verhältnis des historischen Verstehens, das ja auch ein jeder zu seiner eigenen Vergangenheit besitzt. Gewiß legen sich für den in die historische Ferne hinsehenden Blick das äußere und das seelische Ereignis oft weiter auseinander als für die unmittelbare Anschauung, und es bedarf häufiger des Schließens von dem einen auf das andere; allein dies alles sind doch nur *verlängerte Zugangsstraßen*, die schließlich auf jenes Verstehen führen, das Einheit durch Einheit aufnimmt, oder es sind dessen bruchstückhafte Verwirklichungen.

Für dieses Verstehen, das in seinen Bedingungen freilich oft durch praktische und zufällige Unzulänglichkeiten zerspalten wird und daraufhin der intellektuellen Analyse als Deutung selbständig äußerer Symptome durch dahinter gelegte Seelenhaftigkeit erscheint – ist der an sich nicht ansprechende Begriff der Intuition dennoch angemessen. Aber das Verdacht Erweckende, mißbräuchlich Mystische an ihm verschwindet gerade, wenn wir uns klarmachen, daß die Anwendung der Intuition auf das historische Verstehen von ihrem ganz unvermeidlichen Gebrauch in jedem Augenblick des praktischen Lebens umgriffen wird.

II.

Eine kompliziertere Struktur zeigt die zweite Art des Verstehens, mit der ein bereits als seelisch bekannter Akt durch einen anderen der gleichen seelischen Ebene verstanden werden soll. Hören wir von einem hannöverschen Legitimisten nach 66, daß er Bismarck gehaßt hat, so verstehen wir zunächst dieses Gefühl unmittelbar rein als solches. Haß ist ein uns sogleich bekannter Affekt. Wir wissen innerlich die nicht weiter zu analysierende subjektive Bedeutung dieses Affekts, unter welchen Umständen, an welchem Träger er uns auch begegnet. Solches Verstehen eines einzelnen seelischen Inhalts ist transhistorisch, sozusagen sachlich, denn es gilt dem gleichen psychologischen Grundvorgang, wenn ich es auf Brunhild gegen Kriemhild, auf den Hannoveraner gegen Bismarck, auf den Wohnungsmieter gegen seinen schikanösen Hauswirt anwende. Die Zweiheit der Elemente, die jedes Verstehen voraussetzt, ist bei solch unmittelbarem Verstehen des Seelischen die, daß ein individueller Fall durch einen generellen, in dem Subjekt vorbestehenden Inhalt verstanden wird. Historisch indes verstehe ich den Haß des Hannoveraners, wenn ich den Krieg von 66 und die preußische Annexion kenne, oder: wenn ich ihn überhaupt als Element eines zeitlichen Gesamtzusammenhanges erkenne.

Nun muß aber jede Stufe solcher Verbindungen ihrerseits wieder in jenem ersten Sinne verstanden sein. Ebenso wie den Haß muß ich nun verstehen, was Anhänglichkeit an ein Herrscherhaus oder was Wertung politischer Selbständigkeit ist. Während also jenes erste Verstehen einen gleichsam zeitlosen oder überindividuellen Inhalt, das andere aber den realen Zusammenhang eines vielgliedrigen Werdens zu betreffen schien, zerfällt tatsächlich auch dieser letztere in ein Nacheinander einzelner Verständnispunkte, von denen ein jeder nun doch wieder überhistorisch-psychologisch verstanden werden muß.

Das historische Verständnis kommt als solches also ersichtlich erst zustande, wenn diese diskontinuierlichen und diskontinuierlich sozusagen zeitlos verstandenen Momente für den Betrachter von einem stetigen Lebensstrom durchflutet werden, der sie in Verbindung setzt, das Tor des einen gegen den anderen öffnet, sie als die Pulsschläge eines zeitlichen Lebensverlaufes empfinden läßt. Ihr voriges isoliertes Verstehen zeigt sich nun als auf eine gewisse Abstraktion gegründet, es hob aus dem rastlos steigenden und sinkenden Leben eine Wellenspitze heraus als ein eigenes umschriebenes Objekt des Verstehens, während sie in Wirklichkeit mit der früheren und der folgenden, mit allen desselben Lebens kontinuierlich verbunden ist.

Die Herstellung dieses kontinuierlichen Zusammenhanges ist das, was der Überlieferung der bloßen Geschehnisse die Form Geschichte aufprägt. Die Feststellung, ein bestimmtes Ereignis habe in einem bestimmten Jahr stattgefunden, würde dieses noch nicht zu einem historischen machen, wenn das Jahr isoliert in einem sonst leeren Zeitschema stünde. Man würde dann noch immer das Ereignis nach seiner inneren Bedeutung, seiner von der Zeit unabhängigen Eigenschaftlichkeit verstehen können. Dies freilich muß in jedem Fall stattfinden. Damit ist aber erst der Stoff gegeben, an dem die Geschichtswerdung sich als eine bestimmte Formgebung vollzieht. Geschichte ist nicht das Vergangene, das uns, unmittelbar und genau genommen, immer als diskontinuierliche Stücke gegeben ist, sondern ist eine bestimmte Form oder Summe von Formen, mit denen der betrachtende, synthetische Geist diesen zuvor festgestellten Stoff, die Überlieferung des Geschehenen, durchdringt und bewältigt. Dadurch, daß ich eine Reihe als historisch verstehe, kommt ihr inhaltlich nichts Neues zu; nur eine funktionelle Verbindungsart wird damit von der inneren Anschauung gewonnen oder gestiftet.

Wie die historische Betrachtung überhaupt den einzelnen Wirklichkeitsinhalt der auf ihn selbst beschränkten Vorstellung enthebt und ihn, als bewirktes und bewirkendes Glied, in unabsehliche Zusammenhänge einstellt, so verfährt nun auch die Verstehensfunktion, wenn sie gegebene seelische Wirklichkeiten als historische ergreift. Diese Gegebenheiten müssen zunächst für sich als irgendwie geschlossene psychische Einheiten verstanden sein – ohne diese Voraussetzung können sie nicht historisiert werden. Sie werden es dann aber erst, wenn sie sich gewissermaßen verflüssigen, sich als die jeweils besonderen Gestaltungen einer Lebensdynamik zeigen, die sie so alle untereinander verbindet. Man kann deshalb den Begriff des historischen Verstehens irgendeiner seelischen Einzelwirklichkeit tiefer und genauer so bestimmen: es bedeute das Verstehen dieses einzelnen aus der Lebenstotalität seines Trägers.

Es ist ein verbreiteter Irrtum, als gäbe das Nacheinander gewisser psychischer Daten, deren jedes nur seinen umschriebenen, begrifflich fixierbaren Inhalt bietet, schon das Verstehen des jeweils späteren. Dies entspricht dem atomistisch mechanischen Prinzip, das das seelische Leben um seine logisch auszudrückenden Inhalte herum, zu einzelnen »Vorstellungen« koagulieren läßt und es als die Summe der Bewegungen der so gegeneinander abgesetzten Teile begreifen möchte. Das Verständnis soll damit – an der Hand dessen, was man die Logik der Psychologie nennen könnte, was aber in Wirklichkeit eine undeutliche Mischung von Logik und Psychologie ist – unmittelbar von Inhalt zu Inhalt gehen. Allein die dynamische Verbindung, das Ineinander-Eingehen, die Vereinheitlichung des Mannigfaltigen fällt auf diese Weise aus und gerade damit das Verstehen des einen vermittels des anderen. Denn dieses fordert die innere Vision einer stetigen Lebensbewegung, deren Stationen nur jene einzelnen inhaltlich angebbaren Momente sind. Gerade nur, wenn in einem jeden von diesen der ganze Mensch, der ja nicht eine starre Substanz, sondern eine lebendige Entwicklung ist, fühlbar wird, verstehen wir das Spätere, weil jetzt das Frühere die Stromrichtung auf dieses hin zeigt. Aber diese Entwicklung ist, wie gesagt, nicht als ein Springen von Inhalt zu Inhalt verständlich, sondern nur durch die Vergegenwärtigung des Lebens, das nun jene benennbaren Einzelinhalte als seine Effulgurationen verständlich macht – mag dieses Leben ein aktuelles oder ein vergangenes sein. Dies kann sich ohne Änderung des Prinzips über das Individuum hinaus erstrecken, indem wir eine Anzahl von Individuen in dem gleichen, Welle auf Welle gebärenden Lebensstrom erblicken. Das Urphänomen des Verstehens verwirklicht sich dann an jener ganzen überindividuell ausgedehnten Folge des stetig drängenden, auf jene Einzelheit hindrängenden Lebens.

Es liegen nach alledem hier zwei Modi des Verstehens vor, über deren Sonderung und Verwebung um so mehr Klarheit erfordert ist, als der Historismus mit ihrer oberflächlichen Erfassung die ärgsten Mißverständnisse begangen hat. Wenn ich das Gedicht: »Warum gabst du uns die tiefen Blicke« seinem Inhalt und seiner dichterischen Bedeutung nach verstehe, so ist dies völlig geschichtsfrei. Verstehe ich aber aus dem Verhältnis Goethes zu Frau von Stein Inhalt und Stimmung des Gedichts und daß es eine ganz bestimmte Epoche in der Entwicklung dieses Verhältnisses bezeichnet, so ist dieses Verständnis nun ein historisches. Besonders ist dies an der Kunstgeschichte zu verdeutlichen. Mit dem letzten Pinselstrich des Malers an seinem Gemälde steht dessen Bedeutung jenseits der Geschichte. Es kann wieder ein historischer Faktor werden: durch seine äußeren Schicksale, durch die Wandlung im Aufgefaßt- und Gewertetwerden, durch seine Wirkung auf die spätere Kunst. Aber jene andere Bedeutung: die Gesetze seiner Formgebung und seiner Farbigkeit, das Verhältnis seines Gegenstandes zu seinem besonderen Stil, das Leidenschaftliche oder Beruhigte des Vortrags, die Betonung des Zeichnerischen oder des spezifisch Malerischen, kurz die Eigenschaftlichkeit seines Seins bleibt davon unbetroffen; sie hat die Bewegungen *seines Werdens in sich konsumiert* und ist, nach jenen rein immanenten Bestimmungen verstanden, gegen sie gleichgültig geworden.

Die hiermit angedeutete Scheidelinie zwischen dem sachlichen und dem historischen Verstehen eines geistig Objektiven hat ihren Fußpunkt in einer tiefsten Problematik unseres Erkennens hinsichtlich seiner Sicherheit und Eindeutigkeit. Eine Schöpfung des Geistes, die verstanden werden soll, kann man einem Rätsel vergleichen, das sein Schöpfer auf ein bestimmtes Lösungswort hin gebaut hat. Findet ein

Ratender nun etwa ein zweites, genau so passendes, auf das also das Rätsel, objektiv genommen, mit dem ganz gleichen logischen und dichterischen Erfolge zugeht, so ist es eine ebenso vollkommene »richtige« Lösung wie die vom Dichter beabsichtigte, und diese hat nicht den geringsten Vorsprung vor ihr oder vor all den anderen Lösungsworten, die man noch, prinzipiell unbeschränkt, auffinden mag. Hat ein Schöpfungsvorgang erst einmal die Form des objektivierten Geistes gefunden, so sind alle und sehr mannigfaltige Verständnisarten in dem Maße gleichberechtigt, in dem eine jede in sich bündig, exakt, sachlich befriedigend ist. Auf die individuell seelische Lebenswirklichkeit jenes Schöpfungsvorganges als Kriterium dieses Bewußtseins brauchen sie nicht zurückzugehen.

Das immanente Verständnis zum Beispiel eines Kunstwerks ist ebenso unendlich variabel wie die Gefühle, die es auslöst und die keineswegs an diejenigen gebunden sind, die der Schöpfer darin investiert hat: die Gefühls- und Wertungskomplexe des modernen Menschen angesichts des Straßburger Münsters oder der Mondschein-Sonate, die tiefst gelegenen Träger seines Verstehens, kann man unmöglich für unbegründet oder falsch halten, weil sie nicht mit denen von Erwin von Steinbach oder von Beethoven zusammenfallen. Das gilt keineswegs nur für die ihrem Inhalte nach idealen Bezirke. Der empiristische Techniker mag eine maschinelle Einrichtung erfinden, die ihm, nach dem Verhältnis der von ihm kombinierten Apparate zu dem von ihm beabsichtigten Effekt, völlig verständlich ist; ein tieferer Forscher, auf die in jenen Apparaten wirksamen allgemeinen Naturgesetzlichkeiten zurückgehend, mag entdecken, daß dieselbe Maschinerie zu Zwecken verwendbar ist, an die der Erfinder nicht gedacht hat. Erst wenn man die hiermit angedeuteten Möglichkeiten restlos erschöpft hätte, wäre die Erfindung, wie sie dasteht, wirklich verstanden, das heißt wären die in ihrer Objektivität virtuell ruhenden Verstehensmöglichkeiten verwirklicht. Nicht anders liegt es mit politischen Verfassungen oder mit einzelnen Gesetzen. Was sie eigentlich logisch oder praktisch bedeuten, wissen ihre Schöpfer oft sehr unvollständig oder gar nicht, andere Persönlichkeiten, die Kasuistik, die reale Entwicklung zeigen oft erst die in ihnen angelegten Wirkungen, die man doch nicht, weil die subjektive Genesis sie nicht enthielt, als Irrtümer oder Verbiegungen bezeichnen darf.

Allenthalben spielt zwischen Schöpfer und Werk dieses einigermaßen unheimliche Verhältnis: daß das zu Selbständigkeit gelangte Werk noch etwas anderes (mehr oder weniger, etwas Wertvolleres oder Wertloseres) enthält als die Intention des Schöpfers hineingelegt hat. Schöpfertum ist in diesem Sinne immer nur ein Ausdruck a potiori, was der Schaffende gewollt und genau genommen gekonnt hat, ist immer nur ein Element des tatsächlich Geschaffenen und erst mit dem Begreifen der unabsehlichen Möglichkeiten, zu denen es sich jenseits dieses Elementes entfaltet, wäre sein Sachgehalt wirklich verstanden. In allem was wir schaffen, besteht außer dem, was wirklich *wir* schaffen, noch eine Bedeutung, eine Gesetzlichkeit, eine Fruchtbarkeit jenseits unserer eigenen Kraft und Intention.

Dennoch, wir haben zweifellos das Ganze geschaffen, es handelt sich keineswegs um aufgenommene Elemente, die innerhalb unserer Schöpfung ihre mitgebrachten Eigenheiten und Potentialitäten entfalteten; das Problem liegt gerade in dem unserem Geschöpfe eigenen Sinn und Vermögen, die unbedingt erst mit seinem Geschaffenwerden durch uns möglich und wirklich werden. Aus dem Gefühl hierfür entstehen wohl die immer wieder mit einem gewissen mystischen Ton auftretenden Vorstellungen: als wäre alles, was wir schaffen, schon ideell präformiert, und wir gewissermaßen nur die Geburtshelfer, die einem metaphysisch Seienden zur Geburt in die Wirklichkeit hinein verhelfen. Denn dies, als der innere Sachverhalt gesetzt, würde allerdings sozusagen erklären, wieso das der Erscheinung nach von einem Subjekt allein Geschaffene unbegrenzte Bedeutungen aller Art besitzt, über alle Schaffensintentionen und Kräfte dieses Subjekts hinaus; wieso also auch das geistige Verständnis einer solchen Schöpfung prinzipiell kein Problem mit nur einer möglichen Lösung ist.

Hiermit entwickelt sich nun jener Gegensatz zwischen den beiden Bedeutungen des Verstehens noch weiter. Nach dem Bisherigen ist man, indem man zum Beispiel den Faust theoretisch und ästhetisch versteht, von seinem seelischen Entstehungsgange ganz zurückgetreten; wenn verschiedene Arten des Verständnisses den Ansprüchen an logischen und künstlerischen Zusammenhang, einheitliche Klärung der Dunkelheiten, nachfühlbare Entwicklung der Teile auseinander in gleichem Maße genügen, so sind sie alle in gleichem Maße richtig. Soll ich den Faust dagegen historisch-psychologisch verstehen, das heißt, das entstandene Gebilde aus den seelischen Akten und Entwicklungen verstehen, die es Teil für Teil in Goethes Bewußtsein erwachsen ließen, so ist eine entsprechende Mehrdeutigkeit prinzipiell ausgeschlossen; denn dieser Schöpfungsprozeß hat sich schlechthin in einer bestimmten Weise abgespielt, die unsere Erkenntnis ergreifen oder verfehlen mag, die sie aber nicht auf mehrere äquivalente Arten vorstellen kann; eine Mehrheit von historischen, aus dem seelischen Vorgang geschöpften Verständnissen der Faustentstehung, die alle ebenso richtig wären, wie eine Mehrheit jener sachlichen Faust-Verständnisse es sein könnte, ist ein Nonsens.

Es kann natürlich auch über das historische Verständnis eine Mehrzahl von Hypothesen geben; aber von ihnen ist schließlich die eine wahr und die andere falsch – eine Alternative, der sich das aus dem objektiven Inhalt entwickelte Verständnis nicht stellt, die es vielmehr durch andere Wertkriterien ersetzt. So kann einem und demselben Sachgehalt gegenüber der Aufforderung, ihn historisch zu verstehen, vollkommen genügt werden; der anderen, ihn sachlich, nach allem, was er an Bedeutungen in sich schließt, zu verstehen – kann in vollkommenem Maße niemals genügt werden.

Freilich besteht dabei das tief Paradoxe, daß wo historisches Verstehen seelisches Verstehen ist, gerade dieses sich nie zu völliger Eindeutigkeit erheben, nie zwischen einer Mehrheit, ja Entgegengesetztheit von Erklärungsprinzipien absolut entscheiden kann. Der Reichtum und die Beweglichkeit seelischer Verbindungen ist so groß, daß keinerlei »psychologisches Gesetz« die Weiterentwicklungen einer bestimmten seelischen Konstellation bündig zu bestimmen imstande ist, daß sehr oft vielmehr eine solche Entwicklung, nach einer bestimmten Seite hingehend, uns genau so plausibel erscheint, wie die nach der genau entgegengesetzten hin erfolgende. Daß empfangene Wohltat Dankbarkeit erzeugt, verstehen wir ebensogut, wie daß sie Demütigung und Ranküne hinterläßt; wenn geoffenbarte Liebe Gegenliebe hervorruft, nehmen wir es als ebenso verständlich hin, als wenn sie Reizlosigkeit und Gleichgültigkeit bewirkt, und unzähliges Ähnliche. Wo also genetische Reihen durch psychologische Interpolation zustande kommen – was, mehr oder weniger bewußt, allenthalben der Fall ist –, ist von eingesehener Notwendigkeit, wie eindeutig wissenschaftliches Verständnis sie forderte, nicht die Rede. Immerhin, die Annahme des einen psychologischen Weges ist der Wirklichkeit nach die richtige; jede andere ist irrig – gleichviel ob sich diese Richtigkeit oder diese Irrung unbedingt von uns festlegen läßt. Der grundsätzliche Unterschied des historischen Verstehens gegen das Verstehen des Sachgehalts als solchen ist damit jedenfalls festgelegt.

III.

Der radikale Historismus nun will die ganze Problematik eines geschaffenen Gebildes damit erledigen, daß er die Bedingungen und Stufen seines zeitlichen Zustandekommens nachzeichnet. Die sachlichen, zeitenthobenen Qualitäten des Seins lösen sich, als Erkenntnisaufgaben, in ihr Werden auf: welche Ansätze und Vorbereitungen, welche Entwicklungen und fördernde oder hemmende Bedingungen das Gebilde heraufgeführt haben, ist jetzt die Frage, mit deren Beantwortung das hinreichende Verstehen des seienden Sachverhalts identisch sein soll.

Nun ist von vornherein, daß man das Verstehen eines Objekts als zeitlosen durch das andere ersetze: wie es zu dem Objekt als zeitlich realem gekommen ist, nicht sinnreicher, als die Aussicht von einem Berggipfel dem Verfolgen des Weges gleichzusetzen, der den Wanderer Schritt für Schritt auf diesen Gipfel geführt hat: ein willkürliches Abschneiden einer ganzen Dimension des Verstehensproblems. Aber das scheinbar eliminierte Problem hat sein Recht nicht nur außerhalb des Historischen, sondern gerade auch innerhalb eben dieses. Denn das scheinbar rein historische Verständnis macht fortwährend von dem überhistorisch sachlichen Gebrauch, nur ohne sich darüber methodische Rechenschaft zu geben. Niemals würden wir das Was der Dinge aus ihrer geschichtlichen Entwicklung verstehen, wenn wir nicht dieses Was selbst irgendwie verstünden; sonst wäre jenes Unternehmen ersichtlich ein ganz sinnloses.

Damit eröffnet sich ein dritter Typus der Verstehensvorgänge, dessen zugrunde liegende Zweiheit der Elemente weder zwischen Äußerem und Innerem, noch zwischen Seelischem und Seelischem, sondern zwischen seelischem und zeitfreiem Inhalt gegeben ist. Zwischen diesen zeigen sich nun sehr eigenartige Reziprozitäten, da das transhistorische Sachverständnis nicht nur die einzelnen Inhalte betrifft, die erst durch Aufnahme in den historischen Entwicklungsstrom zu gegenseitiger Berührung und einheitlicher Geordnetheit gelangten. Sondern jene Inhalte zeigen schon in ihrem eigenen ideellen Bestande Beziehungen und Angewiesenheiten, sind gleichsam zeitlose Symbole ihrer zeitlich seelischen Realisierung, beides in tiefst gegründeter gegenseitiger Abhängigkeit.

Wenn ein Historiker der Philosophie behauptet: Kant verstehen heißt ihn historisch ableiten – so erscheinen ihm die vorkantischen Lehren als Staffeln, deren Richtung auf die kantische hingeht und damit Inhalt und Zeitpunkt dieser in verständlicher Weise festlegt. Allein dies würde nicht gelingen, wenn all diese Lehren – und hier liegt der entscheidende Punkt – nicht nach ihrem logischen Sachgehalt und ohne jede Rücksicht auf ihr historisches Auftreten eine verständliche Reihe bildeten.

Es verhält sich damit nicht anders als mit jedem psychisch verwirklichten Schluß. Wir verstehen vollkommen die seelische Bewegtheit, die, wenn einmal zu der Überzeugung, daß alle Menschen sterblich sind, die andere gekommen ist, daß Cajus ein Mensch ist, das Bewußtsein gewissermaßen organisch zu dem Inhalt entwickelt: Cajus ist sterblich. Aber wir verstehen sie so doch nur darum, weil all diese Gedanken ihrem Sachgehalt nach gültig waren, sind also völlig zeitlos und gleichgültig dagegen, daß wir sie nur in zeitlicher Reihenfolge vorstellen können. Wir empfinden das von unserm Vorstellen unabhängige Wahrsein des: alle Menschen sind sterblich, das nicht vor und nicht nach dem Wahrsein von: Cajus ist ein Mensch, und: Cajus ist sterblich – besteht; alle drei Gedanken gelten in absoluter zeitfreier Koordination: der Tod des Cajus erfolgt doch nicht als zeitliche Konsequenz nach den beiden anderen Tatsachen; die Anordnung, die aus den ersteren beiden jenes letztere entwickelt, ist *kein Nacheinander,* wie unser Vorstellen und Ausdrücken ihrer, sondern eine rein innersachliche, eine im ideellen *Nebeneinander* stattfindende. Bestünde diese nicht, so würden wir auch nicht Richtung und Recht der seelischen Entwicklung anerkennen, die sie in bestimmtem Nacheinander realisiert.

Und so steht es mit dem historischen Verständnis Kants. Der Rationalismus, der alle sinnliche Erfahrung deklassiert und die unbedingte Wahrheit nur in der apriorischen Vernunft wohnen läßt; der Sensualismus, der die letztere ableugnet und nur in der Erfahrung die Quelle gültiger Erkenntnis erblickt; die Kantische Entscheidung: gegenständliche Erkenntnis gebe uns allerdings, wie es der Empirismus wolle, nur die Erfahrung; allein diese sei selbst schon durch jene Vernunftprinzipien geformt; infolgedessen gelten diese allerdings unbedingt, aber nur für die Gegenstände der Erfahrung und niemals über diese hinaus für sich allein – diese Prinzipien haben eine ideelle Ordnung, die nur durch ihren zeitlosen Sachsinn bestimmt ist. Verstünden wir den Sinn dieser Ordnung nicht rein in sich selbst, unabhängig von seinen geschichtlich seelischen Realisierungen, so würden wir auch die zeitliche Anordnung dieser letzteren nie verstehen, sie wäre uns vielmehr eine bloße diskontinuierliche Folge. Die Vernünftigkeit in ihrer Reihenfolge, durch die wir die Richtung der Lebensströmung in den sie tragenden, sie in sich realisierenden Subjekten begreifen, ist nur möglich als zeitlich distrahierende Spiegelung jener rein sachlichen Ordnung. Neben den Satz, daß das Verständnis Kants bedingt sei durch seine historische Ableitung, kann man den anderen setzen, daß seine historische Ableitung bedingt sei durch sein Verständnis. Wenn wir die Einheit eines Lebensstromes durch die Ereignisse hindurchlegen und ihn, durch das Frühere bestimmt, an dem Späteren anlangen sehen und damit, anders ausgedrückt, das Spätere auf Grund des Früheren verstehen, so kommen Recht und Anreiz zu diesem Prozeß erst aus jenem sachlichen Verstehen ihrer Inhalte, aus deren logischem, gar nicht vitalem, gar nicht zeitlichem Verhältnis untereinander.

Hier aber macht sich eine methodische Voraussetzung geltend, die zwischen dem historischen und dem sachlichen Verstehen eine viel engere, sozusagen unbedingte Verbundenheit erweist. Ich gehe aus von dem (gleichviel ob tatsächlich wahren oder zu korrigierenden) Beispiel der Standpunktentwicklung Kants vom Dogmatismus durch sensualistischen Skeptizismus zum Kritizismus. Woraufhin können wir wohl sagen, daß einer dieser Standpunkte oder Begriffe sich verständlich zu dem andern hin »entwickle«? Ein jeder besagt ganz genau nur seinen eigenen Inhalt, ist ganz in sich geschlossen, und daß er »über sich hinausweist«, ist ein symbolischer Ausdruck, der das unbefangen voraussetzt, nach dessen Möglichkeit hier gerade gefragt wird; es ist ganz hoffnungslos, aus diesen nebeneinander aufgereihten Begriffen eine Entwicklung herauszupressen, die den einen auf das Verstehen des andern hin verständlich machte.

Daß wir nun dennoch eine solche Entwicklung hier tatsächlich sehen, kann nur so geschehen, daß wir dieser rein sachlichen, von keinem konkreten individuellen Leben zusammengelebten Aufreihung von Standpunkten ein ideelles, sozusagen fingiertes Subjekt unterlegen, dessen lebendig geistige Kontinuität diese Stadien durchmacht und sie dadurch verbindet, sie aus der Zugeschlossenheit des jeweils nur auf sich selbst beschränkten Sinnes erlöst und sie erst dadurch zu Gliedern einer Entwicklung werden läßt. Dies ist das fortwährend und ohne besonderes Bewußtsein angewandte, sozusagen technische Hilfsmittel, mit dem das eine uns auf Grund des nun in einer gleichsam zeitlosen Zeit, durch ein zeitloses Leben mit ihm zusammenhängenden anderen erst verständlich wird.

Ebenso, wenn man Werke einer längeren Periode der Kunstgeschichte als eine Entwicklung auffaßt. Gemälde zum Beispiel stehen diskontinuierlich hintereinander, je eine inselhafte Einheit, ein jedes in seinem Rahmen, in dem keines von dem anderen etwas weiß. Der Kunsthistoriker konstruiert unter ihnen eine allmähliche Entwicklung von Starrheit zu Bewegtheit, von Armut zu Fülle, von Unsicherheit zu souveräner Beherrschung der Mittel, von Zufälligkeit in der Komposition zu harmonischer, jedes Element sinnvoll einfügender Ausgeglichenheit usw. Es kann dabei gar nicht die Rede sein, daß der Schöpfer des höchsten Werkes etwa alle vorangängigen Stadien in seiner persönlichen Entwicklung durchlaufen hätte. Auch wird danach überhaupt nicht gefragt, sondern nach der Möglichkeit, diese »Entwicklungs«-Reihe nach sachlichen Kriterien aus dem objektiven Bestand der Werke, als wäre jedes vom Himmel gefallen, aufzubauen. Aber eben diese Möglichkeit liegt in dem, was man das methodische Subjekt nennen könnte, einem ideellen Gebilde, das diese Schöpfungen in einer seelisch begreiflichen Evolution, in Vorbereitungen, Aufsteigen, Verfall durchläuft, die sachliche Ordnung ihres Nebeneinander in einem als zeitlich gedachten lebendigen Verlauf vereinheitlichend, dessen Kontinuität nicht an dem Rahmen des einzelnen Werkes stockt.

Auch scheint der Sprachgebrauch diese Deutung zu legitimieren. Wir sagen, daß die Kunst, das Recht, die Chemie sich entwickelt. Nun liegt es aber auf der Hand, daß die Kunst, die Chemie usw. als solche keine Realitäten sind, sondern Zusammenfassungen von auseinanderliegenden, wenn auch durch mannigfache Beziehungen verknüpften Einzelerscheinungen unter abstrakten Begriffen. Besteht die Kunst in dem hier fraglichen historischen Sinne aus der Summe der Kunstwerke, so bezeichnet das Wort: die »Kunst« weder eine konkrete Einheit, noch selbst, wenn sie das wäre, eine lebendige, die »sich« entwickeln könnte; denn in diesem Falle müßte »die Kunst« die Bilder schaffen, während doch die Künstler es tun. Wenden wir den Ausdruck dennoch an, so haben wir damit die Hypostasierung eines Hilfsbegriffs und ein ganz neues Subjekt geschaffen, das die ausschließlich dem Lebendigen vorbehaltene Fähigkeit der Selbstentwicklung hat und dessen Lebensäußerungen oder -etappen die einzelnen Kunstwerke sind. Dieses Subjekt wird in zeitlicher Entwicklung empfunden, und zwar wieder daraufhin, daß die Momente dieser Entwicklung jenes überzeitliche, rein sachliche Entwicklungsverhältnis haben.

Wir bedürfen dessen sogar schon für vereinzelte Vorkommnisse: wenn wir Liebe oder Haß ganz im allgemeinen, ohne Bindung an die Wirklichkeit eines Individuums, verstehen, so legen wir ihnen sozusagen einen ideellen Träger unter, ein Leben überhaupt, das als Ganzes auf irgendeinen Reiz mit ihnen antwortet, das sich gewissermaßen in diese momentanen Formen gegossen hat. Als starr umschlossene, aus dem Zusammenhang des Lebens gerissene Begriffe wären sie für uns kaum mehr als Worte, erwarteten jedenfalls erst das eigentliche Verstandenwerden. Noch deutlicher wird dies, wo ein einzelnes Ereignis das Verstehen eines andern einzelnen vermittelt. Daß wir ein – gleichviel ob historisches oder abstrakt vorgestelltes – Rachegefühl aus einem zuvor erlittenen Unrecht »verstehen«, geschieht nicht durch ein noch so enges Aneinander-Rücken beider Vorgänge, sondern indem wir einen einheitlichen Lebensfluß vorstellen können, von dem dieses zwei Wellen sind, durch seine Strömung selbst verbunden.

Es zeigt sich also: der Rhythmus, die stetige Bewegtheit des Lebens ist der formale Träger des Verständnisses, selbst in denjenigen logischen Zusammenhängen von Sachgehalten, die ihrerseits das *lebendig konkrete* Vorkommen dieser Sachgehalte erst verständlich machen. Die eigentliche, wirksame Lebendigkeit jenes ideellen Subjekts ist aber eine Umformung oder Objektivierung einer solchen, die wir in uns selbst – aber als überindividuelle, für die wir gleichsam nur ein Beispiel sind – spüren. Innerhalb des rastlosen Geschehens und Wogens in uns empfinden wir doch, mehr oder weniger sicher, ein mindestens formales Telos, eine Verwirklichung von Anlagen, ein Sich-Entfalten von Keimen, die wir haben, oder vielmehr, die wir sind. Diese Empfindung findet eine Teilerscheinung oder eine Konzentration, wenn sich uns seelische Inhalte in eine Reihe ordnen, deren jeweils späteres Glied uns dem früheren gegenüber als Bereicherung, eingelöstes Versprechen, Steigerung und Extensiverwerden unserer Zuständlichkeit bewußt wird. Indem ich nach Setzung der Prämissen am Schlußsatz anlange; indem ich die philosophischen Theorien des 18. Jahrhunderts durchgehe, bis der Kritizismus auf den Plan tritt; indem ich in der Betrachtung der italienischen Kunst von der byzantinischen Starrheit und der vielfachen Ungelenkheit des Trecento zu der individualisierenden Lockerung des Quattrocento und dann zu der harmonisch zusammengefaßten Einheit der Hochrenaissance-Komposition komme, empfinde ich meinen Geist, insoweit er in diesen Erfüllungen seiner lebt, sich allmählich ausweitend, mehr und mehr seiner Anschauungskräfte aktualisiert; während er an dieser Reihenfolge von Inhalten lebt, sich durch sie hindurchbegibt, fühlt er sich nicht bloß bewegt, sondern mit dem spezifischen Wert: Entwicklung – ausgestattet.

So angesehen, ist dieser vielleicht etwas ganz Ursprüngliches und nicht weiter Auflösbares, auch nicht abhängig von einem zuvor gesetzten Ziel, sondern nur eine von der geistigen Bewegung selbst gesetzte Rhythmik, eine besondere Art des inneren Wachstums. Daß ich dann eine historische oder ideelle Anordnung der Dinge als ihre Entwicklung bezeichne, wäre zwar ersichtlich durchaus keine Willkür, aber gerade diese Wertfarbe verdanken sie, im genauesten Sinne, doch der gefühlten Selbstentfaltung des Geistes, die er an ihrer Folge, sobald sie seine Inhalte geworden sind, erlebt.

Betrachtet man die Inhalte dann in Gelöstheit von der vorstellenden Seele, unter der Kategorie begrifflich ausdrückbarer Sachlichkeit, so bilden sie eine Reihe objektiver Evolution; sie sind durchströmt von dem lebendigen Strebens- und Entwicklungsgefühl des Vorstellenden, von dem aber jetzt abstrahiert ist, das ihnen nur den inneren Konnex und den Aufbau hinterlassen hat, vermittels dessen das Spätere durch das Frühere bedingt und so grade an seiner Stelle verständlich ist. Ist das »Verstehen« eines einzelnen Inhalts, nach der hier vorgetragenen Meinung, prinzipiell nichts anderes wie sein Verstehen als Äußerung einer Lebensganzheit – so daß Verstehen schlechthin nur der verkürzte Ausdruck dafür ist –, so zeigt sich dies nun, durch das ideelle erlebende oder reale betrachtende Subjekt hindurch, auch für die Inhalte gültig, die sich als rein objektive oder als von verschiedenen Trägern verwirklichte darbieten.

So also stellt sich die Verwachsung der historisch-seelischen und der sachlichen Motive innerhalb des Gesamtphänomens des Verstehens dar. Die seelisch reale Entwicklung einer Reihe, deren Glieder sich in zeitlicher Folge begründen, verstehen wir nur auf Grund der sachlichen, transvitalen Beziehung ihrer Inhalte; ohne ein in dieser sichtbares Aufsteigen oder Verfallen, ohne ein Wissen darum, daß die Sachgehalte als solche aufeinander hinweisen und der eine, ohne Rücksicht auf zeitliche Verwirklichung, den andern fundiert oder bedingt, sind sie auch als psychische, zeitlich-wirkliche Folge nicht zu verstehen. Und andrerseits: diese ideelle Anordnung, als eine Entwicklung, ist unter ihnen möglich, indem eine seelische Bewegungskontinuität durch sie hindurchgeleitet wird. Die sachliche Entwicklung der Inhalte verlangt als ihr formgebendes Apriori jenen nicht weiter definierbaren, als spezifisches Gefühl sich kundgebenden Bewußtseinsfortgang, der allein die brückenlose Geschlossenheit jedes Inhalts für sich lockert und sie in die Stetigkeit, die allein Entwicklung heißen kann, überführt.

So ist die seelische Entwicklung durch die sachliche und die sachliche durch die seelische bedingt und verständlich. Das bedeutet, daß dies beides nur die methodisch verselbständigten Seiten einer Einheit sind: des historisch verstandenen Geschehens. Weil das Verstehen ein Urphänomen ist, in dem sich ein Weltverhältnis des Menschen ausdrückt, können die Elemente, an denen es sich realisiert, oder die einseitigen Aspekte, unter die die Reflexion es rückt, sich durchdringen, d. h., als selbständige vorgestellt, sich in Korrelativität aufeinander aufbauen. Und von der anderen Seite gesehen, ist dieser Zirkel unvermeidlich, weil das Leben die letztbestimmende Instanz des Geistes ist, so daß seine Form schließlich auch die Gestaltungen bestimmt, durch die es selbst verständlich werden soll. Das Leben kann eben nur durch das Leben verstanden werden, und es legt sich dazu in Schichten auseinander, von denen die eine das Verständnis der anderen vermittelt und die in ihrem Aufeinander-Angewiesensein seine Einheit verkünden.

Es zeigt sich jetzt, daß dieses vitalistische Motiv für die Entscheidung des Verstehensproblems schon in den Erwägungen vorgebildet war, mit denen ich es in Zurückweisung seiner zunächst sich darbietenden Deutungen zu erklären versuchte. Denn eben diese Deutungen zeigen sich, genauer betrachtet, durchgehends als Abkömmlinge der *mechanistischen* Grundanschauung. Ihr entspricht es, daß der Mensch dem Menschen vorgeblich nur seine physische Außenseite bietet, hinter die erst ein intellektueller, durch Assoziationen vermittelter Akt eine Seele und bestimmte seelische Vorgänge verlege. Denn dem Mechanismus entgeht die Einheit und Ganzheit des Lebendigen; er kann es nur aus den einzelnen Stücken zusammenleimen, die für eine organische Auffassung nur nachträgliche Zerlegungen seiner Einheit sind. Deshalb kann er das Verstehen nicht als das Urphänomen auffassen, das sich zwischen dem einen Menschen als Ganzem und dem anderen als Ganzem erhebt, sondern nur als sekundäre Synthese aus getrennten Faktoren.

In der gleichen Gesinnung entgeht ihm das – man kann wohl sagen – Schöpferische des Verstehensvorganges, das es dem Subjekt ermöglicht, das Fremde, Abliegende, persönlich nicht Erlebte dennoch als Bild einer anderen Seele in sich hervorzubringen. Sein Endstreben, jede Beziehung in Gleichungen aufzulösen, läßt ihn auch das Verstehen ausschließlich auf Gleichheit von Subjekt und Objekt begründen oder reduzieren. Er kann das Verstandene nur als mechanische Wiederholung dessen, was im Verstehenden schon vorbesteht, begreifen und mußte deshalb, da dies ersichtlich nicht mit den Tatsachen vereinbar ist, zu dem verzweifelten Mittel greifen, die seelischen Ereignisse in der historischen Persönlichkeit aus einzelnen Stücken, die sich aus den Innenerlebnissen des historisch Erkennenden zusammenlesen lassen, zu konstruieren – ein gar nicht ernsthaft diskutabler Versuch, schon deshalb ganz nichtig, weil das Verstehen eines Innenlebens ja gerade an den kontinuierlichen *Verbindungen, Vereinheitlichungen* der einzeln benennbaren Inhalte entlanggeht. Dasjenige, was für das Leben und die Individualität entscheidet, die Vereinheitlichung, wäre also gerade *nicht* mit der tale-quale-Übertragung der zusammengesuchten Analogiefragmente erreichbar. Es liegt durchaus im Wesen der mechanistischen Anschauungsweise, auch das historische Verstehen als einen bloßen Abklatsch des Geschehenen, »wie es wirklich war«, vorzustellen, statt einzusehen, daß auch dies eine Tätigkeit des Subjekts ist, abhängig von den Kategorien und Formen, in die es seinen Gegenstand aufnimmt (zu denen z. B. jenes methodische Subjekt als eine apriorische Notwendigkeit gehört), ein geistiges Gebilde eigener Art, und daß auch hier seine Wahrheit über sein Objekt etwas Lebendiges, Funktionelles, Erarbeitetes ist und nicht mechanische Reproduktion einer photographischen Platte. Vielleicht wird damit das Problem des historischen Verstehens zu etwas viel Schwierigerem und Tieferem als in der einfachen und doch eigentlich viel wunderlicheren Anschauung, daß das Verstehen einer anderen Psyche sich als inhaltlich genaue Wiederholung ihrer in dem aufnehmenden Geist vollzöge – und doch nur zustande kommt, indem das Eigenerlebnis eben dieses letzteren auf jene übertragen würde.

Der ganze Gegensatz zwischen einem mechanistischen und einem organischen oder vitalen Standpunkt macht sich in diesen verschiedenen Deutungen des seelischen Verstehens geltend. Und wie bei jedem Streitfall des Geistes, den man bis in seine letzte Instanz treibt, zeigt sich jede Entscheidung zwischen ihnen von derjenigen abhängig, die der Mensch über das Ganze und das Tiefste seiner Weltanschauung getroffen hat.

Vom Wesen der Kultur

Alle Geschehensreihen, die von der menschlichen Aktivität getragen werden, können als Natur angesehen werden, d. h. als eine ursächlich bestimmte Entwicklung, in der jedes aktuelle Stadium aus der Kombination und den Spannkräften der vorangegangenen Lage verständlich sein muß. In diesem Sinne braucht auch zwischen Natur und Geschichte kein Unterschied gemacht zu werden, insofern das, was wir Geschichte nennen, rein als Ereignisverlauf betrachtet, sich in die natürlichen Zusammenhänge des Weltgeschehens und seine kausale Erkennbarkeit einstellt. Allein sobald irgendwelche Inhalte dieser Reihen unter den Begriff der Kultur rücken, so verschiebt sich damit der Naturbegriff in eine engere und sozusagen lokale Bedeutung. Denn nun geht die »natürliche« Entwicklung der Reihe nur bis zu einem bestimmten Punkte, an dem sie von der kulturellen abgelöst wird.

Der Holzbirnbaum trägt holzige und sauere Früchte. Damit ist die Entwicklung, zu der ihn sein wildes Wachstum bringen kann, an ihr Ende gelangt. An diesem Punkte hat der menschliche Wille und Intellekt eingegriffen und den Baum durch allerhand Beeinflussungen zur Produktion der Eßbirne geführt, d. h., ihn »kultiviert«. Nicht weniger denken wir uns die Entwicklung des Menschengeschlechts durch physisch-psychische Organisation, durch Vererbung und Anpassung zu bestimmten Formen und Inhalten der Existenz gelangt, an die nun erst teleologische Prozesse ansetzen, um die so vorgefundenen Energien zu einer ihren bisherigen Entwicklungsmöglichkeiten prinzipiell versagten Höhe zu führen. Der Punkt, an dem diese Ablösung der Entwicklungskräfte stattfindet, bezeichnet die Grenze des Naturzustandes gegen den Kulturzustand.

Da nun aber auch dieser letzte aus seinen »natürlichen« Entstehungsbedingungen kausal abzuleiten ist, so zeigt sich erstens, daß Natur und Kultur nur zwei verschiedene Betrachtungsweisen eines und desselben Geschehens sind, zweitens, daß Natur ihrerseits hier in zwei verschiedenen Bedeutungen auftritt, einmal als der allumfassende Komplex der in kausalem Nacheinander verbundenen Erscheinungen, dann aber als eine Entwicklungsperiode eines Subjektes – nämlich diejenige, in der es die in ihm allein gelegenen Triebkräfte entfaltet, und die endet, sobald ein intelligenter, über *Mittel* verfügender Wille diese

Kräfte aufnimmt und damit das Subjekt zu Zuständen führt, die es, jenen allein überlassen, nicht erreichen könnte.

Wenn indes der Kulturbegriff so mit dem der menschlichen Zwecktätigkeit überhaupt zusammenzufallen scheint, so bedarf dies einer Einschränkung, die sein besonderes Wesen erst bezeichnet. Wenn ein Schuljunge einem anderen ein Bein stellt, damit er hinfällt und die Kameraden lachen, so ist dies sicher eine eminent teleologische Handlung, eine Ausnutzung natürlicher Begebenheiten durch Intellekt und Willen; aber man wird sie nicht unter den Gesichtspunkt der Kultur rücken. So ruht dessen Anwendung vielmehr noch auf einer Reihe von – wenn man will: unbewußt wirksamen – Bedingungen, die sich erst aus einer nicht ganz selbstverständlichen Analyse ergeben.

Kultivierung setzt voraus, daß etwas da sei, was sich vor ihrem Eintreten in einem nicht kultivierten – eben dem »natürlichen« – Zustand befand; und sie setzt nun weiter voraus, daß die dann eintretende Änderung dieses Subjektes irgendwie in *dessen natürlichen Strukturverhältnissen oder Triebkräften* latent sei, wenngleich nicht von diesen selbst, sondern eben nur durch die Kultur zu realisieren; daß die Kultivierung ihren Gegenstand zu dem für ihn determinierten, in der eigentlichen und wurzelhaften Tendenz seines Wesens angelegten Vollendung führe.

Darum erscheint uns der Birnbaum selbst kultiviert, weil die Arbeit des Gärtners schließlich nur die in der organischen Anlage seiner Naturform schlummernden Möglichkeiten entwickelt, ihn zu der vollkommensten Entfaltung seiner eigenen Natur bringt. Wenn dagegen ein Baumstamm zu einem Segelmast verarbeitet wird, so ist auch dies sicher eine Kulturarbeit, allein keine »Kultivierung« des Baumstammes, weil die Form, zu der die Arbeit des Schiffbauers ihn gestaltet, nicht in seiner eigenen Wesenstendenz liegt; sie wird ihm vielmehr rein von außen, von einem seinen eigenen Anlagen fremden Zwecksystem hinzugefügt.

Alle Kultivierung also ist, wenn wir auf den mit dem Worte anklingenden Sinn hören, nicht nur die Entwicklung eines Wesens über die seiner bloßen Natur erreichbare Formstufe hinaus, sondern nun auch Entwicklung in der Richtung eines inneren ursprünglichen Kerns, Vollendung dieses Wesens gleichsam nach der Norm seines eigenen Sinnes, seiner tiefsten Triebrichtungen; aber diese Vollendung ist in dem Stadium, das wir das natürliche nennen und das in der rein kausalen Entfaltung der dem Wesen von vornherein innewohnenden Kräfte besteht, nicht erreichbar; sie entsteht vielmehr durch deren Zusammenwirken mit den neuen teleologischen Eingriffen, die aber in jenen Anlagerichtungen des Wesens selbst erfolgen und insoweit *seine* Kultur heißen.

Daraus ergibt sich, genaugenommen, daß nur der Mensch der eigentliche Gegenstand der Kultur ist; denn er ist das einzige uns bekannte Wesen, in dem von vornherein die Forderung einer Vollendung liegt; seine »Möglichkeiten« sind nicht nur die einfache Zuständlichkeit ruhender Spannkräfte oder die Reflexionen und ideellen Hinzufügungen eines Zuschauers – wie dies die vom Holzbirnbaum auszusagenden »Möglichkeiten« der Gartenbirne sind –, sondern sie haben gleichsam schon eine Sprache; das, wozu die Seele sich überhaupt entwickeln kann, liegt schon in ihrem jeweiligen Zustand als etwas Drängendes, wie mit unsichtbaren Linien in sie Eingezeichnetes, es ist, wenngleich in seinem Inhalt oft undeutlich und fragmentarisch realisiert, doch ein positives Gerichtetsein; das Sollen und Können der vollen Entwicklung ist mit dem Sein der menschlichen Seele untrennbar verbunden. Nur sie enthält die Entwicklungsmöglichkeiten, deren Ziele rein in der Teleologie ihres eigenen Wesens beschlossen liegen – nur daß auch sie diese Ziele nicht durch ihr bloßes Wachstum von innen her, das wir als das natürliche bezeichnen, erreicht, sondern dazu von einem bestimmten Punkte an einer Technik, eines willensmäßigen Verfahrens bedarf.

Wenn wir deshalb von »Kultivierung« niederer Organismen, der Pflanzen und Tiere sprechen – für nicht-organische Wesen läßt schon der Sprachgebrauch diesen Begriff nicht zu –, so ist dies ersichtlich nur eine Übertragung nach der Analogie, die irgendwie zwischen dem Menschen und den anderen Organismen besteht; denn wenn auch der Zustand, zu dem die Kultur derlei Wesen führt, in ihrer Organisation angelegt und schließlich mittels ihrer Kräfte herbeigeführt ist, so liegt er doch niemals so in dem eigenen Sinne ihrer Existenz, ist in ihrem natürlichen Stadium niemals so, als eine Art Aktivität, determiniert, wie in der menschlichen Seele die Vollendung, zu der sie gelangen kann.

Nun wird aber gerade von hier aus eine neue Verengerung des Begriffes erforderlich. Wenn auch die Kultur eine Vollendung des Menschen ist, so ist keineswegs jede Vollendung seiner schon Kultur.

Es gibt vielmehr Entwicklungen, die die Seele rein von innen heraus oder als ein Verhältnis zu transzendenten Mächten oder in einer unmittelbaren ethischen, erotischen, suggestiven Beziehung zu anderen Personen vollzieht und die sich der Einstellung unter den Kulturbegriff entziehen. Religiöse Aufschwünge, sittliche Selbsthingaben, die strenge Bewahrung der Persönlichkeit für die nur *ihr* eigene Existenzart und Aufgabe – alles das sind Werte, die der Seele aus den Instinkten einer Genialität oder aus der Arbeit an sich selbst zuwachsen. Sie mögen durchaus jenen Begriff erfüllen: daß damit die Anlagen der Person, aus dem natürlich zu nennenden Stadium zu einem Höhepunkt entwickelt werden, der zwar in der eigensten Richtung der Person und ihrer Idee liegt, zu dem aber doch nur das Eingreifen der höchsten seelischen Energien jene Kräfte führen kann – aber doch ist der Begriff der Kultur damit nicht erfüllt.

Denn zu diesem gehört nun noch: daß der Mensch in eine solche Entwicklung *etwas, das ihm äußerlich ist,* einbezieht. Gewiß ist Kultiviertheit ein Zustand der Seele, allein ein solcher, der auf dem Wege über die Ausnutzung zweckmäßig geformter *Objekte* erreicht wird.

Diese Äußerlichkeit und Objektivität braucht nicht nur im räumlichen Sinn verstanden zu werden. Die Formen des Benehmens etwa, die Feinheit des Geschmackes, die sich in Urteilen offenbart, die Bildung des sittlichen Taktes, die den einzelnen zu einem erfreulichen Mitglied der Gesellschaft macht – dies alles sind Kulturformationen, die die Vollendung des einzelnen über reale und ideale Gebiete jenseits seiner selbst führen, diese bleibt hier nicht ein rein immanenter Prozeß, sondern vollzieht sich in einer einzigartigen Ausgleichung und teleologischen Verwebung zwischen Subjekt und Objekt. Wo keine Einbeziehung eines objektiven Gebildes in den Entwicklungsprozeß der subjektiven Seele vorliegt, wo sie nicht über ein solches, als über ein Mittel und Stadium ihrer Vollendung, zu sich selbst zurückkehrt, mag sie Werte des höchsten Ranges in sich oder außer sich realisieren, aber es ist nicht der Weg zur Kultur in deren spezifischem Sinne, den sie zurücklegt. Daher begreifen wir aber auch, daß sehr innerliche Naturen, die jeden Umweg der Seele über ein Außerhalb ihrer auf dem Suchen nach ihrer eigenen Vollendung perhorreszieren, einen Haß auf die Kultur haben können.

Diese notwendige Zweiheit der Elemente zeigt der Kulturbegriff nicht weniger von der Seite des Objekts her. Wir sind gewohnt, die großen Reihen der künstlerischen und der sittlichen, der wissenschaftlichen und der wirtschaftlichen Produktion ohne weiteres als Kulturwerte zu bezeichnen. Mag sein, daß sie es durchgehend sind; aber keineswegs sind sie es ihrer rein sachlichen, sozusagen autochthonen Bedeutung nach, und keineswegs ist die Kulturbedeutung des einzelnen Produktes genau derjenigen entsprechend, die es innerhalb seiner eigenen, durch seinen Sachbegriff, sein Sachideal bestimmten Reihe einnimmt. Ein Kunstwerk etwa untersteht ganz anderen Rangierungen und Normierungen, wenn es innerhalb der kunstgeschichtlichen oder der ästhetischen Reihe und Kategorie betrachtet wird, als wenn sein Kulturwert in Frage steht.

Während jede jener großen Reihen einerseits als Endzweck gelten kann, so daß jedes einzelne Produkt in ihnen einen mit seinem unmittelbaren Genossenwerden und Sichbewähren erwiesenen Wert darstellt, kann alles dies anderseits in die Kulturreihe eingestellt, d. h. auf seine Bedeutung für die Gesamtentwicklung der einzelnen Individuen und ihrer Summe hin angesehen werden. Auf ihrem eigenen Boden stehend, sträuben sich alle diese Werte gegen die Unterbringung in die Kulturreihe: das Kunstwerk fragt nur nach seiner Vollendung an dem Maßstab rein künstlerischer Forderungen, die wissenschaftliche Forschung nur nach der Richtigkeit ihrer Ergebnisse, das wirtschaftliche Produkt nur nach seiner zweckdienlichsten Herstellung und seiner einträglichsten Verwertung. Mit alledem werden innere und äußere Gebilde über das Maß ihrer »natürlichen« Entwicklung hinaus zu einer teleologischen geführt und gewinnen dadurch freilich die Möglichkeit, als Kulturwerte zu funktionieren. Aber auf ihre autonome Sachlichkeit hin angesehen *sind* sie das noch nicht, sondern unterstehen Idealen und Normen, die nur von ihrem objektiven Inhalt, aber nicht von den Forderungen jenes einheitlichen, zentralen Punktes der Persönlichkeit hergenommen sind. Was sie für die Entwicklung dieser, d. h. als Kulturwerte leisten, ist eine weitere Frage, und die Höhe, die sie unter der Voraussetzung dieser letzteren einnehmen, fällt darum keineswegs mit der zusammen, die jene Forderungen der spezifischen, nur je eine sachlich bestimmte Seite unseres Wesens betreffenden Interessen stellen. Sie mögen unseren Einzelzwecken noch so vortrefflich dienen – darum kann ihr Ertrag für unsere Gesamtexistenz, für den nach Entwicklung ringenden Quellpunkt unseres Ich überhaupt sehr gering sein; und umgekehrt, sie können sachlich, technisch, vom Blickpunkt der spezifischen Wesensprovinz aus unvollkommen und wenig bedeutsam sein, aber doch gerade das leisten, was unser Sein für die Harmonie seiner Bestandteile, für seine geheimnisvolle Einheit jenseits aller seiner Spezialbedürfnisse und -kräfte gerade bedarf.

Denn wie sich »Einheit« überhaupt für uns nur als Wechselwirkung und dynamisches Ineinanderweben, Zusammenhang, Ausgleichung einer Vielheit darbietet, so ist jener Einheitspunkt in uns, dessen innere Bedeutung und Kraft sich im Kulturprozeß durch die Einbeziehung gesteigerter und vollendeter Objekte vollendet, explizite ausgedrückt dieses: daß unsere einzelnen Wesensseiten in enger Wechselwirkung stehen, jede die anderen tragend und von ihnen getragen, ihre Lebendigkeiten harmonisch ausgleichend und austauschend. Deshalb sind wir noch nicht kultiviert, weil wir dieses oder jenes können oder wissen, deshalb ist das Spezialistentum, so hoch es seine objektiven Inhalte ausbilden möge, noch nicht Kultur – sondern diese entsteht erst, wenn jene einseitigen Perfektionen sich in die Gesamtlage der Seele einordnen, wenn sie Unstimmigkeiten unter deren Elementen dadurch, daß sie alle auf eine höhere Stufe heben, ausgleichen, kurz, wenn sie das ganze als Einheit vollenden helfen. So darf der Maßstab, der jeder unserer Leistungen oder Rezeptivitäten unter den Kategorien ihrer sachlichen, speziellen Reihe ihren Rang bestimmt, nicht mit dem anderen verwechselt werden, der eben dieselben Inhalte unter der Kategorie der Kultur, d. h. als Entwicklung unserer inneren *Totalität*, beurteilen läßt.

Angesichts dieser Scheidung wird die paradoxe Tatsache deutlich, daß gerade den allerhöchsten Leistungen verschiedener Gebiete gegenüber, namentlich denen persönlicher Art: In der Kunst, der Religion, der Spekulation – der Gesichtspunkt ihres *Kultur*wertes verhältnismäßig zurücktritt. Die eindrucksmäßigsten Werke und Gedanken halten uns so kräftig an dem fest, was sie an und für sich, innerhalb ihres eigensten Gebietes und gemessen am unmittelbaren Maßstabe ihres Inhalts sind, daß ihre Kulturbedeutung dadurch überdeckt wird, daß sie sich gleichsam weigern, in jene Kooperation mit anderen in der Richtung unseres allgemeinen Wesens einzutreten; sie sind zu sehr Herr innerhalb ihrer Provinz, um sich der Kategorie des Dienens zu fügen, unter die sie als Kulturfaktoren, als Mittel für die Bildung einer seelischen Gesamteinheit, treten müßten.

Dies wird ersichtlich jenen Kulturprodukten gegenüber am entschiedensten sein, aus denen unmittelbar ein persönliches Leben zu dem Aufnehmenden spricht. Je getrennter ein Produkt von der subjektiven Seelenhaftigkeit seines Schöpfers ist, je mehr es in eine objektive, für sich geltende Ordnung eingestellt ist, desto spezifischer ist seine *kulturelle* Bedeutung, desto geeigneter ist es, als ein allgemeines Mittel in die Ausbildung vieler individueller Seelen einbezogen zu werden.

Es verhält sich damit, wie mit dem »Stil« eines Kunstwerkes. Das ganz große Kunstwerk, in dem eine souveräne Seele einen nur ihr eigenen Ausdruck gefunden hat, pflegen wir kaum nach seinem Stil zu fragen; denn dieser ist eine *allgemeine* Ausdrucksart, vielen Äußerungen gemeinsam, eine von ihrem jeweiligen Inhalt ideell trennbare Form. In dem höchsten Kunstwerk aber ist das allgemeine Fundament und die besondere Ausgestaltung eine einheitliche Offenbarung, in der das, was sie mit anderen teilt, für den Eindruck völlig zurücktritt; es fordert als ein völlig für sich Seiendes, nicht als das Beispiel eines allgemeinen Stilgesetzes aufgenommen zu werden.

Und ebenso findet das ganz Große und ganz Persönliche überhaupt, so erheblich seine Kultureinwirkung auch tatsächlich sein mag, doch unter dieser Kategorie nicht seine bedeutsamste, seinen Wert am meisten akzentuierende Stelle; diese bietet sich vielmehr den ihrem inneren Wesen nach allgemeineren, unpersönlicheren Leistungen an, die in größere Distanz vom Subjekt hin objektiviert sind und sich damit gewissermaßen »selbstloser« zu Stationen der seelischen Entwicklungen hergeben.

Indem die Kultur so die Lebensinhalte in einen in unvergleichlicher Weise geschürzten Knotenpunkt von Subjekt und Objekt stellt, ergibt sich das Recht zu zwei Bedeutungen ihres Begriffes. Als die objektive Kultur kann man die Dinge in jener Ausarbeitung, Steigerung, Vollendung bezeichnen, mit der sie die Seele zu deren eigener Vollendung führen oder die Wegstrecken darstellen, die der einzelne oder die Gesamtheit auf dem Wege zu einem erhöhten Dasein durchläuft. Unter subjektiver Kultur aber verstehe ich das so erreichte Entwicklungsmaß der Personen – so daß objektive und subjektive Kultur nur in einem übertragenen Sinn der ersteren koordinierte Begriffe sind: indem man nämlich die Dinge mit einem selbständigen Triebe zu einer Perfektion ausstattet, mit einer Idee, zu einer Entwicklung jenseits ihrer bloß natürlichen aufsteigen zu sollen; wobei dann die menschliche Kraft, die dies bewirkt, gewissermaßen als ihr Mittel dazu vorgestellt wird. Spricht man von einer Kultiviertheit der Dinge, der Sachgehalte des Lebens, so kehrt man die Ordnung des eigentlichen, im Menschen sich abspielenden Kulturprozesses um; man schafft diesem ein Gleichnis, indem man nun die Entwicklung der Sachen, als wäre sie ein an sich teleologisches Geschehen, in ein natürliches und ein kultiviertes Stadium teilt, und das letztere, als ein selbstgenugsames und definitives, durch den Eingriff des menschlichen Tuns als eines Trägers oder einer Wegstrecke dieses Aufsteigens, hindurchgehen läßt.

Im genaueren Sinne aber sind die beiden Anwendungen des Kulturbegriffes keineswegs einander analog, sondern die subjektive Kultur ist der dominierende Endzweck, und ihr Maß ist das Maß des Anteilhabens des seelischen Lebensprozesses an jenen objektiven Gütern oder Vollkommenheiten. Ersichtlich kann es keine subjektive Kultur ohne objektive geben, weil eine Entwicklung oder ein Zustand des Subjektes eben nur dadurch Kultur ist, daß er so bearbeitete Objekte in seinen Weg einbezieht. Dagegen kann die objektive Kultur eine zwar nicht vollständige, aber relativ erhebliche Selbständigkeit der subjektiven gegenüber gewinnen, indem »kultivierte«, d. h., ihrem Sinn nach, kultivierende Objekte geschaffen werden, deren Bedeutung nach dieser Richtung hin nur unvollkommen von Subjekten ausgenutzt wird. Gerade in sehr entwickelten und arbeitsteiligen Epochen wachsen die Kulturerrungenschaften zu einem gleichsam für sich bestehenden Reiche aus und zusammen, die Dinge werden vollendeter, geistiger, gewissermaßen einer innerlich sachlichen Logik der Zweckmäßigkeit immer fügsamer folgend, ohne daß die definitive Kultivierung, die der Subjekte, sich in demselben Maße steigerte oder auch angesichts der ungeheuren Ausdehnung jenes objektiven, an unzählige Arbeiter verteilten Gebietes der Dinge auch nur steigern *könnte.* Zum mindesten geht die geschichtliche Entwicklung darauf, die sachlich schöpferische Kulturleistung vom Kulturstand der Individuen mehr und mehr zu differenzieren. Die Dissonanzen des modernen Lebens – insbesondere das, was sich als Steigerung der Technik jedes Gebietes und als gleichzeitige tiefe Unbefriedigung an ihr darstellt – entspringen zum großen Teil daraus, daß zwar die Dinge immer kultivierter werden, die Menschen aber nur in geringerem Maße imstande sind, aus der Vollendung der Objekte eine Vollendung des subjektiven Lebens zu gewinnen.

Die Zukunft unserer Kultur

Antwort auf eine Rundfrage

Der Pessimismus, mit dem die Mehrzahl der tieferen Geister den gegenwärtigen Stand der Kultur zu betrachten scheint, hat seinen Grund, so weit ich sehen kann, in dem immer weiter klaffenden Abgrund zwischen der Kultur der Dinge und der der Menschen. Was uns an Geräten und Techniken dient, was sich an Kenntnissen und Künsten, an möglichen Lebensstilen und Interessiertheiten bietet, hat durch die Arbeitsteilung der letzten Jahrhunderte eine unerhörte Vielfältigkeit gewonnen. Allein die Fähigkeit des Individuums, dies Material zu persönlicher Kultivierung zu verwenden, kommt diesem Wachstum nur sehr langsam, und immer weiter hinter ihm zurückbleibend, nach. Wir können all jenes, wie durch ein unaufhaltsames und gegen uns gleichgültiges Schicksal sich Vermehrendes nicht mehr in unser Sein aufnehmen; es lebt ein rein sachlich entwickeltes Leben für sich, das wir zum allergrößten Teil nicht einmal verstehen können.

Was das Griechentum an Politik und Wissenschaft, an Strategie und Genußmöglichkeiten hervorgebracht hatte, das war an Stil einheitlich und an Struktur einfach genug, um von jedem gebildeten Mann einigermaßen begriffen zu werden; er konnte die Summe der objektiven Kultur ohne weiteres zum Aufbau seiner subjektiven verwenden, und so konnten sich beide in jener Harmonie entwickeln, die durch ihre moderne Verselbständigung gegeneinander zerrissen ist. In unserer unsäglich vermannigfaltigten Kultur schlägt sich das Denken und Können der Individuen in Dauerformen nieder, in denen die Resultate des individuellen Lebens von diesem Leben selbst unabhängig werden; ihre Vielheit entzieht sich schon durch den unvermeidlichen Mangel eines einheitlichen Stiles im Tiefsten der Aneignung durch den einzelnen. Der Subjektivismus des modernen Individuallebens, seine wurzellose Willkür, ist nichts als der Ausdruck dafür, daß diese unabsehbar ausgedehnte, komplizierte, verfeinerte Kultur der Dinge, der Institutionen, der objektiven Gedanken dem einzelnen die innerlich einheitliche Beziehung zu dem Kulturganzen nimmt und ihn wieder auf *sich* zurückweist.

Die eigentlichen Kulturnöte des modernen Menschen gehen auf diese Diskrepanz zwischen der objektiven Kultursubstanz an Greifbarkeiten und Geistigkeiten auf der einen Seite und der Kultur der

Subjekte auf der andern zurück, die sich gegen jene fremd, von ihr vergewaltigt, unfähig zu gleichem Fortschrittstempo fühlen. Wenn heute vielfach der Eindruck herrscht, daß es uns gegenüber dem Perikleischen Athen, gegenüber dem Italien des 15. und 16. Jahrhunderts, ja gegenüber vielen unbedeutenden Epochen an Kultur gebräche, so sind es nicht irgendwelche Kulturinhalte, die uns fehlen, und keine Vermehrung von Wissenschaft und Literatur, von Gütern des politischen Lebens und Kunstwerken, von Verkehrsmitteln und feinen Umgangsformen kann unserm Mangel abhelfen. Wie der Besitz von alledem den Menschen noch keineswegs glücklich macht, so macht es ihn auch noch nicht kultiviert. Kultur vielmehr erscheint mir als die Beziehung der subjektiven, in dem Einheitspunkte des Ich gesammelten seelischen Energien zu dem Reiche der objektiven, historischen oder ideellen Werte. Der Mensch ist kultiviert, wenn diese objektiven Güter geistiger oder auch äußerlicher Art in seine Persönlichkeit derart eingehen, daß sie sie über das gleichsam natürliche, rein durch sich selbst erreichbare Maß von Vollendung fortschreiten lassen. Weder was wir ganz von uns selbst aus sind, und sei es durch die größte ethische, intellektuelle, religiöse oder sonstige Anlage, noch was uns an Produkten der Arbeit der Menschheit umgibt, und seien es deren überwältigendste Maße und Perfektionen, bedeutet die Höhe der Kultur, sondern die harmonische Vollendung des ersteren durch die befruchtende innere Assimilation des anderen. Die verschiedenen Geschichtsepochen legen den Akzent ihrer Kulturaufgabe bald mehr auf die Vermehrung der objektiven Kulturgüter, bald mehr auf die Qualifizierung der Individuen, um aus jenen die subjektive Verfassung zu gewinnen, die den letztinstanzlichen Sinn der Kultur ausmacht. Nun ist das erstere niemals aus einer ausdrücklichen Kulturpolitik als solcher, sondern immer aus den sachlichen Interessen und Triebkräften der einzelnen Gebiete hervorgegangen. Die großen Epochen vielmehr, die eine Kulturpolitik trieben – wenn auch nicht unter diesem Namen und Bewußtsein –, haben sich damit immer auf den subjektiven Faktor gerichtet: auf die *Erziehung der Individuen.*

Keine Kulturpolitik kann jene tragische Diskrepanz zwischen der unbegrenzt vermehrbaren objektiven und der nur sehr langsam zu steigernden subjektiven Kultur beseitigen; aber sie kann an ihrer Minderung arbeiten, indem sie die Individuen befähigt, die Inhalte der objektiven Kultur, die wir erleben, besser und schneller als bisher zum Material der subjektiven zu machen, die schließlich allein den definitiven Wert jener trägt.

Wandel der Kulturformen

Das Marxische Schema der wirtschaftlichen Entwicklung: daß die wirtschaftlichen Kräfte in jeder historischen Periode eine Produktionsform erzeugen, die ihnen angemessen ist, innerhalb dieser aber zu Maßen anwachsen, die in jener Form nicht mehr unterkommen, sondern sie sprengen und sich eine neue schaffen – dieses Schema gilt weit über das wirtschaftliche Gebiet hinaus. Zwischen dem immer weiter flutenden, mit immer weiter greifender Energie sich ausdehnenden Leben und den Formen seiner historischen Äußerung, die in starrer Gleichheit beharren, besteht unvermeidlich ein Konflikt, der die ganze Kulturgeschichte erfüllt, obgleich er natürlich streckenweise latent bleibt. In der Gegenwart aber scheint er mir für eine große Anzahl von Kulturformen in vollem Gange zu sein.

Als gegen Ende des vorigen Jahrhunderts der künstlerische Naturalismus sich ausbreitete, war dies ein Zeichen, daß die von der Klassik her herrschenden Kunstformen das zur Äußerung drängende Leben nicht mehr in sich aufnehmen konnten. Es kam die Hoffnung auf, in dem unmittelbaren, möglichst durch keine menschliche Intention hindurchgegangenen Bilde der gegebenen Wirklichkeiten dieses Leben unterbringen zu können. Allein der Naturalismus hat den entscheidenden Bedürfnissen gegenüber ebenso versagt, wie es doch wohl auch der jetzige Expressionismus tut, der das unmittelbare Gegenstandsbild durch den seelischen Vorgang und seine ebenso unmittelbare Äußerung ersetzt. Indem sich die innere Bewegtheit in eine äußere Schöpfung fortsetzt, sozusagen ohne Rücksicht auf deren eigene Form und auf objektive, für sie gültige Normen, glaubte man dem Leben endlich die ihm ganz angemessene durch keine ihm äußere Form gefälschte Aussprache zu gewinnen. Allein es scheint nun einmal das Wesen des inneren Lebens zu sein, daß es seinen Ausdruck immer nur in Formen findet, die eine Gesetzlichkeit, einen Sinn, eine Festigkeit in sich selbst haben, in einer gewissen Abgelöstheit und Selbständigkeit gegenüber der seelischen Dynamik, die sie schuf. Das schöpferische Leben erzeugt dauernd etwas, was nicht selbst wieder Leben ist, etwas, woran es sich irgendwie totläuft, etwas, was ihm einen eigenen Rechtsanspruch entgegensetzt. Es kann sich nicht aussprechen, es sei denn in Formen, die etwas für sich, unabhängig von ihm, sind und bedeuten.

Dieser Widerspruch ist die eigentliche und durchgehende Tragödie der Kultur. Was dem Genius und den begnadeten Epochen gelingt, ist, daß der Schöpfung durch das von innen quellende Leben eine glücklich harmonische Form wird, die mindestens eine Zeitlang das Leben in sich bewahrt und zu keiner, ihm gleichsam feindseligen Selbständigkeit erstarrt. In den allermeisten Fällen indes ist solcher Widerspruch unvermeidlich, und wo die Äußerung des Lebens, um ihn doch zu vermeiden, sich sozusagen in formfreier Nacktheit bieten will, kommt überhaupt nichts eigentlich Verständliches heraus, sondern ein unartikuliertes Sprechen, aber kein Aussprechen, an Stelle des freilich Widerspruchsvollen und fremd Verhärteten einer Einheitsform schließlich doch nur ein Chaos atomisierter Formstücke. Zu dieser extremen Konsequenz unserer künstlerischen Lage ist der Futurismus vorgedrungen: leidenschaftliches Sichaussprechenwollen eines Lebens, das in den überlieferten Formen nicht mehr unterkommt, neue noch nicht gefunden hat, und deshalb in der Verneinung der Form – oder in einer fast tendenziös-abstrusen – seine reine Möglichkeit finden will – ein Widerspruch gegen das Wesen des Schöpfertums, begangen, um dem anderen in ihm gelegenen Widerspruch zu entgehen. Nirgends vielleicht zeigt sich stärker als in manchen Erscheinungen des Futurismus, daß dem Leben wieder einmal die Formen, die es sich zu Wohnstätten gebaut hatte, zum Gefängnis geworden sind.

Wie es in dieser Hinsicht mit der Religion steht, ist vielleicht nicht zu bestimmen, weil das Entscheidende sich hier nicht an sichtbaren Erscheinungen, sondern in der Innerlichkeit des Gemütes vollzieht. In welchem Ausmaß das Christentum noch die Form ist, in der das religiöse Leben seinen ganz zureichenden Ausdruck findet, muß deshalb dahingestellt bleiben. Feststellen läßt sich nur, daß es irgendwelche Kreise überhaupt gibt, deren religiöse Bedürfnisse sich vom Christentum abwenden. Daß sie sich allerhand exotischen Hergeholtheiten oder wunderlichen Neubildungen zuwenden, scheint keinerlei Bedeutung zu haben. Nirgends kann ich hier ein wirklich lebenskräftiges Gebilde entdecken, eines, das sich, außer in ganz individuellen Kombinationen, dem religiösen Leben als genauer Ausdruck anschmiegte. Dagegen entspricht es der allgemeinen Kulturlage, daß man vielfach auch hier gerade jede Formung dieses Lebens ablehnt und daß die überkonfessionelle Mystik die in jenen Kreisen entschieden überwiegende Anziehung übt. Denn in ihr will die religiöse Seele ihr Leben ganz unmittelbar ausleben, sei es, daß sie ohne Vermittlung eines irgendwie geformten Dogmas, sozusagen nackt und allein, vor ihrem Gotte steht, sei es, daß sogar die Gottesvorstellung noch als Starrheit und Hemmung empfunden wird und die Seele nur ihr eigenstes, metaphysisches, in keinerlei Glaubensform mehr gegossenes Leben als eigentlich religiös empfindet. Analog jenen angedeuteten futuristischen Erscheinungen bezeichnet diese gänzlich gestaltlose Mystik den historischen Augenblick, in dem ein inneres Leben in die Formen seiner bisherigen Ausgestaltung nicht mehr eingehen kann und, weil es nicht imstande ist, andere, nun angemessene zu schaffen, ohne Formen überhaupt existieren zu sollen meint.

Innerhalb der philosophischen Entwicklung erscheint mir diese Krisis weitergreifend, als in der Regel zugestanden wird. Die Grundbegriffe und methodischen Funktionen, die, seit dem klassischen Griechentum ausgebildet, auf den Weltstoff angewendet werden, um aus ihm philosophische Weltbilder zu formen, haben, wie ich glaube, alles geleistet, was sie in dieser Hinsicht hergeben können. Der philosophische Trieb, dessen Ausdruck sie waren, ist an ihnen selbst zu Richtungen, Bewegtheiten, Bedürfnissen entwickelt, denen sie nicht mehr angemessen sind; wenn die Zeichen nicht trügen, beginnt der ganze philosophische Apparat zu einem Gehäuse zu werden, das vom Leben entleert ist.

Dies scheint mir an einem Erscheinungstypus besonders sichtbar zu werden. Jede der großen philosophiegeschichtlichen Kategorien hat zwar die Aufgabe, die Zerspaltenheit und chaotische Fülle des Daseins in eine absolute Einheit zusammenzuführen; zugleich aber besteht oder entsteht neben jeder einzelnen eine andere, mit jener im gegenseitigen Ausschluß stehende. So treten diese Grundbegriffe paarweise auf, als je eine zur Entscheidung auffordernde Alternative, derart, daß eine Erscheinung, die sich dem einen Begriff versagt, notwendig unter den anderen fallen muß, ein Ja und Nein, das kein Drittes übrig läßt. Solches sind die Entgegengesetztheiten von Endlichkeit und Unendlichkeit der Welt, Mechanismus und Teleologie des Organismus, Freiheit und Determiniertheit des Willens, Erscheinung und Ding-an-sich, Absolutes und Relatives, Wahrheit und Irrtum, Einheit und Mehrfachheit, Wertfortschritt und Wertbeharrung in der menschheitlichen Entwicklung. Es scheint mir nun, daß ein großer Teil dieser Alternativen nicht mehr der unbedingten Entscheidung Raum gibt, die jeden gerade fraglichen Begriffsinhalt notwendig in die eine oder in die andere einstellt. Wir fühlen an dieser Begriffslogik eine so unangemessene Enge, andererseits gehen ihre Auflösungen so selten von einem schon entdeckten Dritten aus, sondern sie bestehen weiter als Forderung und unausgefüllte Lücke – daß sich hiermit doch wohl eine tiefgreifende philosophische Krisis verkündet, die die Spezialprobleme in eine allgemeine, wenn auch zunächst nur negativ zu bezeichnende Tendenz sammelt. Auf einige dieser Probleme gehe ich kurz ein.

Über die Bestimmung des Willenslebens nach Freiheit oder Notwendigkeit kann man doch wohl alle Argumente für die eine wie für die andere Entscheidung als erschöpft ansehen, ohne daß die Frage dadurch erledigt wäre. Neben der theoretisch festgehaltenen naturgesetzlichen Bestimmtheit steht ein unleugbares Gefühl, daß diese Rechnung nicht glatt aufgeht, die Opposition irgendeiner inneren Realität – die sich gerade in der letzten Zeit wieder zu theoretischer Behauptung der Freiheit verdichtet hat. Aber diese scheint mir vielfach daran zu kranken, daß sie sich mit dem Nachweise begnügt: mechanische Notwendigkeit könne für unseren Willen nicht gelten – und dies unbefangen für den Erweis der Freiheit hält. Allein sollte, angesichts der schweren Bedenken auch gegen die Freiheitsbehauptung, diese Alternative wirklich unbedingt sein? Sollte der Wille nicht in einer Form ablaufen können, die jenseits dieses Entweder – Oder steht und für die wir freilich keinen theoretischen Ausdruck haben? Die große Kantische Lösung erscheint doch mehr als eine gedankliche Möglichkeit, wie als der Ausdruck des wirklichen inneren Verhaltens, von dem das Problem überhaupt ausgeht. Indem Kant Notwendigkeit und Freiheit an zwei verschiedene Daseinsschichten verteilt – die Notwendigkeit an die erfahrbare Erscheinung, die Freiheit an das unerkennbare An-sich unserer Existenz –, beseitigt er zwar ihre Konkurrenz um unser Subjekt, aber von der dazu vollbrachten Zerschneidung dieses Subjekts weiß es selbst gerade an dem Punkte nichts, an dem das Problem aufsteigt. Im Grunde genommen ist durch die Zweiheit: Ich-Erscheinung und Ich-an-sich, mit der jeder der beiden Ansprüche gesättigt werden soll, die Frage mehr umgangen als gelöst. Denn das Leben, das sich weder mit der Determiniertheit noch mit der Freiheit wirklich ausgedrückt findet, ist ein einheitliches, das seine Probleme und Konflikte, die ihm als einheitlichem kommen, gerade nicht durch itio in partes lösen kann. Für das logisch-begriffliche Interesse Kants waren viel mehr die Begriffe Freiheit und Notwendigkeit der primäre Problemstoff, als das Leben, das sie aus sich gebiert, und darum hat er ohne Bedenken dies Leben gezweiteilt, um den Widerstreit der Begriffe als solcher zu schlichten. Mir aber scheint, daß deren porenlose Aneinandergefugtheit brüchig geworden ist und aus der Bruchstelle eine Forderung oder Ahnung – mehr ist es noch nicht – aufsteigt: die Wesensform unseres Willens sei etwas jenseits von Notwendigkeit ebenso wie von Freiheit, ein Drittes, das sich dieser Alternative nicht ergebe.

Ebenso unzulänglich scheint mir der Gegensatz zwischen Einheit und Mehrfachheit, wo er das Wesen des beseelten Organismus zu deuten unternimmt. Der Dualismus von Körper und Seele, für dessen gröbste wie verfeinertste Formen es schließlich immer zwei wesensverschiedene »Substanzen« sind, darf wohl als überwunden gelten. Die Spekulationen freilich, die die »Einheit« beider aus den letzten Gründen des Tiefsinns heraufholen wollen, haben keinem irgendwie positiven Bild Überzeugungskraft gewonnen, sondern nur der Tatsache, daß jene Zweiheit unerträglich ist. Man wird vielleicht sagen können, daß es *ein* Leben ist, als dessen Pulsschläge sich die körperliche und die seelische Existenz erzeugt; allein daß dies Leben im innerlichen Sinne Einheit ist, ist dadurch so wenig präjudiziert, wie der Begriff der *einen* Welt darüber entscheidet, ob die Welt monistisch oder pluralistisch gedacht werden muß. Es gibt eigentlich nur zwei letzte Lösungsmöglichkeiten, wenn zwei einander streng ausschließende Begriffe die Bestimmung irgendeines Gegenstandes in Anspruch nehmen. Die objektive Lösung entdeckt an dem Gegenstand selbst eine Doppelheit der Existenz, der Seiten, der Bedeutung, so daß jeder der beiden gegensätzlichen Begriffe störungslose Anwendung findet. Die subjektive läßt den Gegenstand in voller Einheit bestehen und erklärt die beiden, ihn beanspruchenden Begriffe für verschiedene Gesichtspunkte, unter die die Betrachtung ihn einstellen kann. Beide Verfahrensweisen heben die Konkurrenz der Begriffe auf, aber ersichtlich wird mit ihnen in manchen Fällen dem Problem mehr ausgewichen, als eine wirkliche Lösung gegeben; und zu ihnen scheint mir die Frage zu gehören, ob das körperlich-seelische Phänomen eine Einheit oder eine Zweiheit darstelle.

Die Schwierigkeit liegt darin, daß die hervorgehobene Ablehnung der Zweiheit zwar logisch nur die Einheit übrig zu lassen scheint, daß aber auch damit dem tatsächlichen Bilde nicht entsprochen wird. Denn wir gewinnen nichts Rechtes, wenn wir den Menschen als Einheit des Körperlichen und des Seelischen verkünden. Dem bildenden Künstler mag es gelingen, die beseelte Menschengestalt als schlechthin einheitliche Vision hinzustellen; für das denkende Vorstellen aber liegen schließlich Körperliches und Seelisches so weit auseinander, daß der Einheitsbegriff für sie ein bloßes Wort bleibt, ein Schema, das um beide herumgelegt wird, ohne aber ihre Fremdheit innerlich zu überwinden. Ich möchte deshalb glauben, daß weder Zweiheit noch Einheit ihr Verhältnis angemessen ausdrückt, daß wir für dieses Verhältnis also überhaupt noch keine begriffliche Formulierung besitzen. Und dies ist deshalb so bemerkenswert, weil Einheit und Dualistik logisch so aneinander stoßen, daß jedes Verhältnis von Elementen notwendig der einen anheimfallen muß, wenn die andere von ihm verneint wird. Trotzdem ist auch diese Alternative für uns jetzt brüchig, sie hat sozusagen ihre Dienste getan, und wir verlangen für das Wesen des Lebens, insoweit es zugleich körperlich und seelisch ist, einen Formausdruck, von dem wir aber bisher nichts sagen können, als daß er ein Drittes jenseits jener scheinbar und bisher zwingenden Alternative sein wird.

Nirgends schärfer als durch das Versagen der bisher logisch geltenden Begriffsalternativen und durch die Forderung eines noch unformulierbaren Dritten wird klar, daß unsere Mittel, die Lebensinhalte durch geistigen Ausdruck zu bewältigen, nicht mehr ausreichen, daß das, was wir ausdrücken wollen, nicht mehr in sie hineingeht, sondern sie sprengt und nach neuen Formen sucht, die für jetzt nur als Ahnung oder ungedeutete Tatsächlichkeit, als Verlangen oder ungefüge Tastversuche ihre heimliche Gegenwart ankündigen.

Beiträge zur Erkenntnistheorie der Religion

I.

Die fromm-gläubige Stimmung hegt oft den unklaren Begriff von Religion, als habe diese die Existenz Gottes oder die objektive Realität der Heilstatsachen unmittelbar in oder an sich. Man braucht die Gültigkeit der religiösen Behauptungen, die Inspiration ihrer Gründer, die Wirklichkeit ihrer Gegenstände und des Verkehrs mit Gott keineswegs in Abrede zu stellen und muß dennoch daran festhalten, daß Religion als solche ein Vorgang im menschlichen Bewußtsein und weiter nichts ist.

Zugegeben, daß ein Verhältnis zwischen Gott und der einzelnen Seele besteht, so ist uns doch nur die in der letzteren belegene Seite desselben gegeben. Religion ist nicht dieses Verhältnis als ein Ganzes gedacht, als die Einheit, welche seine Elemente zusammenschließt. Wenn etwa das Vertragsverhältnis des Alten Testamentes oder das Kindschaftsverhältnis des Neuen oder ein mystisches Verschmelzen zwischen Gott und Mensch vorliegt, so ist dies eine einheitliche, aus zwei Beziehungsrichtungen zusammengesetzte Tatsache, ein metaphysisches Geschehen, das wohl Religion begründet oder einschließt, aber doch nicht die Religion *ist* – so wenig wie die Rechtlichkeit, als Form des individuellen Handelns, mit dem Recht, als einer objektiven Einungsart zwischen Menschen zusammenfällt. Religion ist vielmehr nur das subjektive Verhalten des Menschen, durch welches er eine Seite jenes Beziehungsganzen bildet, oder vielleicht die subjektive Reaktion auf die Wirklichkeit desselben; sie ist durchaus ein menschliches Fühlen, Glauben, Handeln oder wie man sonst die Funktion einreihen mag, die unsern Anteil an dem Verhältnis zwischen Gott und uns ausmacht oder ausdrückt und die uns nur als ein Zustand oder Ereignis in unsrer Seele gegeben ist.

Um zu einer wissenschaftlichen Analyse des religiösen Wesens zu kommen, muß man von diesem Selbstverständlichen und doch so oft unklar Bleibenden ausgehen: die Tatsache, daß ein Gott die Welt geschaffen hat und lenkt, daß er mit Lohn und Strafe Gerechtigkeit übt, daß von ihm Erlösung und Heiligung ausgeht – das ist nicht Religion, wenn es auch der Inhalt ist, den wir religiös fühlen, behandeln, glauben. Wie wir die objektive Welt, die den Inhalt des Denkprozesses bildet, von diesem Prozesse selbst zu unterscheiden haben, so den religiösen Inhalt, in seinem objektiven Bestande und Gültigkeit, von der Religion als subjektiv-menschlichem Prozesse.

Diese Scheidung ermöglicht die Einreihung der Religiosität unter einen weitausgreifenden erkenntnistheoretischen Gesichtspunkt. Die großen Kategorien unseres inneren Lebens: das Sein wie das Sollen, die Möglichkeit wie die Notwendigkeit, das Wollen wie das Fürchten, bilden eine Reihe, durch welche die Sachgehalte des Bewußtseins, die logisch fixierbaren, begrifflichen Bedeutungen der Dinge, hindurchpassieren; man kann sie mit den verschiedenen Aggregatzuständen vergleichen, welche ein und derselbe chemische Stoff anzunehmen vermag, oder mit der Vielheit musikalischer Instrumente, auf denen ein und dieselbe Melodie, jedesmal aber mit einer besonderen Klangfarbe, gespielt werden kann. Vielleicht sind es nur verschiedene begleitende Gefühle, die uns den gleichen sachlichen Inhalt bald als seiend, bald als nichtseiend, bald als gesollt, bald als erhofft anzeigen, oder richtiger: die es *bedeuten,* daß er bald das eine, bald das andere ist. Je nach ihrer Gesamtlage antwortet unsere Seele auf denselben Vorstellungsinhalt mit einem ganz verschiedenen Verhalten und rückt ihn eben damit in ganz verschiedene Bedeutungen für uns.

Es scheint mir nun, daß die Religiosität zu diesen grundlegenden formalen Kategorien gehört und so mit dem ihr eigenen Ton gewisse Vorstellungsinhalte ausstattet, welche aber in anderen Fällen auch die Anwendung anderer Kategorien auf sich gestatten. Jene oben erwähnten Tatsachen: Gott und sein Verhältnis zur Welt, Offenbarung, Sünde und Erlösung, können unter dem bloßen Gesichtspunkte des Seins betrachtet werden, als metaphysische Tatsachen größerer oder geringerer Beweisbarkeit; sie können unter die Kategorie des Zweifels geraten, jenes eigentümlichen inneren Oszillationszustandes, der aus dem Sein und dem Nicht-Sein eine neue spezifische Auffassungsform der Dinge bildet; gewisse von ihnen können unter die Kategorie des Sollens treten, so daß sie sozusagen als sittliche Anforderungen erscheinen, denen die Ordnung der Dinge und unserer Seele zu genügen hat.

Und so nun, ohne daß ihr Inhalt sich im geringsten ändert, können sie religiöse Form besitzen – eine vielleicht ganz einheitliche Art ihres Für-uns-Seins, eine einheitliche Stimmung der Seele, die jenen Inhalten eine spezifische Bedeutsamkeit und Art des Daseins und Geltens leiht, die wir aber psychologisch nur als Komplex verschiedenartiger Gefühlsbestandteile beschreiben können: als Hingabe des Ich und gleichzeitiges Sich-Zurückempfangen, als demütige Bescheidenheit und leidenschaftliches Begehren, als Zusammenschmelzen mit dem höchsten Prinzip und Entferntsein von ihm, als sinnliche

Unmittelbarkeit und unsinnliche Abstraktion unseres Vorstellens seiner. Daß alle diese als einander widersprechend erscheinen, macht nur wahrscheinlich, daß das religiöse Phänomen nicht aus ihnen als einzelnen zusammengesetzt, sondern daß es eine innere Einheit sui generis ist, deren nachträgliche Konstruktion nur durch gegenseitig sich einschränkende psychologische Gegensatzpaare geschehen kann.

Wie im Äußerlich-Praktischen derselbe Gegenstand durch eine Reihe von Interessenprovinzen zirkulieren kann, deren jede ihn mit einer besonderen Wichtigkeit, einer besonderen Reaktion unserer Willenszentren auf ihn ausstattet – so werden jene transzendenten Begriffe bald von einem inneren Spannungszustand getragen, der ihre theoretische Bedeutung nach Sein oder Nicht-Sein ausmacht, bald von einem, den wir etwa dichterisch nennen können, indem er, ganz jenseits der Realitätsfrage, nur die so erreichte Harmonie des Weltbildes formal-ästhetisch genießt, bald von dem spezifisch religiösen, der vielleicht den erstgenannten voraussetzt, ihn vielleicht auch erst begründet, keinesfalls aber mit ihm zusammenfällt; er stellt vielmehr eine eigene und unverwechselbare Tonart dar, in der unsere Seele die Melodie jener Inhalte spielt.

Mit dieser Betrachtungsweise wird folgendes für die Theorie der Religion gewonnen. Erstens wird die Religiosität als eine einheitliche und fundamentale Verfassung der Seele erkannt, so daß die Bedeutsamkeit und Geltungsart, welche sie den von ihr ergriffenen Inhalten mitteilt, in derselben Reihe steht wie die Kategorien des Seins, des Sollens, des Wollens usw. von Inhalten: dadurch bekommt die von ihr geschaffene Welt eine Selbständigkeit, die nun nicht mehr immer auf die Legitimation seitens der Welten jener Kategorien zu warten braucht, sondern diesen koordiniert ist. Diese Kategorien verhalten sich zueinander, wie cogitatio und extensio bei Spinoza: jede drückt in der ihr eigenen Sprache das gesamte Sein aus, und eben deshalb kann keine in die andere übergreifen. Ist Religiosität eine von ihnen, ist sie wirklich das gesamte Sein, von einem besonderen Standpunkt aus gesehen, so lehnt sie nicht nur jede Prüfung an den Weltbildern der Wirklichkeit oder des Wollens usw. ab, sondern auch jede innere, sachliche Gemeinschaft und Verwebung mit diesen, so sehr alle diese im Leben des Individuums sich in »Gemengelage« darbieten mögen.

Zweitens hat die so vollbrachte begriffliche Lösung der Religiosität als solcher von ihrem mehr oder minder dogmatischen Einzelinhalt vielerlei wesentliche Konsequenzen. Wenn die Religiosität eine Vergegenwärtigungsart bestimmter begrifflicher Inhalte ist, so wird begreiflich, daß bei allem Wechsel oder Entwicklung der letzteren die Innigkeit und subjektive Bedeutung der religiösen Stimmung selbst ganz die gleiche bleiben kann, gerade wie alle einander fremden oder widersprechenden Inhalte des Seins doch das eigentümliche Realitätsgefühl, das wir als ihr Sein objektivieren, in gleicher Art und Stärke besitzen, und wie alle sich bekämpfenden Moralvorschriften die Form, die sie eben zu moralischen macht: das Sollen, miteinander teilen.

Ferner folgt aus eben diesem Umstand, daß weder die religiöse Stimmung irgendeinen bestimmten Inhalt logisch notwendig macht, noch daß ein solcher in sich allein die logische Notwendigkeit, zur Religion zu werden, besitzt. Auch aus dem Gefühl oder Begriff des Seins läßt sich kein konkreter Einzelinhalt herauspressen; erst wenn dieser aus anderweitigen Quellen geflossen ist, kann er, eine bestimmte Gefühlsbeteiligung erwerbend, sich in die Form des Seins kleiden, und ebensowenig ist ihm der Anspruch auf diese an und für sich anzusehen.

All die alten Irrtümer, die aus dem Begriff Gottes seine Existenz logisch ableiten oder aus der Tatsache des Seins die Notwendigkeit eines Gottes deduzieren wollten, finden ihr Gegenbild in den dogmatischen Versuchen, die immer nur einen Inhalt der Religiosität als legitim anerkennen wollen, sei es, daß die religiöse Stimmung für sie nun in diesen einen münden kann, ohne sich in innere Widersprüche zu verwickeln, sei es, daß sie für diesen einen, den ihnen das theoretische Weltbild ergibt, auch die spezifisch religiöse Reaktion meinen logisch erzwingen zu können. Von alledem befreit die Erkenntnis des Religiösen als einer formalen Grundkategorie, die freilich ebenso eines Inhaltes bedarf, wie das Sein es tut, aber ebenso wie dieses die Biegsamkeit ihres Charakters als Form in der Weite der Inhalte zeigt, die sie in gleicher Weise tragen kann.

Endlich erlöst diese Auffassung das religiöse Empfinden von der ausschließlichen Bindung an transzendente Gegenstände. Es gibt eine Unzahl von Gefühlsbeziehungen zu sehr irdischen Objekten, Menschen wie Dingen, die man nur als religiös bezeichnen kann. Wie sich der ästhetisch angelegte Mensch oft zu dem anschaulich Schönen verhält, der Arbeiter zu seiner sich emporringenden Klasse oder der adelsstolze Feudale zu seinem Stand; die pietätvolle Seele zu Traditionen und tradierten Gegenständen; der Patriot zu seinem Vaterland oder der Enthusiast zu den Ideen von Freiheit, Brüderlichkeit, Gerechtigkeit – alle diese Verhältnisse haben, bei der unendlichen Verschiedenheit ihres Inhalts, einen psychologischen Ton gemeinsam, den man als religiös bezeichnen muß, da man ihn in jenes eigentümliche Ineinander von Erstreben und Genießen, Geben und Nehmen, Demut und Erhöhung, Verschmelzung und Distanzierung analysieren und dennoch in seiner spezifischen Einheit nicht daraus zusammensetzen kann.

Ich bin überzeugt, daß man die Religion in ihrem engeren, transzendenten Sinne erst verstehen wird, wenn man sie als die Zuspitzung, Sublimierung, Verabsolutierung dieser Ansätze, dieser gemischten und niederen Verwirklichungen ihres Prinzips entwickelt haben wird. Selbstverständlich wird dadurch in keiner Weise die sachliche Bedeutung ihrer selbst bzw. ihrer Inhalte präjudiziert, die vielmehr eine von ihrem historisch-psychologischen Zustandekommen völlig unabhängige Gültigkeit und Prüfungsanspruch besitzt. Auch ist dieser Versuch, die religiöse Form auch an irdischen Inhalten aufzusuchen und weit jenseits der eigentlichen Religion ihre Ansätze zu finden, durchaus nicht euhemeristischer Natur und ganz ohne Zusammenhang mit den Bemühungen, Religion in allerhand Allzumenschlichkeiten aufzulösen. Denn es handelt sich nicht um ein Herabziehen der Religion, sondern umgekehrt um eine Erhebung gewisser irdischer Beziehungen und Gefühle in ihre Sphäre. Eben diese Erscheinungen bilden nur rudimentäre, weniger reine Erfüllungen des Grundprinzips, das am vollendetsten und ungemischtesten in der Religion lebendig wird. Möglich aber ist dies Verfahren, das sie aus ihrer unbegreiflichen Isolierung erlöst, ohne damit doch ihrer Würde das geringste zu vergeben, durch die Erkenntnis der Religiosität als einer fundamentalen, aber eben deshalb rein formalen Kategorie, die ebenso wie die anderen, mehr oder weniger apriorischen Grundformen unsres inneren Wesens, den ganzen Reichtum der Wirklichkeit als ihren Inhalt aufnehmen kann.

II.

Die Funktion also, welche die religiöse Bedeutung der Objekte trägt, ist prinzipiell derjenigen koordiniert, welche das Sein derselben für uns bedeutet, ganz unabhängig von der realen psychologischen Entwicklung, in der das eine vielleicht nicht ohne den Zusatz oder das Vorangehen des anderen stattfindet.

Hiermit wird nun spezieller die Abtrennung des religiösen Glaubens vom theoretischen begründet. Glaube im intellektuellen Sinne steht in einer Reihe mit dem Wissen, als eine bloß niedere Stufe desselben, er ist ein Fürwahrhalten auf Gründe hin, die nur an quantitativer Stärke denen nachstehen, auf die hin wir zu *wissen* behaupten. So können uns metaphysische oder erkenntnistheoretische Untersuchungen dahin führen, daß wir die Existenz Gottes für eine plausible oder unter gewissen Umständen sogar notwendige Hypothese halten. Dann glauben wir an ihn, wie man an die Existenz des Lichtäthers oder an die atomistische Struktur der Materie glaubt. Unmittelbar aber fühlen wir, daß wenn der Religiöse sagt: ich glaube an Gott – damit noch etwas anderes gemeint ist, als ein gewisses sicheres Fürwahrhalten seiner Existenz.

Die bekannteste Theorie, die auf das Gefühl hierfür zurückgeht, ist die des praktischen Glaubens bei Kant, wie es bekanntlich ein spezifisches Gedankenmotiv des 18. Jahrhunderts war, daß die Moral nicht auf die Religion gegründet werden dürfe, sondern umgekehrt der religiöse Glaube der Ausdruck oder die Konsequenz der sittlichen Gesinnung sei. Aber trotzdem bleibt der Glaube bei ihm schließlich etwas Intellektuelles, wenn auch sein Ausgangspunkt ein übertheoretischer ist. Was Kant bewegt, an Gott und Unsterblichkeit zu glauben, ist die moralische Notwendigkeit, an der Realisierung des »höchsten Gutes«: der Harmonie vollendeter Tugend und vollendeter Glückseligkeit zu arbeiten. Da diese Notwendigkeit eine absolute ist, von der wir als moralische Wesen unter keinen Umständen lassen können, so müssen wir auch an die Möglichkeit jener Realisierung glauben, weil unser Bestreben sonst sinnlos wäre; möglich aber ist sie nur unter solchen transzendenten Bedingungen. Diese Annahme ihrer soll aber freilich keinerlei theoretischen Beweis oder Erkenntnis ihrer einschließen. Nichtsdestoweniger ist dieser kantische Glaube ein theoretischer, weil er auf einem Schluß beruht, und zwar auf einem doppelten: einmal, daß der auf das höchste Gut bezügliche Imperativ nicht bestehen kann, ohne sich in die Annahme seiner Realisierung fortzusetzen, und ferner, daß diese Realisierung nur durch einen Gott und eine transzendente Gerechtigkeit erfolgen kann.

Beide Behauptungen können bestritten werden, es ist Sache subjektiven psychologischen Bedürfnisses, aber nicht logischer Notwendigkeit, daß der einzelne seine sittlichen Verpflichtungen als Teile einer objektiven und absoluten, über ihn hinausgehenden Entwicklung des höchsten Gutes deute. Daß die Moral ein solches Auswachsen über die jeweilige individuelle Aufgabe hinaus fordere, kann man mit demselben logischen Rechte verneinen wie bejahen. Wenn man es aber selbst zugibt, so ist noch lange nicht sicher, daß nur transzendente Mächte jener Forderung genügen können. Wenn man die ganze Vorstellungsweise aus ihrem engen Individualismus erlöst und das Tun des einzelnen als unselbständiges Element der Menschheitsentwicklung begreift, so kann etwa eine soziale Anpassung als hinreichend gedacht werden, Tugend und Glückseligkeit schließlich und im Ganzen der gesellschaftlichen Schicksale miteinander zu versöhnen; oder man könnte, beidem einen biologischen Sinn gebend, die rein natürliche Evolution an dem gleichen Ziele münden lassen. Ich will nicht behaupten, daß diese Möglichkeiten sehr viel weniger Schwierigkeiten zu überwinden hätten als die Kantsche. Ich führe sie nur an, um die Ersetzbarkeit dieser letzteren durch allerhand andere theoretische Vermittlungen und damit *ihren eigenen theoretischen Charakter* zu erweisen. Weil der Kantsche Glaube nichts Unmittelbares ist, sondern nur theoretische Fortsetzung sittlicher Impulse, würde von ihm nichts, aber auch gar nichts übrigbleiben, wenn die theoretische Irrigkeit oder wenigstens Nicht-Notwendigkeit der diese Fortsetzung leitenden Prinzipien erwiesen würde.

Kant hat also, freilich in sehr verdienstvoller Weise, die Stellung des religiösen Glaubens außerhalb der rein intellektuellen Reihe insoweit festgelegt, als er ihn von der Hypothese, welche immer eine Steigerung zum eigentlichen Wissen ermöglicht, scharf unterscheidet: der religiöse Glaube ist, da sein Ursprung und seine Absicht in der Moral und nicht in der Intellektualität liegen, der Wahrheitsforderung der letzteren ganz entzogen. Dennoch bleibt das spezifische Wesen des religiösen Glaubens verkannt, da nur seinen Veranlassungen und Beziehungen, nicht aber ihm selbst der theoretische Charakter genommen wird.

Wir gewinnen seine eigentliche Färbung deshalb auch noch nicht, wenn wir, statt auf Willensvorgänge, auf Gefühle als seine Ursprünge zurückgreifen. Angst, Verzweiflung, Vereinsamung, aber auch ebenso ein überquellendes Lebensgefühl, das die Schranken der Endlichkeit sprengt, kann zum Glauben an Gott führen, aber damit wird dieser Glaube selbst noch nicht beschrieben. Denn auch hier könnte er noch immer eine bloße theoretische Annahme sein, auch wenn diese, wie sie aus Gefühlsbedürfnissen hervorgegangen ist, in Gefühlsbefriedigungen mündete.

Das innerste Wesen des religiösen Glaubens scheint mir vielmehr nur so ausdrückbar: daß er einen Zustand der menschlichen Seele, eine *Tatsächlichkeit* bedeutet, aber nicht, wie alles Theoretische, ein bloßes Spiegelbild einer solchen. Gewiß bedeutet auch die Intellektualität ein bestimmtes Sein der Seele, allein, in Hinsicht auf die Rolle derselben innerhalb unseres Gesamtwesens, tritt der Prozeß und die in ihm ausgesprochene Daseinsart völlig vor seinem Inhalt zurück. Als theoretische Wesen sind wir nichts als unindividuelle Gefäße des Sachgehaltes der Dinge, indifferente Spiegel, deren eigenes Sein gegenüber dem, was sie spiegeln, nicht in Frage kommt. Dem Erkennen gegenüber ruht das Interesse nicht auf der Aktivität, von der es getragen wird, sondern auf dem sachlichen Inhalt, der von ihm getragen wird. Als religiös Gläubige dagegen unterscheiden wir uns von dem Nicht- oder Andersgläubigen nicht durch die Verschiedenheit des Inhalts, den unser Bewußtsein spiegelt – diese Verschiedenheit ist für den hier untersuchten Begriff nicht von spezifischer Bedeutung –, sondern durch den Zustand unserer Seele selbst. Der religiöse Glaube an Gott ist eine Art des inneren Daseins – die freilich auch ihre theoretische Seite und ihre theoretischen Konsequenzen haben, auch theoretisch ausgedrückt werden mag –, während bei dem theoretischen Glauben oder Wissen Gottes unser seelischer Zustand nur der selbstlose und zurücktretende Träger eines Vorstellungsinhaltes ist.

Und nicht nur der Glaube an seine Existenz, sondern auch was die religiöse Stimmung Erkenntnis Gottes im weiteren Sinne nennt, ist nicht ein Bewußtwerden seiner als eines Vorstellungsinhaltes, sondern die Tatsache der Herzensvereinigung mit ihm, die aus unserer Hingabe an ihn und unserer Empfängnis seiner als *realer Vorgänge* besteht, und von der die Vorstellungsseite seiner Erkenntnis nur das Spiegelbild ist. Das ist die Grundlage, auf der Gregor von Nyssa sagt: »Wer sein Herz von aller Schlechtigkeit befreit, der sieht in der eigenen Schönheit das Abbild des göttlichen Wesens.« Jeder theoretische Glaube kann seinen Inhalt wechseln, ohne daß der Mensch selbst dadurch ein anderer wird, denn die Glaubens*funktion* bleibt ungeändert. Im religiösen Glauben aber besteht diese gegenseitige Unabhängigkeit von Inhalt und Funktion nicht; der Glaube eines anderen Gottes ist ein anderes Glauben. Das ist wie mit Gemütsverhältnissen zu Menschen; wenn Liebe sich von dem einen ab- und einem anderen zuwendet, so hat sie nicht nur den Gegenstand gewechselt, sondern je tiefer sie ist, je mehr sie unser *Sein* berührt, desto mehr ist sie eine andere Liebe. Ob man an Jehova, an den Christengott, an Ormuzd und Ahriman, an Vitzliputzli glaubt – das ist nicht nur inhaltlich, sondern auch funktionell verschieden, das verkündet ein verschiedenes *Sein* der Menschen.

Vermittels dieser Deutung, daß es sich beim religiösen Glauben um ein Sein, um den subjektiven Vorgang selbst, statt, wie beim theoretischen, um seinen Inhalt handelt, erklären sich allerhand sonst paradoxe Tatsachen. Zum Beispiel das Gebet um Glauben – für den gewöhnlichen Rationalismus ein ganz sinnloses Unternehmen, da man doch offenbar nur zu jemand beten könne, an den man schon glaubt, wenn man ihn aber schon glaubt, man nicht mehr um den Glauben zu beten brauche. In der Tat setzt dieses Gebet den Glauben im theoretischen Sinne voraus. Daß ein Gott sei und daß er Gebete zu erfüllen imstande sei, muß schon zweifellos feststehen, damit man beten könne. Nicht um diese Frage der Objektivität also bewegt sich das Gebet um Glauben, sondern um eine eigene innere Wirklichkeit, eine Umwandlung unseres Beschaffenseins, das in jenem Fürwahrhalten nur seinen bewußten Anhaltspunkt oder angebbaren Abglanz findet.

Vielleicht liegt hier der tiefste Grund des ontologischen Irrtums, der die Existenz Gottes durch einen Schluß des bloßen Denkens gewinnen will, was nur möglich ist, wenn er diese Existenz bereits insgeheim vorausgesetzt hat. Man legte ihn sozusagen mit gutem Gewissen in die Prämissen hinein, weil man eben fühlte, daß wir den Gott schon haben, den die Logik erst beweisen will, weil der religiöse Glaube an ihn zu unserem wirklichen Dasein gehört, von dem der theoretische Glaube oder Beweis seiner erst als ein sekundärer Reflex ausgeht.

Wir haben hier, auf der gleichen Basis, den umgekehrten Fall wie bei dem Gebet um Glauben: dort soll, bei Gegebensein der theoretischen Bedeutung des Glaubens, seine Seinsbedeutung gewonnen werden, hier, bei dem sicheren Gefühl der letzteren, die theoretische Legitimation erworben oder formuliert werden.

Man kann dies vielleicht auch so ausdrücken: Die Einheit des religiösen Zustandes geht nach zwei Seiten auseinander: nach der intellektuellen in die theoretische Vorstellung von der Existenz der Heilstatsachen, nach der Gemütseite in Gefühl. Wenn wir nun den Zirkel begehen: an Gott (theoretisch) zu glauben, weil wir ihn fühlen, während wir ihn doch erst fühlen können, wenn wir seine Existenz annehmen – so ist dies völlig legitim, es ist der Ausdruck jener Einheit. Wenn ein einheitliches Moment A sich in die beiden α und β zerlegt, so ist eben sehr häufig α nur durch β und β wieder nur durch α zu begründen. So erscheint es als Zirkel, daß wir für einen Gegenstand Opfer bringen, weil er Wert hat, und daß er Wert hat, weil wir ihn nicht ohne Opfer erhalten können – aber in diesem Zirkel stellt sich die Einheit unseres fundamentalen Wertungsverhältnisses zu den Dingen dar*.

Gegen den ontologischen Beweis als intellektualistische Konstruktion richtete sich die Kantsche Kritik mit Recht. Aber neben dieser scheint es mir doch wichtig, zu erkennen, wieso es überhaupt zu jenem groben Fehlschluß kommen konnte. Dies geschah, indem ein Gefühl oder subjektiver Seinszustand in einen bloß theoretischen Begriff umgesetzt wurde, der nun keine Zeugungskraft mehr besaß.

Auf derselben Basis erklären sich ferner die vielfachen moralischen Werturteile, die man an den Glauben geknüpft sieht. Daß der Glaube etwas Verdienstliches sei, wäre bei einem bloß intellektuellen Sinn desselben ganz absurd. Der Umstand, daß man sich von einer Sache theoretisch überzeugen läßt, steht ganz jenseits moralischer oder unmoralischer Qualität. Die völlige moralische Verworfenheit, die sich mit einem zweifelsfreien Glauben an die Existenz Gottes zusammen-

* Ich bin diesem werttheoretischen Axiom in meiner *Philosophie des Geldes* ausführlich nachgegangen.

findet, sollte von der Zusammenhanglosigkeit beider Reihen hinreichend überzeugen. Der Glaube, den man als Verdienst anrechnet, muß also etwas anderes sein, er kann nur eine unmittelbare innere Beschaffenheit bedeuten.

Ebenso liegt es, wenn umgekehrt die Kirche den Unglauben zu einem moralischen Vorwurf gemacht hat. Die fürchterliche Verderblichkeit der Irrtümer, die diese Meinung allerdings mit sich gebracht hat, bedarf nicht der Auseinandersetzung; sie liegen vor allem darin, daß man die Beschaffenheit des inneren Seins, die der Glaube bedeutet, unbefangen mit der moralischen in eins gesetzt hat, ferner daß man – die moralische Bedeutung des Glaubens zugegeben – übersah, daß die entsprechende Gesamtverfassung der Seele auch durch andere Eigenschaften und Bewegungen in ihr hervorgebracht werden könnte, endlich, daß man den Glauben, der diese Bedeutung hätte, ohne weiteres mit einem bestimmten, alle anderen ausschließenden Glaubensinhalt identifizierte. Die Verwerflichkeit der moralischen Ausdeutung des Glaubens als einer praktischen Maxime steht also außer Zweifel. Aber es lag ihr doch ein Instinkt zugrunde, der etwas mehr und Tieferes war als hierarchische Intoleranz – das ganz prinzipielle Gefühl, daß der Glaube nicht eine theoretische Annahme ist, die über unser Sein so indifferent hinwegginge, wie die, daß der Sirius bewohnt ist, sondern daß er selbst ein Sein ist, daß er nicht nur ein theoretisches Fürwahrhalten mit tiefen *Folgen* für unser Wesen ist – denn solche wären uns offenbar nur ebenso zuzurechnen, wie ihre Ursache, nämlich gar nicht –, sondern daß er von diesem Wesen bestimmt, oder vielmehr eine Bestimmtheit desselben selbst ist.

Religiöse Grundgedanken und moderne Wissenschaft

Antwort auf eine Umfrage

Der augenblicklichen Lage des religiösen Wesens kommen ihre Schwierigkeiten durch die Spannung, die sich zwischen der Religiosität, als einem inneren Sein oder Bedürfnis des Menschen, und all den überlieferten Vorstellungen ergibt, die sich als Inhalte dieses Seins, als Befriedigungen dieser Bedürfnisse anbieten.

Daß die dogmatischen Inhalte der Religion dem Unglauben verfallen sind, ist nicht eigentlich der Erfolg der Wissenschaft im Sinne der methodischen, exakten Erforschung von Tatsachen und Möglichkeiten. Daß ein Kind von einer Jungfrau geboren wird, daß Wasser in Wein verwandelt wird, daß ein Toter aufersteht und gen Himmel fährt – das alles ist durch die Naturwissenschaft des 19. Jahrhunderts nicht unwahrscheinlicher geworden, als es schon durch die Erfahrungen der Menschen des 13. Jahrhunderts war. Nicht sowohl einzelne wissenschaftliche Ergebnisse, die hierfür eigentlich gar nicht in Frage kamen, als die allgemeine, wissenschaftlich-intellektualistische Stimmung der Zeit läßt mit der Unwahrscheinlichkeit jener Dogmen Ernst machen.

Wenn die Geschichtswissenschaft uns belehrt hat, daß die jungfräuliche Geburt des Erlösers, seine Gotteskindschaft, die Symbolik des Abendmahls und vieles andere, angeblich spezifisch Christliche – uralte, ethnische Vorstellungsweise ist, so vernichtet dies keineswegs die subjektive, ja nicht einmal die objektive religiöse Bedeutung dieser Überlieferungen. Denn die historische Begreiflichkeit der Entwicklung verhindert durchaus nicht, daß sie an einer ihrer Stellen, deren empirische Erscheinung sich von den anderen gar nicht merklich unterscheidet, einen ganz einzigartigen transzendenten Sinn besäße – so gut, wie aus demselben Wortmaterial, mit äußerlich ganz geringfügigen Änderungen, ein ganz gleichgültiger und ein unendlich bedeutsamer Gedanke ausgedrückt werden kann.

Auch ist es längst anerkannt, daß der Begriff Gottes für die Wissenschaft nicht angreifbar ist. Daß der Komplex des Daseins als ein ganzer – von dem wir allein die Relationen seiner Teile wissenschaftlich erkennen – von einer übergreifenden Instanz geschaffen und geformt ist, daß neben oder unter allen uns erkennbaren Energien des Weltprozesses noch ein konstanter Faktor: der göttliche Wille, zur

Erhaltung des Seins mitwirkt – das ist nicht nur unwiderleglich, sondern es wird überhaupt von der wissenschaftlichen Interessensphäre nicht berührt.

Abgesehen von Einzelheiten, die den Kern des Christentums nicht treffen, ist ein logisch entscheidender Gegenbeweis gegen die religiösen Überlieferungen durch die Ergebnisse der exakten Wissenschaft nicht zu führen. Wohl aber schließt, wie angedeutet, der wissenschaftliche Geist als ganzer, die Übertragung der wissenschaftlichen Gesinnung auch auf das nicht Untersuchbare, die Beschränkung aller glaubhaften Realität auf das wissenschaftlich Wahrscheinliche – *dies* schließt das Festhalten an den überlieferten religiösen Inhalten aus.

Völlig verblendet aber wäre es, die inneren Bedürfnisse, die bisher von solchen Inhalten befriedigt worden sind, zugleich mit diesen für ausgelöscht zu halten. Es kann gar keine Rede davon sein, daß sie anders als ganz vorübergehend zum Schweigen gebracht oder abgelenkt werden können: dazu zeigt sie unsere historische Kenntnis zu lange und zu tief in den Wurzelgrund der menschlichen Natur eingesenkt. So befindet sich ein jedenfalls außerordentlich großer Teil der Kulturmenschheit in der problematischen Lage, daß sich Bedürfnisse in ihr mit erneuter Macht melden, die mit ihren bisherigen Befriedigungen solidarisch und durch die Einsicht in deren Illusionscharakter momentan verschwunden schienen – und mit denen sie nun völlig im Leeren steht.

Wie sich hiergegen Abhilfe finden wird, ist heute noch gar nicht abzusehen – wo einerseits noch soundsoviele Menschen meinen, daß der Sieg des wissenschaftlichen Geistes über die religiösen Inhalte auch die religiösen Bedürfnisse beseitigt hätte, und wo andererseits die Vertreter jener Inhalte sie mit verzweifelten Kraftanstrengungen und mit Unterstützung aller offiziellen Instanzen zu behaupten suchen.

Es wird vielleicht vor allem der Einsicht bedürfen, daß Religiosität ein bestimmtes *Sein*, sozusagen eine funktionelle Qualität der Menschen ist, manche völlig bestimmend, in andern nur rudimentär vorhanden, und daß die Entwicklung dieser Beschaffenheit zu *Glaubensartikeln*, zur Annahme einer transzendenten Realität, zwar meistens stattfinden wird, aber mit dem religiösen Sein und Gestimmtsein nicht unbedingt verbunden ist. Wie die erotische Natur unter allen Umständen erotisch ist, gleichviel ob sie schon einen Gegenstand der Liebe kreiert hat oder überhaupt kreiert, so ist die religiöse Natur unter allen Umständen eben religiös, gleichviel, ob sie an einen Gott glaubt oder nicht. Das Entscheidende für den religiösen Menschen ist die besondere Art, in der er auf die Gesamtheit der Lebensinhalte reagiert, die besondere Einheit, zu der ihm all die Einzelheiten der theoretischen wie der praktischen Welt zusammenwachsen – wie der Künstler auf eben dies Gesamtsein in *seiner* Weise antwortet und *seine* Welt daraus formt, und der Philosoph wiederum in seiner besonderen.

Versteht man in dieser Art die Religiosität als eine Form, in der die menschliche Seele lebt und sich und das Dasein erfaßt – eine Form übrigens von so strengen Forderungen und übersubjektiven Idealen, wie naivere Denkweise sie nur aus äußerer Gesetzgebung begreifen will –, so kann ersichtlich ein Konflikt mit der Wissenschaft überhaupt nicht stattfinden.

Denn einerseits ist auch diese nur ein geistiges Verhalten gegenüber Welt und Leben, die Totalität dieser ist prinzipiell von der Wissenschaft wie von der Religiosität restlos aufzufassen und zu gestalten, und beide können einander so wenig bekämpfen oder auch nur berühren, wie in dem System Spinozas das Denken und die Körperlichkeit, da jedes von beiden schon das ganze Dasein je in seiner besonderen Sprache ausdrückt.

Andererseits kann alle wissenschaftliche Kritik nur die einzelnen, inhaltlich bestimmten Glaubensvorstellungen zerstören, die das religiöse Sein und Bedürfen, hier so und dort anders, aus sich hervortreibt. Zweifellos hat sie dies in dem oben bezeichneten Maße bewirkt und damit die jetzt herrschende Ratlosigkeit des religiösen Wesens erzeugt. Solange die Religiosität *besondere* Inhalte für sich produziert, die eigentlich erkenntnismäßigen Wesens sind und deren Formung sie irgendwie mit dem theoretischen Denken in Wettbewerb setzt, ist hier keine entscheidende Wendung zu erhoffen; insbesondere davon nicht, daß man sich auf gewisse, angeblich letzte, wesentlichste, inalterable Vorstellungen der Religion zurückzieht und deren historisch bestimmte, zufälligere Ausgestaltungen der Kritik preisgibt. Denn solange es Vorstellungen konkreter Realitäten bleiben, Objektivierungen des religiösen Seins, die außerhalb desselben liegen, solange wird die Kritik ihnen auf den Fersen sein.

Eine Lösung dieser Schwierigkeiten ist nur von Evolutionen des religiösen Wesens zu erhoffen, die, wie gesagt, heute niemand mit irgend überzeugender Wahrscheinlichkeit voraussehen kann. Unter diesem Vorbehalt gesprochen, scheint mir die Lösung davon abzuhängen, daß die Religion sich, statt in der transzendenten Vorstellungswelt, die sie aus sich gebildet hat, wie die reinen Denkformen die rationalistischen Metaphysiken, wieder in dem besonderen, aber unmittelbaren Leben findet, das dem religiösen Menschen eben sein Sein, die selbstverständliche Färbung und Formung seiner inneren und äußeren Existenz ist. In diese werden freilich auch alle einzelnen

Inhalte, an denen das Leben sich vollzieht, aufgenommen, und insofern kann man allerdings von einem religiösen Weltbild sprechen. Allein dieses enthält durchaus keine *Erkenntnisse* der Dinge, Erlebnisse, Schicksale, sondern eine Ordnung ihrer nach eigenen Werten und Bedürfnissen, eine eigene Reaktion des Gefühles auf sie, eine eigene, unmittelbar in sie hineingelebte Sinngebung.

Wenn die Religion nicht eine Summe von Behauptungen, sondern ein bestimmtes So-Sein der Menschen ist, und erst *dadurch* eine Charakterisierung und Rangierung der Weltinhalte, so ist sie der Wissenschaft so wenig widerlegbar, wie überhaupt ein Sein widerlegt werden kann. Sie wird dies erst, wenn sie ihre Bilder der Dinge von dem wesenhaften inneren Sein ablöst und zu einer Erkenntniswelt erstarren läßt, die die Denkformen der Wissenschaft irgendwie nachahmt und darum mit dieser in denselben Wettbewerb treten muß, wie die Kirche es mit dem Staate muß, wenn sie sich selbst nach dessen Formen bildet.

Vom Heil der Seele

Es gehört zu den großen geistigen Leistungen der Religion, daß sie die weiten Kreise unserer Vorstellungen und Interessen zu einheitlichen Begriffen zusammenwachsen läßt, die doch nicht abstrakt sind wie die philosophischen, sondern die volle Lebendigkeit und innere Ergreifbarkeit des anschaulichen, des unmittelbaren Daseins besitzen. Gott – die höchste Wirklichkeit, Quelle und Mündung für alle Ströme der Einzelexistenz, über und zugleich in allen Dingen lebend, das Allgemeinste und doch der eigenste Besitz jeder Seele. Heiligung – die zusammenfassende Vollendung jedes sittlichen Bestrebens, jenseits aller Erreichbarkeit durch einzelne Handlungen gelegen, und doch nicht wie so viele bloß sittliche Ideale eine blasse Abstraktion, sondern die ganze Leidenschaft der Seele weckend wie ein Ruf, der dem Gefangenen zumutet, seine Ketten zu zerbrechen. Ewiges Leben – die Vereinigung und Vollendung aller Werte und Kräfte unseres fragmentarischen Daseins, aber nicht ein begriffliches Schema gleich der Ideenwelt Platons, sondern in unmittelbarer Verbindung mit unserer persönlichsten Existenz empfunden und – mögen es nun die Jagdgründe des indianischen Jenseits oder die Mauern des ewigen Zion sein – in der Anschaulichkeit der gewissesten Wirklichkeit strahlend.

In diese Reihe gehört das Heil der Seele – das von ihrer Heiligung sowohl wie von ihrer Unsterblichkeit wohl zu unterscheiden ist. Denn mit ihm bezeichnen wir die Befriedigung alles letzten Verlangens der Seele, keineswegs nur des sittlichen, sondern auch des nach ihrer Seligkeit, ihrer Vollkommenheit, ihrer Höhe und Stärke. Nicht eigentlich irgendein angebbares Gut meinen wir, von dem diese Erfüllungen ausstrahlten; vielmehr das ist der ganze Inhalt des Begriffes, daß er den Einheits- und Treffpunkt all jener Bestrebungen und Regungen bedeutet: er besteht nicht für sich als etwas, worauf unsere Sehnsucht sich richtet, sondern er ist der Name für den Ort unserer Sehnsüchte.

Und er meint etwas schlechthin Innerliches; so daß die Frage, ob die Seele, die ihr Heil gefunden hat, sich in einem irdischen Körper oder in einem jenseits befindet, eine ganz äußerlich-gleichgültige ist, so gleichgültig wie die nach der Wohnung, in der unsere Schicksale uns treffen. Mit dem Heil der Seele meinen wir die höchste Einheit, zu der all ihre innerlichsten Vollendungen zusammenrinnen, die sie nur mit sich und ihrem Gott abzumachen hat; aber nicht die Einheit eines Begriffes, sondern die eines Zustandes, den wir fühlen, obgleich wir ihn nicht haben, oder vielleicht: den wir in der Form der Sehnsucht nicht weniger fühlen, als wir es in der Form der Erfüllung könnten.

Unter den unzähligen Inhalten, die in den Rahmen dieses Ideales eingehen könnten, erscheint mir einer vor allen bedeutsam, auf den ich in der christlichen Lehre hier und da eine Hindeutung finde. Wenn der Mensch sein Höchstes erreicht, wenn er wirklich einmal alles wird, was er gemäß seinen Idealen oder, religiös gesprochen, gemäß den göttlichen Forderungen und Zusagen werden kann – so fühlen wir oft, daß er damit nur etwas entfaltet oder äußerlich realisiert hat, was er eigentlich innerlich schon war; daß eine Wirklichkeit seiner, die sozusagen nur noch nicht empirisch war, damit nur diese neue Form angenommen hat. Nach dieser Auffassung – die freilich nur hier und da anklingt, neben direkt entgegengesetzten – kommt mit der Vollendung der Seele nichts Neues in sie hinein, nicht einmal in dem Sinne, in dem die gereifte Frucht etwas Neues gegenüber dem bloßen Keim ist. Vielmehr, in jedem Menschen ruht potentiell, aber doch *wirklich*, das Ideal seiner selbst; die reine Form seiner, das, was er sein *soll*, durchdringt als eine ideelle Wirklichkeit die reale und unvollkommene; so daß nur »der alte Adam aus-, nicht der neue angezogen« zu werden braucht, damit das vollendete Sein darunter zum Vorschein käme, so daß nur »das Fleisch gekreuzigt« zu werden braucht, damit unser besserer Teil, das schon da ist, frei werde.

Wie die Engel, die Fausts Unsterbliches der Vollendung entgegentragen, ihn zuerst wie die Puppe des Schmetterlings empfangen, singen sie: *»Löset die Flocken los,* die ihn umgeben – Schon ist er schön und groß von heiligem Leben« – nur befreit von Verhüllungen und Schranken braucht das Innerlichste zu werden; und das eben ist das Heil der Seele, daß ihr nicht von außen etwas hinzugetan oder angebildet wird, sondern daß sie eigentlich nur eine Hülle abzuwerfen, nur zu werden braucht, was sie schon ist. Was würde die Gotteskindschaft für einen Sinn haben, wenn sie nicht das Erbe der Vollendung bedeutet, die wir also nicht mehr zu erwerben, sondern die wir sozusagen nur herauszuholen, auf die wir uns zu besinnen haben?

In dem Einzelnen des Lebens, insbesondere der sittlichen Praxis, haben wir freilich genug zu *schaffen,* neue Formen und Inhalte zu bilden; fragen wir aber nach der Bedeutung alles dieses Handelns und Produzierens für das Innerlichste der Seele, so scheinen wir damit, soweit es gut und heilig ist, doch nur den eigentlichen Kern unseres Wesens zu enthüllen, der schon von je da war, uns damit selbst in Licht und Klarheit zu sehen, während Sünde und Wirrnis vorher uns nur unkenntlich gemacht und unsere Umrisse durch trübe Schatten gefälscht haben. Alles Äußerliche mit seiner Macht über die Seele muß erst von ihr abfallen, aber indem es abfällt, hat die Seele auch schon ihr Heil gefunden; denn damit fand sie sich selbst: »wer seine Seele verliert, der wird sie gewinnen!«

Eben damit ist auch aller Egoismus abgestreift; denn Egoismus ist immer nur ein Verhältnis der Seele zu ihrer Umgebung, sie erwartet von dieser irgendeine Gewährung, irgendein Glück, zu dem sie sie ausnutzt. Jeder Egoismus ist eine Mischung der Seele mit Äußerem, ein Umweg, auf dem sie sich selbst verliert, ein Sich-ergänzen-Wollen einer Lücke in ihr, das ihr selbst nicht gelingt. Die Seele aber, die ganz und gar sie selbst geworden ist, bedarf dessen nicht. Nirgends in ihrem Umkreis hat sie ein Äußerliches, das ihr Sehnsucht oder Selbstsucht wecken könnte, sondern weil sie überall sich selbst hat und nichts als ihr reinstes Inneres ist, so ist sie überall Verlangen und Erfüllung zugleich.

Daraus versteht man das Gefühl von Freiheit bei allen Handlungen, die wir dem Heil unserer Seele dienen wissen. Der Mensch ist in dem Maße frei, in dem das Zentrum seines Wesens die Peripherie desselben bestimmt, d. h., wenn unsere einzelnen Gedanken und Entschlüsse, unser Handeln wie unser Leiden, unser eigentliches Ich ausdrücken, unabgelenkt von Kräften, die außerhalb unser liegen. Nicht daß die Handlung bestimmungslos in der Luft schwebt, macht sie zu einer freien, sondern daß der tiefste Punkt in uns, den wir als unser Persönliches fühlen, ihr seine Kraft und Färbung hemmungslos aufprägt.

Dem Ideal vom Heil der Seele, wie es im Christentum, freilich fragmentarisch genug, angedeutet ist, ist es eigentümlich, daß diese Herausarbeitung unserer Persönlichkeit, diese Befreiung ihrer von allem, was nicht sie selbst ist, dieses Sich-ausleben nach der Idee und dem Gesetz des Ich – daß dies zugleich den Gehorsam gegen den *göttlichen* Willen, zugleich das Leben nach *seiner* Norm, zugleich die Übereinstimmung mit den letzten Werten des Daseins überhaupt bedeutet. Das Heil, das die Seele sucht, wäre nicht *ihr* Heil, sondern ein farbloses, ihr innerlich fremdes, wenn es nicht in ihr wie mit ideellen Linien vorgezeichnet wäre, wenn sie es nicht auf dem Wege zu sich selbst fände.

Deshalb gibt es allerdings vielerlei Heilsbegriffe, die der Seele ihr Heil sozusagen gewaltsam aufdrängen, wie einen äußeren Befehl und eine Umgestaltung wie durch äußere Mächte; dieses Heil, abhängig von äußerem Tun oder dogmatischem Glauben, ist der Seele selbst etwas Zufälliges und damit ein Zwang, der ihre Freiheit bricht. Erst wenn der Inhalt der religiösen Forderung an einen jeden Menschen in ihm selbst wirklich ist und nur von dem befreit zu werden verlangt, was an uns nicht wir selbst sind – erst dann ist das Gebiet des religiösen Heiles zugleich das Reich der Freiheit.

Der Gegensatz zum alten, vorprophetischen Judentum macht dies besonders anschaulich. Hier ist der Gegensatz zwischen dem Ich und der göttlichen Norm ganz weit gespannt – und zwar nicht nur, wenn Jehova als der orientalische Despot erscheint, dessen Wille von selbst Gesetz ist und dem das jüdische Volk als Knecht gegenübersteht; sondern auch wenn das Verhältnis beider als rechtliches auftritt, als ein Bund, der beiden Parteien Rechte gibt, auf deren Erfüllung sie halten dürfen. In beiden Fällen ist das Gesetz etwas dem Subjekte Äußerliches, und deshalb besteht auch der Lohn für seine Erfüllung in etwas Äußerlichem: in dem Wohlergehen auf Erden. Hier sind also die Bedingungen für den Egoismus, den ich oben charakterisierte, gegeben: das Heil liegt nicht in dem Realisieren des eigensten Sinnes der Seele, demgegenüber es überhaupt keine Habsucht geben kann, sondern in den Gütern ihrer Peripherie, von denen man möglichst viele der Macht, die sie zu gewähren hat, durch Gehorsam oder List oder Gewalt abzuringen hat. Und eben diese Abhängigkeit des Lebensgefühles von Äußerlichem läßt es nicht zur Freiheit kommen, das Knechtsbewußtsein bleibt und offenbart so die ganze Tiefe der Wurzel, in der Unfreiheit und Egoismus zusammenhängen. Das Gesetz muß für seine Erfüllung einen *Lohn* setzen, weil es nicht aus und an dem eigenen Ich seinen Inhalt hat, sondern umgekehrt eine Schranke für dieses Ich bildet; nicht als Erweiterung und Erhöhung des empirischen Menschen durch das innere Ideal seiner selbst, sondern als Einengung durch die vorwiegende Form des Verbotes, durch das: du sollst nicht – tritt es auf.

Diese Bedeutung des Heiles der Seele als der Erlösung, sozusagen der Entzauberung des Wertes, der zwar in der Seele von je vorhanden ist, aber mit Fremdem, Unreinem, Zufälligem gemischt – diese Deutung scheint freilich gerade an einer Fundamentalbestimmung des Christentums eine Schwierigkeit zu finden: an der gleichmäßigen Fähigkeit *jeder* Natur zum Gewinn des absoluten Heils, an der Bedingtheit dieses durch Leistungen, die von vornherein niemandem unzugänglich sind. Für alle ist Platz in Gottes Hause, weil das Höchste, was der Mensch erreichen kann, zugleich das Mindeste ist, was von ihm gefordert werden muß, und deshalb keinem prinzipiell versagt sein kann. Wenn nun aber das Heil nichts anderes sein soll, als daß jede Seele ihr eigenstes inneres Sein, das reine Bild ihrer, dessen unsichtbare Form ihre irdische Unvollkommenheit durchzieht, ganz zum Ausdruck bringt, ganz in ihm aufgeht – wie vereinigt sich dann die unendliche Verschiedenheit der Seelen nach Höhe und Tiefe, Weite und Enge, Helligkeit und Dunkelheit, mit der Gleichheit des religiösen Erfolges, mit der gleichen Würdigkeit vor Gott? Da doch unser Begriff des Heiles gerade das Individuellste, Unterscheidendste der Menschen zu seinem Träger macht?

Tatsächlich hat die Schwierigkeit, die Gleichheit vor Gott mit der unermeßlichen Mannigfaltigkeit der Individuen zu vereinen, zu jener Uniformität der Leistungen geführt, die aus weiten Provinzen des christlichen Lebens einen bloßen Schematismus gemacht hat. Den ganzen Individualismus des christlichen Heilsbegriffes hat man verkannt, und daß jeder mit *seinem* Pfunde wuchern soll, indem man ein einheitliches Ideal, ein gleichartiges Verhalten von allen verlangte, statt von jedem – ihn selbst zu fordern. Alles für alle Gleichmäßige ist für die Persönlichkeit etwas Äußerliches; jene Einheit, in der die Gläubigen sich finden, jene Gleichheit der vollendeten Seelen, besteht nur darin, daß jede einzelne die *ihr* eigene Idee durch alles Außenwerk hat durchwachsen lassen; dabei mag der *Inhalt* der verschiedenen um Welten verschieden sein. Jesus deutet an vielen Stellen an, wie sehr er die Verschiedenheit der menschlichen Anlagen zu schätzen weiß, zugleich aber, wie wenig dies die Gleichheit des Endresultates des Lebens zu alterieren braucht. Es kommt eben alles auf das *Verhältnis* an, das zwischen jenem im Menschen selbst vorgezeichneten Ideal seiner selbst und dessen Durchdringen in seine Wirklichkeit steht.

Dabei ist freilich nicht zu verkennen: je mehr das Heil des Menschen nur auf dem ruht, was er ganz allein, vielleicht mit keinem anderen vergleichbar, ist, je weniger irgendein allgemeiner Inhalt des Strebens ihn von dieser Zuspitzung auf sein Eigenstes und Innerlichstes entlastet – desto gefährlicher ist das Leben, desto exponierter sein innerer Standpunkt, desto umfassender seine Verantwortlichkeit für sich selbst. Darum hat Nietzsche das Christentum völlig mißverstanden, wenn er es für eine Art Volksversicherung hält. Daß man zum Gewinn des Heils sich selbst gegen sich selbst durchzusetzen hat, bedeutet eine furchtbare innere Gefahr, die sich in der Gnadenwahl nach außen hin projiziert. Es ist eben alles auf die eine Hauptsache gestellt, zu deren Gewinn es kein allgemeines Rezept gibt, sondern für jedes Individuum einen individuellen Weg, selbst wenn sie alle an *einem* religiösen Ziele münden sollten.

Wo das Christentum sich diesem Heilsbegriffe nähert, rührt es an das tiefste Lebensproblem der Gegenwart. Denn im Sittlichen wie im Künstlerischen, im Sozialen wie in den Normen der Erkenntnis suchen wir nach dem Allgemeingültigen, das zugleich individuell ist, nach dem Rechte der Person, das zugleich das Recht der Allgemeinheit sei, nach dem Typus, der die Unvergleichbarkeit der Einzelgestaltung in sich aufnehme. Was man bisher dem Leben als Norm vorhielt, pflegte nur das eine oder das andere zu betonen, aber alle Entscheidungen des modernen Lebens hängen an der Synthese von beidem.

Wenn nun das Heil der Seele, also die umfassendste, schlechthin *allgemeine* Forderung an alles Menschliche, in dem Herausringen dessen ruht, was in jeder als sein *Eigenstes,* in der Idee schon Wirkliches, aber noch unrein Gestaltetes in sich birgt – so würde sich dies als eines der Motive enthüllen, aus denen das gegenwärtige Leben wieder instinktiv nach Religion tastet, als fänden unsere tiefsten Lebensnöte in ihr, wenn keine Lösung, so doch eine Formulierung und den Trost, daß sie die Nöte der Menschheit von je gewesen sind.

Das Christentum und die Kunst

Die geschichtlichen Fäden, die sich zwischen Religion und Kunst spinnen, sind unzählige Male verfolgt worden: wie die Kultzwecke das Götterbild entstehen ließen, wie sich aus der religiösen Feier und der Anrufung der Götter die poetischen Formen entwickelten, wie die Erhebungen und wie der Verfall der Religion die Kunst oft in gleichem, oft in völlig entgegengesetztem Sinn beeinflußten – alles dies ist zu begriffenen Tatsachen der Kulturgeschichte geworden. Allein die Motive, mit denen aus dem Wesen der *Sache* heraus das eine das andere anzieht oder abstößt, durch die alle jene historischen Verknüpftheiten nur als die mehr oder weniger vollkommenen Verwirklichungen tieferer und prinzipieller Zusammenhänge erscheinen – diese Motive harren noch ihrer Klärung.

In das räumliche Gleichnis von Nähe und Distanz müssen wir unzählige Male das Verhältnis seelischer Inhalte bannen, dessen innerliches Wesen diesem Symbol mit seiner äußeren Meßbarkeit schließlich ganz fremd ist. Auf seine Verständlichkeit dennoch rechnend, kann man die Gemeinsamkeit des religiösen und des künstlerischen Verhaltens so bezeichnen: daß das eine wie das andre seinen Gegenstand in eine Distanz weit jenseits aller unmittelbaren Wirklichkeit hinausrückt – um ihn uns ganz nahe zu bringen, näher, als je eine unmittelbare Wirklichkeit ihn uns bringen kann.

In dem Maß, in dem eine Religion wirklich ihrem reinen Begriff entspricht und nicht von anderen Seelenprovinzen her mit allerhand Bedürftigkeiten und Beschränkungen gemischt ist, drängt sie den Gott ins »Jenseits«, sein Abstand von allem Greifbaren und von der Welt unsrer Wirklichkeiten ist die absolute Steigerung jener »Distanz«, in der der hohe und überlegene *Mensch* alle ihm Nichtgleichen hält. Aber der Gott, in dieser Distanz verbleibend, bleibt zugleich nicht in ihr, sondern: als wäre jene nur ein Anlaufrückschritt, bemächtigt sich die Seele seiner als des Nächsten und Vertrautesten, bis zur mystischen Einswerdung mit ihm.

Dieses Doppelverhältnis zu unserer Wirklichkeit wiederholt die Kunst. Sie ist das Andere des Lebens, die Erlösung von ihm durch seinen Gegensatz, in dem die reinen Formen der Dinge, gleichgültig gegen ihr subjektives Genossen- oder Nichtgenossen-werden, jede Berührung durch unsere Wirklichkeit ablehnen. Aber indem die Inhalte des Seins und der Phantasie in diese Distanz rücken, kommen sie uns näher, als sie es in der Form der Wirklichkeit konnten. Während alle Dinge der realen Welt in unser Leben als Mittel und Material einbezogen werden können, ist das Kunstwerk schlechthin für sich. Aber all jene Wirklichkeiten behalten dabei eine letzte, tiefe Fremdheit gegen uns; und selbst zwischen unserer Seele und der des andern findet unsere Sehnsucht des Nehmens und des Gebens eine hoffnungslose Unüberbrückbarkeit. Das Kunstwerk allein kann ganz unser werden, in seine Form gegossen ist allein eine Seele uns ganz zugängig: indem es mehr für sich ist, als alles andere, ist es mehr für uns als alles andere.

Von den Inhalten des Lebens als solchen pflegen wir zu empfinden, daß es irgendeiner Bewegung des Daseins, irgendeines »Schicksals« bedurfte, um sie uns nahezubringen, daß sie durch ihr bloßes Dasein noch nicht zu uns gehören. Nur der Gott, an den wir glauben, und die Kunst, die wir genießen, sind von vornherein bloß dadurch, daß sie da sind, für unsere Seele bestimmt. Und wenn auch die große Liebe sich solcher Vorbestimmtheit füreinander bewußt ist, die das zusammenführende Schicksal nur vollstrecken kann, so unterscheidet sie von jenen beiden ihr völlig individuelles Wesen: nur mit diesem einen Menschen und weil er gerade dieser eine ist, ist ihm die andere Seele rein von sich aus verbunden. Wenn aber der Gläubige schon durch seine Existenz sich mit seinem Gotte eins weiß, wenn der vom Kunstwerk Ergriffene dies wie seine eigene innere Notwendigkeit empfindet – so sind hier nicht mehr individuelle Besonderheiten am Werke, sondern jene tiefen Schichten, in denen der Mensch zwar sein ganzes Ich wirksam, dieses aber doch als den Träger einer unpersönlichen, seine Sondergestaltung hinter sich lassenden Gesetzlichkeit und Seinsbedeutung fühlt. Und dies erscheint mir als die tiefste Formgleichheit, aus der heraus die Religion allenthalben als Vorläufer der Kunst, die Kunst allenthalben als die Erregerin religiöser Stimmung auftritt: daß nur diese beiden ein absolut für sich existierendes Sein zum innersten und wie selbstverständlichen, wie vorbestimmten Besitztum der Seele machen.

Diese prinzipielle Beziehung zwischen der Form des religiösen Lebens und der der Kunst realisiert sich in den verschiedenen Kulturen in sehr mannigfaltigen Arten. Es ist gewissermaßen ihre eigene Steigerung, durch die sie im Christentum manchmal in ihr Gegenteil umzuschlagen scheint. Sicher ist hier unter allen bekannten Religionen die Spannung zwischen der Entferntheit und der Nähe des Gottes die allerenergischste, aber auch die versöhnteste, weil hier eine Beziehung des *Herzens* zu dem Gotte besteht, die an der Unendlichkeit der metaphysischen Distanz gegen ihn ihre ganze siegende Kraft zeigt. Hiermit scheint das Bedürfnis mancher Seele, einen Lebensinhalt sich ganz ferne zu rücken, um ihn dann ganz in sich einzuziehen, so völlig gedeckt, daß die Kunst in ihrer parallelen Leistung als überflüssig, ja als ein unzulässiger Wettbewerb erscheint. Daß das Christentum so oft die Kunst unmittelbar abgelehnt hat, ist weder immer asketische Verwerfung des Sinnenreizes, noch immer ästhetische Unkultur, sondern geht, neben manchen andern Motiven, auf diesen Instinkt zurück: daß die Seele der Kunst nicht mehr bedarf, weil sie alle Ausdehnung in das Reich jenseits des Gegebenen und alles Wiedereinbeziehen dieses in sie hinein – bereits besitzt.

Andrerseits bietet das Christentum ebenso durch die Personen und Geschehnisse seiner Tradition wie durch den körperlichen Ausdruck, zu dem die ihm eigenen Gemütsverfassungen drängen, Motive dar, die wie auf die Formgebungen der bildenden Kunst angelegt erscheinen. Die Demut, das Gebet, das innige In-sich-verzückt-Sein – alles dies bringt den Körper besonders gut in sich zusammen, hält die Extremitäten an den Rumpf und begünstigt damit die Geschlossenheit und anschauliche Einheit des Körpers. Selbst das Ausstrecken der Arme zum Gebet ist etwas völlig anderes als das Abspreizen, das die Konzentriertheit der Erscheinung auflöst. Denn entweder sind die Hände vereinigt, was eine sehr entschiedene Zusammengefaßtheit des Bildes ergibt, oder, selbst wenn sie sich breiten, streben sie einem ideellen Brennpunkt zu, in dem die Richtungen ihrer inneren Bewegtheit sich begegnen – wie man von parallelen Linien sagt, daß sie sich im »Unendlichen« treffen.

Daß in aller guten Kunst der Körper in seinem ganzen Umriß streng zusammengehalten ist, gehört zu den Forderungen, mit denen der Reiz der bloßen Anschaulichkeit zum Sinnbild innerlich-seelischer Normen wird. Denn wir verlangen von dem Individuum, daß all seine Äußerungen von einem Mittelpunkte her beherrscht und charakterisiert seien, und nicht anarchisch, ohne Beziehung auf die Einheit der Person, zerlaufen; so fordern wir von der plastischen Erscheinung des Menschen, daß seine Glieder jedem Impuls seiner zentralen Einheit absolut gehorsam erscheinen, keines dem durch das Ganze kreisenden Lebensstrome entzogen sei. Daß die Seele den Körper einheitlich durchdringt und ihn damit zum Träger der »Persönlichkeit« macht, wird vermittels jener Geschlossenheit des Umrisses, vermittels der gefühlten Beherrschtheit jedes Gliedes durch die Innervation vom Zentrum her in die sinnliche Anschauung erhoben. Was wir die »Beseeltheit« des Körpers nennen, ist nur ein anderer Ausdruck für die artistische Forderung seiner Zusammengehaltenheit.

Die unbedingte Herrschaft der Seele, für die das Christentum lebt, drückt sich deshalb adäquat in all jenen Attitüden aus, die, dieser Forderung von sich aus genugtuend, schon in ihrer Wirklichkeit die Kunstform vorbereiten. Die besondere Bedeutung, die die Anschauungsform hier als Ausdruck des seelischen Zustandes gewinnt, liegt darin, daß diese Formen strenger Zusammengehaltenheit gerade von einer starken inneren Bewegtheit durchströmt werden – im Gegensatz etwa zu den Buddhagestalten der indischen und japanischen Plastik, in denen die künstlerische Geschlossenheit der Erscheinung eine ganz vollkommene ist, ohne daß die damit ausgedrückte Seelenhaftigkeit eine eigentlich bewegte wäre. Sie ist vielmehr die der absoluten Resignation, des Zurückziehens der Seele in das schlechthin Bewegungslose, das freilich die reine Einheit ist, weil das Leben hier jede Expansion verloren hat; jene für das Christentum charakteristischen Gesten aber verraten gerade eine weit ausgreifende Leidenschaft, die nun durchaus auf einen einzigen, innersten und entscheidenden Punkt hin orientiert ist.

Dies findet eine höchst wirkungsvolle Zuspitzung oder Besonderung in der Erscheinung der christlichen Mythologie, die der künstlerische Instinkt von Anfang an in ihrer formal künstlerischen Bedeutung erkannt hat: in der Maria mit dem Kinde. Jene Verknüpftheit aller Wesenselemente nach innen zu, jene konzentrierte Einheit des Lebens, von der ich sprach, ist am unmittelbarsten innerhalb der Weiblichkeit gegeben. Die Frau wird – ob überall und dauernd mit Recht, bleibe dahingestellt – als das undifferenziertere Wesen empfunden, als dasjenige, dessen Kräfte und Triebe enger und einheitlicher als beim Manne in sich gesammelt, solidarischer von *einem* Punkte aus erregbar sind. Dem entspricht es, daß von ihrer körperlichen Erscheinung, in der Natur und noch stärker in der Kunst, völlige Geschlossenheit und Zentripetalität erwartet wird, nicht die weit ausladende, sondern die zusammengehaltene Gebärde, die immer, wenn sie auch unmittelbar sich nach außen richtet, nach innen weist und mit allem, was sie hat, jedesmal den Kreis ihres Wesens schließt.

Dies wird, indem die Madonna nun mit dem Kinde verbunden ist, scheinbar aufgelöst, sie findet jetzt den Sinn ihrer Existenz in einem Wesen außerhalb ihrer. Daß dies dennoch ihre Einheit nicht zerstört, daß das Kind zwar ihr Nicht-Ich und doch ihr Ich ist, bedeutet das eigentliche Mysterium der Mütterlichkeit. Hier ist der Gegensatz des Für-sich-Seins und Für-einen-andern-Seins überwunden, nicht im Sinne des Egoismus, der oft einen geliebten Menschen in sich einbezieht, sich um ihn erweitert, aber dabei immer Egoismus bleibt; sondern hier offenbart sich eine höhere Bedeutung des Lebens, die seiner Gesammeltheit nach innen erst durch diese Richtung auf seinen zu *eigenem Sein* aufgewachsenen Sinn die volle Kraft und Weihe gibt. Indem durch die Konzentriertheit auf das Kind die Wesenseinheit der Mutter scheinbar durchbrochen ist, ist sie in Wirklichkeit erst ganz gewahrt.

Diese seelische Struktur der Mütterlichkeit gibt den Darstellungen der Maria mit dem Kinde ihre höchste formale Aufgabe. Wo sie gelöst ist, da ist die Erscheinung der Frau, während sie *mit dem Kinde zusammen* die artistisch geschlossene Anschauung gewährt, doch *in sich* absolut einheitlich. Daß ein Wesen, indem es mit einem andern zu einer Einheit zusammengeht, darum kein bloßes Glied und Bruchstück ist, sondern gerade so zu seiner höchsten eigenen Geschlossenheit gelangt – dies ist hier für die ästhetische Anschauung völlig verwirklicht. Gerade durch die Eigenbedeutung des Jesuskindes, die das animalische Dazugehören des Kindes zur Mutter, als wäre es noch immer ein pars viscerum, ausschließt, gipfelt sich die Spannung zwischen beiden und das Problem, dem religiös-metaphysischen Verhältnis der Madonna zum Kinde eine Anschaulichkeit zu schaffen. Mit seiner Lösung begann die Kunst, ein völlig neues Reich von Formen auszubilden – von Formen, die die Darstellung eines Individuums gerade an seinem Verhältnis zu einem andern auf ihre höchste Eigenbedeutung zu bringen gestatteten.

Dies ist die allgemeine Konfiguration der christlichen Mythologie, durch die sie sich von der antiken scheidet: daß jede Einzelperson in ihr in einer wesentlichen, ihre Bedeutung bestimmenden Beziehung zu anderen steht. Johannes ist um Jesu willen da – wie, auf anderen Stufen, Maria und wie die Engel –, Jesus ist für alle da, die Heiligen um der Gläubigen oder der Ungläubigen willen, die Kirche umschlingt die gesamten Stufen des christlichen Lebens in einem Organismus wechselwirkender Glieder. Ein Netzwerk von gegenseitigen Relationen durchzieht hier den Bezirk heiliger Persönlichkeiten, aus ihrem tiefsten religiösen Wesen quellend oder es bestimmend, während die Beziehungen der klassischen Götter und Heroen entweder äußerlich verwandtschaftlicher oder anekdotischer Art sind und die eigentlich religiöse Bedeutung der einzelnen wenig berühren. Daher ist für die christliche religiöse Kunst die Malerei ebenso charakteristisch, wie für die antike die Plastik, weil jene die Darstellungsformen für die Relationen mehrerer Persönlichkeiten bietet, diese aber für die sich selbst genügende Einzelgestalt.

Nicht weniger revolutionär, wie das Problem der Madonna innerhalb der artistischen Formenentwicklung wirkt, tritt das Problem des Kindes auf: ein kindlicher Körper, mit seiner quantitativen Geringfügigkeit, seiner Undifferenziertheit, seiner geringen Fähigkeit zu starkem und eindringlichem Ausdruck – soll dennoch *anschaulich* als das legitime Zentrum des Bildes, als die beherrschende, sinngebende Potenz innerhalb desselben auftreten. Es ist höchst interessant, die Mittel zu verfolgen, mit denen die Maler diesen Widerspruch überwinden. Botticelli gibt z. B. in dem herrlichen Berliner Tondo dem Kinde dadurch eine exzeptionelle Betonung, daß er es in die Horizontale legt, während alle andern Figuren des Bildes aufrecht stehen. Andrea del Sarto erreicht das gleiche in der großen Madonna der Uffizien, indem das Kind das einzige lebhaft bewegte Element unter lauter ruhig dastehenden Gestalten ist. In manchen Fällen ist es die Nacktheit des Kindes, die es vor den andern, bekleideten Gestalten sinnlich stark heraushebt. Michelangelo verwendet in dem Tribunabild ein mehr psychologisches als formales Mittel: er läßt fühlen, daß dieses Kind für diese Eltern die Hauptsache ist, wodurch es denn auf die natürlichste Weise zur Hauptsache des ganzen Bildes wird. Hier wie sonst häufig nötigt die auf das Kind hin orientierte Attitüde der andern Personen dem Beschauer den Rückschluß auf: da dieses kleine Wesen als das Zentrum seiner Umgebung situiert und verehrt ist, so muß es ja wohl die Superiorität besitzen, die solches rechtfertigt.

Dieser Schwierigkeit korrespondiert eine ähnliche, die an dem andern Pol der Lebensgeschichte Jesu auftaucht. Der gekreuzigte oder vom Kreuz genommene Christus scheint nicht die Kraft zu haben, mit der er als das bewegende Zentrum der lebhaften Erregungen um ihn herum wirken könnte. Der Leichnam, der anschaulich nur wie ein Stück Materie der bloßen Gravitation folgt, dem die Richtung des Geistes: nach oben, zur Besiegung der stofflichen Schwere – fehlt, macht die Superiorität nicht sinnlich begreifbar, die er dennoch ausüben soll.

Die malerischen Mittel zur Überwindung dieses Widerspruchs ähneln denen des vorigen Problems. Vor allem wirkt auch hier die Nacktheit als ein akzentuierender Faktor; dann, daß dieser Körper gerade der einzig unbewegte unter lauter leidenschaftlich bewegten ist; endlich bringt auch hier seine als Tatsache vorgetragene Wirkung gerade durch den Gegensatz gegen ihre anschauliche Rechtfertigung ihre ungeheure Stärke zu um so schlagenderer Überzeugung.

Daß so vermöge gewisser Imponderabilien die Christuserscheinung kann, was sie eigentlich nicht kann – das ist der malerische Ausdruck der tiefen Paradoxie des Christentums: daß der Seele das eigentlich Unmögliche zugemutet wird, dem irdischen Wesen der Gewinn der transzendenten Werte, dem Unvollkommenen die Vollkommenheit. Die Aufgabe wird so schwer gemacht, daß sie unlösbar scheint; indem sie nun dennoch gelöst wird, mindestens der Idee nach oder in der Erscheinung des »Heiligen«, tritt erst die unermeßliche Gewalt der Seele hervor. Es wird sozusagen das Stadium der »Möglichkeit« übersprungen; der absoluten Aufgabe des Christentums gegenüber befindet sich die Seele im Stande der Unmöglichkeit und doch im Stande der Erfüllung und Vollendung, das »Mittlertum« Christi drückt gewissermaßen den Ausfall der Instanz des »Könnens« aus, ein ideelles Zwischenglied tritt ein, um fühlbar zu machen, daß die Seele hier vollbringt, was sie nicht kann. Diesen fundamentalen Zug des Christentums, den das credo quia absurdum nach der Seite der Intellektualität hin darstellt, hat die Kunst aufgenommen, indem sie Erscheinungen mit anschaulicher Überzeugungskraft Wirkungen ausüben läßt, zu denen sie gerade anschaulich nicht imstande zu sein scheinen.

In weniger absoluter, aber künstlerisch nicht weniger interessanter Weise ist es dem Christentum in der Kunst gelungen, die Gestalten der Heiligen Geschichte der unvermeidlich scheinenden Alternative zwischen historisch-realer Treue und individuell-künstlerischer Phantasiemäßigkeit zu entrücken. An bedeutenden Persönlichkeiten der Vergangenheit, deren Vorstellung ebenso durch die Fülle weit ausgreifender Assoziationen wie durch die Zeitferne unvermeidlich eine gewisse Verschwommenheit zeigt – pflegt die malerische Darstellung erhebliche Schwierigkeiten zu finden. Wird uns von einer männlichen Figur im Kunstwerk gesagt, dies sei Phidias oder Plato oder Karl der Große, so wirkt dies oft bis zur Peinlichkeit oder bis zum Humor enttäuschend. Die Vielheit der Vorstellungen, die, mit unsicher begrenzter Latitüde um einen festen Kern schwingend, unser inneres Bild dieser Persönlichkeiten ausmachen, wird durch die konkrete Darstellung ungebührlich eingeengt, sie *kann* überhaupt, der festen Begrenztheit alles Anschaulichen wegen, der Forderung unserer Phantasie nicht genügen und ist dieser gegenüber gleichzeitig Verarmung und Vergewaltigung. Wo das historisch-wirkliche Porträt überliefert ist, fällt diese Schwierigkeit fort, weil die Überzeugung von der Wirklichkeit über jene unbestimmten Schwebungen des Vorstellens triumphiert oder sie in dieser nicht bezweifelbaren Anschauung zentrieren läßt.

Die Kunst der christlichen Kirche hat nun diesen Dualismus wunderbar vermieden, indem sie für ihre Figuren durchgehende Typen schuf, die durch ihre Fixierung die Funktion der historischen Wahrheit haben: wir glauben nicht, daß jener Mann im Chiton, mit seiner ganz zufälligen Erscheinung, Phidias sei, oder jener mit den Reichsinsignien in der Hand Karl der Große; aber die Tradition der christlichen Kunst hat das Entsprechende dennoch erreicht: wir glauben – mit dem »Glauben«, der überhaupt in der ideellen Sphäre der Kunst in Frage kommt –, daß dieser Mann im blauen Gewand Christus ist, dieser an den Baum gebundene der hl. Sebastian, diese Frau mit der herabsinkenden Lyra die hl. Cäcilie. Aber die sozusagen nachträgliche Realität, die die kirchliche Tradition diesen Erscheinungen verschafft hat, ist nun weit und allgemein genug, um alle möglichen individuellen Ausgestaltungen, alle möglichen künstlerischen Nuancierungen und Stilisierungsverschiedenheiten zu gestatten. Es ist damit die ungeheuer bedeutsame Form des *Typus eines Individuums* geschaffen. Wenn sonst die singulär künstlerische Versinnlichung historischer Persönlichkeiten armselig, eng und überzeugungsschwach zu wirken pflegt, so wird dies hier durch die besondere Kombination überwunden: Die religiöse Tradition hat den *Glauben* an jene Typen erzeugt und damit die real-historische Wahrheit des Gebildes ersetzt, mit dem die Darstellung sonst allein jenem Manko entgeht; aber weil es eben doch nicht Wissen, sondern Glauben ist, so ist hier eine unbegrenzte Freiheit für die individuelle künstlerische Schöpfung gelassen.

Mit alledem haben die seelischen Inhalte des Christentums die Kunst zur Bildung neuer Formen veranlaßt: die Probleme der Komposition, des Umrisses, der Art, den Körper fühlbar zu machen, die Wichtigkeitsakzente zu verteilen – all diese formalen Probleme wurden jetzt in einer Weise dringlich, die dann auch für alle möglichen Vorwürfe jenseits des Religiösen ihre Furchtbarkeit zeigte.

Endlich aber hebe ich noch ein Beispiel aus den neuen *Inhalten* hervor, die der Kunst aus dem Christentum kamen und deren Ausdruck sie durch Mittel nicht rein formaler Art gewinnen mußte. Ich meine die Darstellung des *Leidens*, das erst seit dem Christentum einen in den letzten Tiefen gegründeten Anspruch auf anschaulich-künstlerische Darstellung erhebt.

Die antike Kunst hat freilich Erscheinungen wie Niobe und Laokoon. Aber hier ist das Leiden ein äußerliches Schicksal, gerade der völlige Gegensatz zu jener tiefen Notwendigkeit, mit der das Christentum es zeigt: als die Frucht der Seele selbst oder als den Klang, den sie, die zu einem ewigen Schicksal berufene, im Zusammenschlag mit der Irdischkeit ergeben muß.

Andererseits hat die Antike die Amazone und den Antinous. Allein der schmerzliche Affekt in diesen ist *Trauer*. Und Trauer ist Leiden über das Leiden, nicht mehr die primäre Schmerzlichkeit des Schicksals selbst, sondern deren Reflex in den gleichsam allgemeineren Schichten der Seele. Dadurch hat die Trauer schon als Wirklichkeitsvorgang eine innere Distanzierung, eine Gelöstheit von dem unmittelbaren Befangensein im Schicksal, durch die sie von sich aus zur Aufnahme in die Kunstform disponiert erscheint. Die Leistung der christlichen Kunst aber ist, daß sie für das ganz unmittelbare Leiden, das noch nicht zur Trauer umgeformt ist, die ästhetische Möglichkeit und bildnerische Gestaltung gefunden hat.

Das Christentum hat viele Werte, die in den sonstigen Ordnungen des Lebens, und auch vielfach in anderen Religionen, bloß negativen Charakters sind, ins Positive gewandt. Der Verzicht auf die irdischen Güter und auf alles Leibliche ist hier nicht nur ein Akt der Befreiung, es sind damit nicht nur Hindernisse für die Seele in dem Aufsteigen zu ihrem ewigen Schicksal beseitigt, sondern schon an sich selbst ist dieser Verzicht etwas Wertvolles und ein Gut der Seele: zum mindesten ein Teil ihres Weges selbst, nicht nur das Abwerfen einer Bürde auf diesem Weg. Mit der sittlichen Hingabe und Selbstverleugnung ferner wird hier nicht nur ein objektives Moralgebot verwirklicht, dem die Selbstsucht entgegensteht, sondern sie ist unmittelbar eine Erhöhung der Seele, die Selbstverleugnung ist für sich schon eine Selbstgewinnung. Der Tod ist nicht nur eine Befreiung von der Last des Lebens, sondern das Opfer Christi zeigt den Tod als den Gipfel des Lebens selbst, als seine eigentliche Weihe und die gleichsam positiv ausgedehnte Stufe, die der Seele zwischen dem Diesseits und dem Jenseits bestimmt ist.

Und so nun ist dem Christentum das Leiden keineswegs ein negativer Zustand, ein Passivum der Lebensbilanz – eine Interpretation, auf die hin andere Weltanschauungen es entweder wegdisputieren oder ihm gerade eine absolute, den ganzen Lebenswert mit dem Minuszeichen versehende Bedeutung geben. Sondern es ist ein integrierender Bestandteil des religiösen Lebens. Denn gerade, indem das Reich Gottes sich schon hier zu realisieren beginnt, muß es im Zusammenstoß mit den irdischen Ordnungen und Mächten das Leiden erzeugen: deshalb muß der *Gerechte* leiden, deshalb sind die Mühseligen und Beladenen zur Seligkeit bestimmt. So ist dem Christentum, im Gegensatz zu jenen griechischen Erscheinungen, das Leiden gerade ein solches, über das man nicht trauert, so wenig es seinen furchtbaren Ernst herabmindern will, ja darf.

Durch diese Wendung ins Positive hat das Leiden den Charakter der *Depression* verloren, der es von der Kunst ausschließt. Wenn das Leiden nichts als eine Herabgesetztheit des Lebens ist, widerspricht es der Erhöhung des Lebens, die die Kunst ist – zwar nicht der Poesie, die durch das Nacheinander der Stimmungen und der Schicksale dem Leiden eine Versöhnheit und Entwicklung zu jeder Höhe und Fülle geben kann. Die bildende Kunst aber, die nur über einen einzigen Anschauungsmoment verfügt, kann ihren Widerspruch gegen das

Leiden eine Versöhntheit und Entwicklung zu jeder Höhe und Fülle einem positiven Lebensmomente erfahren hat. In der Passion Christi und den Qualen der Märtyrer wirkt der Schmerz nicht mehr als der feindliche Zerstörer des Lebens, sondern als eine Aufgipfelung zu einer durch nichts anderes ersetzlichen Intensität; jetzt wird das Leiden von einem Sinne durchgeistigt, der, seine Depression und seine Häßlichkeit aufhebend, es zu einem neuen Werte und zur Aufgabe macht. Das Christentum hat damit den ästhetischen Wert des Leidens entdeckt und hat seiner religiösen Bedeutung die Sprache der Anschaulichkeit verliehen.

Soll mit all diesen Zusammenhängen die Religion die Kunst »angeregt« oder ihr neue Aufgaben gestellt haben – so ist dies doch nur auf eine tiefere Überlegung hin annehmbar. An und für sich haben Religion und Kunst nichts miteinander zu tun, ja sie können sich in ihrer Vollendung sozusagen nicht berühren, nicht ineinander übergreifen, weil eine jede schon für sich, in ihrer besonderen Sprache, das ganze Sein ausdrückt. Man kann die Welt religiös oder künstlerisch, man kann sie praktisch oder wissenschaftlich auffassen: es sind die gleichen Inhalte, die jedesmal unter einer anderen Kategorie einen Kosmos von einheitlich-unvergleichbarem Charakter formen. Unsere Seele aber, mit ihren kurzlebigen Impulsen, ihrem fragmentarischen Können, vermag keine dieser Welten zu der Ganzheit, die sie ideell fordert, auszubilden, jede bleibt von den zufälligen Anregungen abhängig, die bald dieses, bald jenes Stück von ihr in uns aufwachsen lassen. Aber gerade, daß diese Weltbilder der selbstgenügsamen Abrundung ihres Sachgehaltes ermangeln, erzeugt tiefste Lebendigkeiten und seelische Zusammenhänge – denn es weist jedes darauf an, aus dem andern Impulse, Inhalte, Aufgaben zu schöpfen, die es bei lückenloser innerer Ausgebautheit in sich selbst finden würde.

Indem die Religion, wie diese wenigen Beispiele zeigten, der Kunst solche Dienste leistet, offenbart die Kunst zwar, was ihrer jeweiligen Wirklichkeit an unbedingt eigenem Schöpfertum fehlt; aber eben damit gibt sie der Seele die Möglichkeit, mit der Ergänzung der einen Welt aus der andern sich selbst als den Einheitspunkt beider zu fühlen, als die Kraft, die einen dieser Ströme aus dem andern speisen kann, weil jeder für sich aus ihr entspringt.

Philosophie der Landschaft

Unzählige Male gehen wir durch die freie Natur und nehmen, mit den verschiedensten Graden der Aufmerksamkeit, Bäume und Gewässer wahr, Wiesen und Getreidefelder, Hügel und Häuser und allen tausendfältigen Wechsel des Lichtes und Gewölkes – aber darum, daß wir auf dies einzelne achten oder auch dies und jenes zusammenschauen, sind wir uns noch nicht bewußt, eine »Landschaft« zu sehen. Vielmehr gerade solch einzelner Inhalt des Blickfeldes darf unsern Sinn nicht mehr fesseln. Unser Bewußtsein muß ein neues Ganzes, Einheitliches haben, über die Elemente hinweg, an ihre Sonderbedeutungen nicht gebunden und aus ihnen nicht mechanisch zusammengesetzt – das erst ist die Landschaft. Täusche ich mich nicht, so hat man sich selten klargemacht, daß Landschaft noch nicht damit gegeben ist, daß allerhand Dinge nebeneinander auf einem Stück Erdboden ausgebreitet sind und unmittelbar angeschaut werden. Den eigentümlichen geistigen Prozeß, der aus alledem erst die Landschaft erzeugt, versuche ich von einigen seiner Voraussetzungen und Formen her zu deuten.

Zunächst: daß die Sichtbarkeiten auf einem Fleck Erde »Natur« sind – allenfalls mit Menschenwerken, die sich ihr aber einordnen – und nicht Straßenzüge mit Warenhäusern und Automobilen, das macht diesen Fleck noch nicht zu einer Landschaft. Unter Natur verstehen wir den endlosen Zusammenhang der Dinge, das ununterbrochene Gebären und Vernichten von Formen, die flutende Einheit des Geschehens, die sich in der Kontinuität der zeitlichen und räumlichen Existenz ausdrückt. Bezeichnen wir ein Wirkliches als Natur, so meinen wir entweder eine innere Qualität, seinen Unterschied gegen Kunst und Künstliches, gegen Ideelles und Geschichtliches; oder daß es als Vertreter und Symbol jenes Gesamtseins gelten soll, daß wir dessen Strömung in ihm rauschen hören. »Ein Stück Natur« ist eigentlich ein innerer Widerspruch; die Natur hat keine Stücke, sie ist die Einheit eines Ganzen, und in dem Augenblick, wo irgend etwas aus ihr herausgestückt wird, ist es nicht mehr ganz und gar Natur, weil es eben nur innerhalb jener grenzstrichlosen Einheit, nur als Welle jenes Gesamtstromes »Natur« sein kann.

Für die Landschaft aber ist gerade die Abgrenzung, das Befaßtsein in einem momentanen oder dauernden Gesichtskreis durchaus wesentlich; ihre materielle Basis oder ihre einzelnen Stücke mögen schlechthin als Natur gelten – als »Landschaft« vorgestellt, fordert sie ein vielleicht optisches, vielleicht ästhetisches, vielleicht stimmungsmäßiges Für-sich-Sein, eine singuläre, charakterisierende Enthobenheit aus jener unzerteilbaren Einheit der Natur, in der jedes Stück nur ein Durchgangspunkt für die Allkräfte des Daseins sein kann. Ein Stück Boden mit dem, was darauf ist, als Landschaft ansehen, heißt einen Ausschnitt aus der Natur nun seinerseits als Einheit betrachten – was sich dem Begriff der Natur ganz entfremdet.

Dies scheint mir die geistige Tat zu sein, mit der der Mensch einen Erscheinungskreis in die Kategorie »Landschaft« hineinformt: eine in sich geschlossene Anschauung als selbstgenugsame Einheit empfunden, dennoch verflochten in ein unendlich weiter Erstrecktes, weiter Flutendes, eingefaßt in Grenzen, die für das darunter, in anderer Schicht wohnende Gefühl des göttlichen Einen, des Naturganzen nicht bestehen. Fortwährend werden von diesem die selbstgesetzten Schranken der jeweiligen Landschaft umspielt und gelöst, wird sie, die losgerissene, verselbständigte, von dem dunklen Wissen um diesen unendlichen Zusammenhang durchgeistet – wie das Werk eines Menschen als ein objektives, selbstverantwortliches Gebilde dasteht und dennoch in einer schwer ausdrückbaren Verflochtenheit mit der ganzen Seele, mit der ganzen Lebendigkeit seines Schöpfers verbleibt, von ihr getragen und noch immer fühlbar durchflutet. Die Natur, die in ihrem tiefen Sein und Sinn nichts von Individualität weiß, wird durch den teilenden und das Geteilte zu Sondereinheiten bildenden Blick des Menschen zu der jeweiligen Individualität »Landschaft« umgebaut.

Man hat oft festgestellt, daß das eigentliche »Naturgefühl« sich erst in der Neuzeit entwickelt habe, und hat dies von deren Lyrismus, Romantik usw. hergeleitet; wie ich glaube, einigermaßen oberflächlich. Die Religionen primitiverer Zeiten scheinen mir gerade ein besonders tiefes Gefühl für »Natur« zu offenbaren. Nur die Empfindung für das besondere Gebilde »Landschaft« ist spät gewachsen, und zwar gerade, weil dessen Schöpfung ein Losreißen von jenem einheitlichen Fühlen der Allnatur forderte. Die Individualisierung der inneren und äußeren Daseinsformen, die Auflösung der ursprünglichen Gebundenheiten und Verbundenheiten zu differenzierten Eigenbeständen – diese große Formel der nachmittelalterlichen Welt hat uns auch aus der Natur erst die Landschaft heraussehen lassen. Kein Wunder, daß die Antike und das Mittelalter kein *Gefühl* für die Landschaft hatten; das Objekt selbst bestand eben noch nicht in jener seelischen Entschiedenheit und selbständigen Umformtheit, deren endlichen Gewinn dann die Entstehung der Landschaftsmalerei bestätigte und sozusagen kapitalisierte.

Daß der Teil eines Ganzen zu einem selbständigen Ganzen wird, jenem entwachsend und ein Eigenrecht ihm gegenüber beanspruchend – das ist vielleicht die fundamentalste Tragödie des Geistes überhaupt, die in der Neuzeit zu vollem Auswirken gelangt ist und die Führung des Kulturprozesses an sich gerissen hat. Aus der Vielfachheit der Beziehungen, in die sich die Menschen, die Gruppen, die Gebilde verflechten, starrt uns allenthalben der Dualismus entgegen, daß das Einzelne ein Ganzes zu sein begehrt und daß seine Zugehörigkeit zu größerem Ganzen ihm nur die Rolle des Gliedes einräumen will. Wir wissen unser Zentrum zugleich außer uns und in uns, denn wir selbst und unser Werk sind bloße Elemente von Ganzheiten, die uns als arbeitsteilige Einseitigkeiten fordern – und dabei wollen wir dennoch selber ein Abgerundetes und Auf-sich-selbst-Stehendes sein und ein solches schaffen.

Während sich hieraus unzählige Kämpfe und Zerrissenheiten im Sozialen und im Technischen, im Geistigen und im Sittlichen ergeben, schafft die gleiche Form der Natur gegenüber den versöhnten Reichtum der Landschaft, die ein Individuelles, Geschlossenes, In-sich-Befriedigtes ist und dabei widerspruchslos dem Ganzen der Natur und seiner Einheit verhaftet bleibt. Zu leugnen aber ist nicht, daß »Landschaft« nur entsteht, indem das in der Anschauung und im Gefühl pulsierende Leben sich von der Einheitlichkeit der Natur überhaupt losreißt und das damit geschaffene, in eine ganz neue Schicht transponierte Sondergebilde sich sozusagen erst von sich aus jenem All-Leben wieder öffnet, in seine undurchbrochenen Grenzen das Unbegrenzte aufnehmend.

Welches Gesetz aber, so müssen wir weiter fragen, bestimmt diese Auswahl und diese Zusammensetzung? Denn was wir etwa mit einem Blick oder innerhalb unseres momentanen Horizontes überschauen, ist noch nicht Landschaft, sondern höchstens der Stoff zu ihr – wie eine Menge nebeneinandergestellter Bücher noch nicht »eine Bibliothek« sind, dies vielmehr, ohne daß eines dazu oder davon käme, erst werden, wenn ein gewisser vereinheitlichender Begriff sie formend umfaßt. Nur daß die unbewußt wirksame Formel, die die Landschaft als solche erzeugt, nicht ebenso einfach aufzuweisen ist, ja vielleicht in prinzipieller Weise überhaupt nicht. Das Material der Landschaft, wie die bloße Natur es liefert, ist so unendlich mannigfaltig und von Fall zu Fall wechselnd, daß auch die Gesichtspunkte und Formen, die diese Elemente zu je einer Eindruckseinheit zusammenschließen, sehr variable sein werden.

Der Weg, um hier wenigstens Annäherungswerte zu erreichen, scheint mir über die Landschaft als malerisches Kunstwerk zu führen. Denn das Verständnis unseres ganzen Problems hängt an dem Motiv: das Kunstwerk Landschaft entsteht als die steigernde Fortsetzung und Reinigung des Prozesses, in dem uns allen aus dem bloßen Eindruck einzelner Naturdinge die Landschaft – im Sinne des gewöhnlichen Sprachgebrauchs – erwächst. Eben das, was der Künstler tut: daß er aus der chaotischen Strömung und Endlosigkeit der unmittelbar gegebenen Welt ein Stück herausgrenzt, es als eine Einheit faßt und formt, die nun ihren Sinn in sich selbst findet und die weltverbindenden Fäden abgeschnitten und in den eigenen Mittelpunkt zurückgeknüpft hat – eben dies tun wir in niederem, weniger prinzipiellem Maße, in fragmentarischer, grenzunsicherer Art, sobald wir statt einer Wiese und eines Hauses und eines Baches und eines Wolkenzuges nun eine »Landschaft« schauen.

Eine der tiefsten Bestimmungen alles geistigen und produktiven Lebens wird hier offenbar. Alles, was wir Kultur nennen, enthält eine Reihe eigengesetzlicher Gebilde, die sich in selbstgenugsamer Reinheit jenseits des täglichen, vielverflochtenen, in Praxis und Subjektivität verlaufenden Lebens gestellt haben; ich nenne die Wissenschaft, die Religion, die Kunst. Gewiß können diese verlangen, nach ihren für sich bestehenden, von allen Getrübtheiten des zufälligen Lebens gelösten Ideen und Normen gepflegt und begriffen zu werden. Dennoch läuft noch ein anderer Weg zu ihrem Verständnis, oder richtiger, ein Weg zu einem noch anderen Verständnis ihrer. Das empirische, sozusagen unprinzipielle Leben enthält nämlich fortwährend Ansätze und Elemente jener Gebilde, die sich aus ihm zu ihrer sich selbst gehörigen, nur um die eigene Idee kristallisierenden Entwicklung aufringen. Nicht so, als bestünden all diese Schöpfungskomplexe des Geistes und unser, unter irgendwelchen Trieben und Zielen ablaufendes Leben bemächtigte sich gewisser Abschnitte jener und fügte sie sich ein. Nicht dieses, natürlich dauernd Geschehende, ist hier gemeint, sondern das umgekehrt Gerichtete.

Das Leben erzeugt in seinem kontinuierlichen Ablauf etwa Gefühle und Verhaltungsweisen, die man religiös nennen muß, obgleich sie keineswegs unter dem Begriff der Religion erlebt werden oder unter ihn gehören: Liebe und Natureindrücke, ideale Aufschwünge und Hingebung an die weiteren und engeren Gemeinschaften der Menschheit haben oft genug diese Färbung, die aber nicht von der selbständig fertigen »Religion« auf sie überstrahlt. Sondern Religion ihrerseits entsteht, indem dies eigenartige, mit all solchen Erlebnissen mitgewachsene, die Art ihres Erlebtwerdens mitbestimmende Element sich zu Eigenbestand erhebt, ihren Inhalt hinter sich läßt, sich selbstschöpferisch zu den reinen Gebilden verdichtet, die seine Ausdrücke sind: zu den Gottheiten – ganz unabhängig davon welche Wahrheit und Bedeutung nun diese Gebilde in seinem Selbstleben und getrennt von all jenen Vorformen besitzen. Die Religiosität, in deren Tonart wir unzählige Gefühle und Schicksale erleben, kommt nicht – oder sozusagen erst nachträglich – von der Religion als einem transzendenten Sondergebiet, sondern umgekehrt, die Religion wächst aus jener Religiosität, insofern diese nun aus sich selbst Inhalte schafft, statt nur die vom Leben gegebenen, in das Leben weiter verflochtenen, zu formen oder zu färben.

Mit der Wissenschaft ist es nicht anders. Ihre Methoden und Normen in all ihrer unberührten Höhe und Selbstherrlichkeit sind doch die verselbständigten, zur Alleinherrschaft gelangten Formen des alltäglichen Erkennens. Diese freilich sind bloße Mittel der Praxis, dienende und irgendwie zufällige Elemente, mit soundsoviel anderen zu der empirischen Lebenstotalität verschlungen; in der Wissenschaft aber ist das Erkennen Selbstzweck geworden, ein nach eigener Legislatur verwaltetes Reich des Geistes – mit dieser ungeheuren Verlegung des Zentrums und Sinnes doch nur die Reinheit und Prinzipwerdung jenes, durch das Leben und die Welt des Alltags verstreuten Wissens.

Statt der aufklärerischen Banalität, die die idealen Wertprovinzen aus den Niedrigkeiten des Lebens zusammenleimen will, die Religion aus Furcht und Hoffnung und Unwissenheit, die Erkenntnis aus den sinnlichen und nur dem Sinnlichen dienenden Zufälligkeiten – gilt es vielmehr einzusehen, daß zu den lebensbestimmenden Energien jene idealen von vornherein gehören; und nur indem sie, statt fremdem Stoff sich anzuschmiegen, zu Gesetzgebern eigener Reiche, Schöpfern eigener Inhalte werden, wachsen unsere Wertbezirke um die Reinheit je einer Idee auf.

Und dies ist ebenso die Wesensformel der Kunst. Völlig töricht, sie aus dem Nachahmungstrieb, dem Spieltrieb oder anderen psychologischen Fremdquellen abzuleiten, die sich freilich ihrem echten Quell vermischen und ihre Äußerung mitbestimmen mögen: Kunst als Kunst aber kann nur aus künstlerischer Dynamik kommen. Nicht als ob sie mit dem fertigen Kunstwerk anfinge. Sie kommt aus dem Leben – aber nur weil und insofern das Leben, wie es täglich und überall gelebt wird, jene Formungskräfte enthält, deren reine, selbständig gewordene, für sich ihr Objekt bestimmende Auswirkung dann Kunst heißt. Gewiß wirkt kein Begriff von »Kunst« mit, wenn der Mensch alltäglich redet oder sich in Gesten ausdrückt oder wenn seine Anschauung ihre Elemente nach Sinn und Einheit formt. Aber es wirken in alledem Gestaltungsarten, die wir gleichsam nachträglich künstlerische nennen müssen; denn wenn sie in Eigengesetzlichkeit und gelöst von der dienenden Verwebung in das Leben ein Objekt für sich formen, das nur ihr Produkt ist, so ist dies eben ein »Kunstwerk«.

Auf diesem weiten Wege erst rechtfertigt sich unsere Deutung der Landschaft aus den letzten Formungsgründen unseres Weltbildes heraus. Wo wir wirklich Landschaft und nicht mehr eine Summe einzelner Naturgegenstände sehen, haben wir ein Kunstwerk in statu nascendi. Wenn man so auffallend oft gerade landschaftlichen Eindrücken gegenüber von Laien die Äußerung hört: man wünsche ein Maler zu sein, um dieses Bild festzuhalten, so bedeutet dies sicher nicht nur den Wunsch nach fixierter Reminiszenz, der gegenüber vielen anderen Eindrücken anderer Art ebenso wahrscheinlich wäre, sondern mit jenem Anschauen selbst ist die künstlerische Form, wie embryonal auch immer, in uns lebend, wirksam geworden, und, unfähig zu eigenem Schöpfertum zu gelangen, schwingt sie wenigstens in den Wunsch, in die innerliche Vorwegnahme eines solchen.

Daß das künstlerisch bildende Vermögen eines jeden gerade an der Landschaft zu höherer Verwirklichung gelangt, als etwa an der Anschauung menschlicher Individuen, hat mancherlei Gründe. Zunächst steht uns die Landschaft in einer Distanz der Objektivität gegenüber, die dem künstlerischen Verhalten zugute kommt, und die für die Anschauung des anderen Menschen nicht leicht und nicht unmittelbar zu erreichen ist. Hier hindern uns an ihr die subjektiven Ablenkungen durch Sympathie und Antipathie, die praktischen Verflochtenheiten und vor allem jene noch wenig betrachteten Vorgefühle: was dieser Mensch uns wohl bedeuten würde, wenn er ein Faktor unseres Lebens wäre – offenbar sehr dunkle und komplexe Gefühle, die mir aber unsere ganze Betrachtung auch des fremdesten Individuums mit zu entscheiden scheinen.

Zu dieser Schwierigkeit ruhiger Distanznahme zu dem Menschenbilde, verglichen mit dem Landschaftsbilde, kommt das, was man den Widerstand des ersteren gegen die künstlerische Formung nennen muß. Landschaftselemente kann unser Blick bald in dieser, bald in jener Gruppierung zusammenfassen, die Akzente unter ihnen vielfach verschieben, Zentrum und Grenzen variieren lassen. Das Menschengebilde aber bestimmt dies alles von sich aus, es hat durch seine eigenen Kräfte die Synthese um das eigene Zentrum vollzogen und grenzt sich damit selbst unzweideutig ab. Es nähert sich deshalb schon in seiner natürlichen Konfiguration irgendwie dem Kunstwerk, und dies mag die Ursache sein, weshalb für den minder geübten Blick die Photographie einer Person immerhin noch eher mit der ihres Porträts verwechselt werden mag, als eine Landschaftsphotographie mit der

Reproduktion eines Landschaftsgemäldes. Die Neuformung der menschlichen Erscheinung im Kunstwerk ist ja nicht diskutabel; allein sie erfolgt sozusagen unmittelbar von der Gegebenheit dieser Erscheinung her, während vor dem Landschaftsgemälde noch eine Zwischenstufe steht: die Formung der Naturelemente zu der »Landschaft« im gewöhnlichen Sinne, zu der schon künstlerische Kategorien mitwirken mußten, die insoweit also auf dem Wege zum Kunstwerk liegt, seine Vorform darstellt. Die Normen ihres Zustandekommens können darum vom Kunstwerk her begriffen werden, welches dieser Normen reine, autonom gewordene Auswirkung ist.

Viel mehr als dies Prinzipielle festzustellen, wird freilich der augenblickliche Stand unserer Ästhetik kaum erlauben. Denn die Regeln, die die Landschaftsmalerei für Wahl des Objekts und des Augenpunktes, für Beleuchtung und Raumillusion, für Komposition und Farbenharmonie ausgebildet hat, wären zwar ohne weiteres angebbar, aber sie betreffen gleichsam diejenige Strecke der Entwicklung vom ersten singulären Dingeindruck zum Landschaftsbilde, die oberhalb des Stadiums der allgemeinen Landschaftsanschauung liegt. Was bis zu *diesem* hinführt, ist von jenen Regeln aufgenommen und unbefangen vorausgesetzt und ist deshalb, obgleich es in der gleichen Richtung künstlerischer Gestaltung liegt, aus ihnen, die das im engeren Sinne Künstlerische normieren, nicht abzulesen.

Einer dieser Formungsgründe freilich drängt die Tiefe seiner Problematik ganz unüberhörbar auf. Landschaft, sagen wir, entsteht, indem ein auf dem Erdboden ausgebreitetes Nebeneinander natürlicher Erscheinungen zu einer besonderen Art von Einheit zusammengefaßt wird, einer anderen als zu der der kausal denkende Gelehrte, der religiös empfindende Naturanbeter, der teleologisch gerichtete Ackerbauer oder Stratege eben dieses Blickfeld umgreift. Der erheblichste Träger dieser Einheit ist wohl das, was man die »Stimmung« der Landschaft nennt. Denn wie wir unter Stimmung eines Menschen das Einheitliche verstehen, das dauernd oder für jetzt die Gesamtheit seiner seelischen Einzelinhalte färbt, nicht selbst etwas Einzelnes, oft auch nicht an einem Einzelnen angebbar haftend, und doch das Allgemeine, worin all dies Einzelne jetzt sich trifft – so durchdringt die Stimmung der Landschaft alle ihre einzelnen Elemente, oft ohne daß man ein einzelnes für sie haftbar machen könnte; in einer schwer bezeichenbaren Weise hat ein jedes an ihr teil – aber sie besteht weder außerhalb dieser Beiträge, noch ist sie aus ihnen zusammengesetzt.

Diese eigentümliche Schwierigkeit, die Stimmung einer Landschaft zu lokalisieren, setzt sich in eine tiefere Schicht mit der Frage fort: inwieweit die Stimmung der Landschaft in ihr selbst, objektiv, begründet sei, da sie doch ein seelischer Zustand sei und deshalb nur in dem Gefühlsreflex des Beschauers, nicht aber in den bewußtlos äußeren Dingen wohnen könne? Und diese Probleme kreuzen sich in dem, das uns hier eigentlich angeht: wenn die Stimmung ein wesentliches oder vielleicht das wesentliche Moment ist, das die Teilstücke zu der Landschaft als einer empfundenen Einheit zusammenbringt – wie kann das sein, da doch die Landschaft gerade erst, wenn sie als Einheit erschaut ist, und nicht vorher, in der bloßen Summe disparater Stücke, eine »Stimmung« besitzt?

Dies sind nicht künstliche Schwierigkeiten, sondern sie sind, wie unzählige gleicher Art, unvermeidlich, sobald das einfache, in sich ungeschiedene Erlebnis vom Denken in Elemente zerlegt wird und nun durch die Beziehungen und Zusammenfügungen dieser Elemente begriffen werden soll. Aber vielleicht hilft uns gerade diese Einsicht weiter. Sollte nicht wirklich die *Stimmung* der Landschaft und die anschauliche *Einheit* der Landschaft eines und dasselbe sein, nur von zwei Seiten betrachtet? Beides das eine, nur doppelt ausdrückbare Mittel, durch das die betrachtende Seele aus jenem Nebeneinander von Stücken eben Landschaft, diese jeweils bestimmte Landschaft zustande bringt?

Dies Verhalten wäre nicht ganz ohne Analogien. Wenn wir einen Menschen lieben, scheinen wir freilich zuerst sein irgendwie geschlossenes Bild zu haben, auf das dann das Gefühl sich richtet. In Wirklichkeit aber ist der zunächst objektiv Angeschaute ein ganz anderer als der, den wir lieben; das Bild *dieses* entsteht erst zugleich mit der Liebe, gerade der genau Hinfühlende wüßte nicht zu sagen, ob das sich umgestaltende Bild die Liebe hervorgerufen oder diese die Umgestaltung bewirkt habe. Nicht anders, wenn wir die Empfindung innerhalb eines lyrischen Gedichts in uns nachgestalten. Wäre nicht in den Worten, die wir aufnehmen, diese Empfindung für uns unmittelbar gegenwärtig, so würden sie für uns kein Gedicht, sondern eine bloße Mitteilung darstellen – andererseits, würden wir sie innerlich nicht als Gedicht empfangen, so könnten wir jene Empfindung nicht in uns rege machen.

All solchem gegenüber ist ersichtlich die Frage falsch gestellt: ob unsere einheitliche Vorstellung der Sache oder das mit ihr auftretende Gefühl das erste oder das zweite ist. Zwischen ihnen besteht gar nicht das Verhältnis von Ursache und Wirkung, und höchstens dürfte beides als Ursache und beides als Wirkung gelten. So sind die Einheit, die die Landschaft als solche zustande bringt, und die Stimmung, die uns aus ihr entgegenschlägt und mit der wir sie umgreifen, nur nachträgliche Zerlegungen eines und desselben seelischen Aktes.

Und damit fällt ein Licht in die Dunkelheit des vorhin angedeuteten Problems: mit welchem Rechte die Stimmung, ausschließlich ein menschlicher Gefühlsvorgang, als Qualität der Landschaft, das heißt eines Komplexes unbeseelter Naturdinge gilt? Dies Recht wäre illusorisch, bestünde die Landschaft wirklich nur aus solchem Nebeneinander von Bäumen und Hügeln, Gewässern und Steinen. Aber sie ist ja selbst schon ein geistiges Gebilde, man kann sie nirgends im bloß Äußeren tasten und betreten, sie lebt nur durch die Vereinheitlichungskraft der Seele, als eine durch kein mechanisches Gleichnis ausdrückbare Verschlingung des Gegebenen mit unserem Schöpfertum. Indem sie so ihre ganze Objektivität als Landschaft innerhalb des Machtgebietes unseres Gestaltens besitzt, hat die Stimmung, ein besonderer Ausdruck oder eine besondere Dynamik dieses Gestaltens, volle Objektivität an ihr.

Ist denn innerhalb des lyrischen Gedichts nicht das Gefühl eine unbezweifelbare Wirklichkeit, von aller Willkür und subjektiven Laune so unabhängig wie Rhythmus und Reim selbst – obgleich an den einzelnen Worten, die der Naturprozeß der Sprachbildung sozusagen ahnungslos erzeugt hat und aus deren Folge das Gedicht äußerlich besteht, keine Spur eben dieses Gefühles aufzufinden ist? Aber weil das Gedicht eben als dieses objektive Gebilde schon ein geisterzeugtes ist, darum ist das Gefühl ein sachlich wirkliches und so wenig von jener Realität zu trennen, wie von den Luftschwingungen, wenn sie einmal unser Ohr erreicht haben, der Ton zu trennen ist, mit dem sie in uns Wirklichkeit werden.

Nur darf unter Stimmung hier freilich keiner der abstrakten Begriffe verstanden werden, unter die wir um der Bezeichenbarkeit willen das Allgemeine sehr mannigfaltiger Stimmungen bringen: heiter oder ernst, heroisch oder monoton, erregt oder melancholisch nennen wir die Landschaft und lassen damit ihre unmittelbar eigene Stimmung in eine Schicht fließen, die auch seelisch eigentlich sekundär ist, und die von dem ursprünglichen Leben nur die unspezifischen Nachklänge bewahrt. Vielmehr, die hier gemeinte Stimmung einer Landschaft ist durchaus nur die Stimmung *eben dieser* Landschaft und kann niemals die einer anderen sein, obgleich man beide vielleicht unter den Allgemeinbegriff, zum Beispiel des Melancholischen, fassen kann. Solche begrifflich typischen Stimmungen freilich mag man von der zuvor fertig gewordenen Landschaft aussagen; aber die Stimmung, die ihr unmittelbar eigen ist, und die mit der Änderung jeder Linie eine andere würde, diese ist ihr eingeboren, ist mit dem Entstehen ihrer Formeinheit untrennbar verwachsen.

Es gehört zu den durchgängigen Irrungen, die das Verständnis der bildenden Kunst, ja der Anschaulichkeit überhaupt hintanhalten, daß man die Stimmung der Landschaft nur in jenen allgemeinen literarisch-lyrischen Gefühlsbegriffen sucht. Die einer Landschaft wirklich und individuell eigene Stimmung ist mit derartigen Abstraktionen so wenig zu bezeichnen, wie ihre Anschaulichkeit selbst mit Begriffen beschrieben werden kann. Wäre selbst Stimmung nichts anderes als das Gefühl, das die Landschaft in dem Beschauer auslöst, so ist doch auch dies Gefühl in seiner wirklichen Bestimmtheit ausschließlich an grade und genau diese Landschaft unvertauschbar gebunden, und erst, wenn ich das Unmittelbare und Reale seines Charakters auslösche, kann ich es auf den Allgemeinbegriff des Melancholischen oder des Frohen, des Ernsten oder des Erregten bringen.

Indem Stimmung also zwar das Allgemeine, das heißt das an keinem Einzelelement Haftende eben dieser Landschaft, aber nicht das Allgemeine vieler Landschaften bedeutet, darf man sie und das Werden dieser Landschaft überhaupt, das heißt die Einheitsformung all ihrer Einzelelemente, als einen und denselben Akt bezeichnen, als sprächen nur die mannigfaltigen Energien unserer Seele, die anschauenden und die fühlenden, eine jede in ihrem Tone unisono eines und dasselbe Wort aus. Gerade wo uns, wie der Landschaft gegenüber, die Einheit des natürlichen Daseins in sich einzuweben strebt, erweist sich die Zerreißung in ein schauendes und ein fühlendes Ich als doppelt irrig. Als ganze Menschen stehen wir vor der Landschaft, der natürlichen wie der kunstgewordenen, und der Akt, der sie für uns schafft, ist unmittelbar ein schauender *und* ein fühlender, erst in der nachträglichen Reflexion in diese Gesondertheiten zerspaltener. Der Künstler ist nur derjenige, der diesen formenden Akt des Anschauens und Fühlens mit solcher Reinheit und Kraft vollzieht, daß er den gegebenen Naturstoff völlig in sich einsaugt und diesen wie von sich aus neu schafft; während wir anderen an diesen Stoff mehr gebunden bleiben und deshalb noch immer dies und jenes Sonderelement wahrzunehmen pflegen, wo der Künstler wirklich nur »Landschaft« sieht und gestaltet.

Die ästhetische Bedeutung des Gesichts

Die unvergleichliche Rolle, die dem menschlichen Gesicht in dem Interessenkreis der bildenden Kunst zukommt, wird doch nur sehr allgemein und wie aus der Ferne dadurch bezeichnet, daß in seiner Form die Seele sich am deutlichsten ausdrückt. Wir verlangen zu wissen, durch welche sinnlich wahrnehmbaren Bestimmtheiten ihm dieser Erfolg gelingt, und ob nicht, jenseits dieses Grundes, unmittelbare ästhetische Qualitäten des Gesichts seine Bedeutung für das Kunstwerk tragen.

Als die eigentliche Leistung des Geistes kann man bezeichnen, daß er die Vielheit der Weltelemente in sich zu Einheiten formt: das Nebeneinander der Dinge in Raum und Zeit führt er in die Einheit eines Bildes, eines Begriffes, eines Satzes zusammen. Je enger die Teile eines Zusammenhanges aufeinander hinweisen, je mehr lebendige Wechselwirkung ihr Auseinander in gegenseitige Abhängigkeit überführt, desto geisterfüllter erscheint das Ganze. Deshalb ist der Organismus mit der innigen Beziehung seiner Teile zueinander und ihrem Verschlungensein in der Einheit des Lebensprozesses die nächste Vorstufe des Geistes.

Innerhalb des menschlichen Körpers besitzt das Gesicht das äußerste Maß dieser inneren Einheit. Das erste Symptom und der Beweis dafür ist, daß eine Veränderung, die, wirklich oder scheinbar, nur ein Element des Gesichts angeht, sofort seinen ganzen Charakter und Ausdruck modifiziert: ein Zucken der Lippen, ein Rümpfen der Nase, die Art des Blickens, ein Runzeln der Stirn. Auch gibt es keinen irgendwie ästhetisch in sich geschlossenen Teil des Körpers, der durch eine Verunstaltung einer einzelnen Stelle so leicht als Ganzes ästhetisch ruiniert werden könnte. Das eben bedeutet doch die Einheit aus und über dem Vielen, daß keinen Teil dieses ein Schicksal treffen kann, das nicht, wie durch die zusammenhaltende Wurzel des Ganzen hindurch, auch jeden anderen Teil träfe. Die Hand, die von allen anderen Körperteilen noch am meisten Einheitlichkeit besitzt, kommt doch dem Gesicht nicht gleich: nicht nur weil der wunderbare Zusammenhang und die Zusammenwirksamkeit der Finger dennoch den einzelnen eine viel größere gegenseitige Unabhängigkeit im ästhetischen Eindruck läßt, sondern auch weil die Hand immer auf die andere hinweist, gleichsam erst mit der anderen zusammen die Idee mit der Hand erfüllt. Die Einheit des Gesichts in sich wird durch das Aufsitzen des Kopfes auf dem Halse verstärkt, das ihm dem Körper gegenüber eine halbinselartige Stellung gibt und ihn gleichsam auf sich allein anweist; im gleichen Sinne wirkt ersichtlich die Verhüllung des Körpers bis zum Hals hinauf.

Nun hat eine Einheit immer erst in dem Maße Sinn und Bedeutung, in dem sie eine Vielheit sich gegenüber hat, in deren Zusammenfassung sie eben besteht. Es gibt aber innerhalb der anschaulichen Welt kein Gebilde, das eine so große Mannigfaltigkeit an Formen und Flächen in eine so unbedingte Einheit des Sinnes zusammenfließen ließe, wie das menschliche Gesicht. Das Ideal menschlichen Zusammenwirkens: daß die äußerste Individualisierung der Elemente in eine äußerste Einheit eingehe, die, aus den Elementen freilich bestehend, dennoch jenseits jedes einzelnen von ihnen und nur in ihrem Zusammenwirken liegt – diese fundamentalste Formel des Lebens hat im Menschenantlitz ihre vollendetste Wirklichkeit innerhalb des Anschaulichen gewonnen. Und wie man als den Geist einer Gesellschaft eben den Inhalt solcher Wechselwirkung bezeichnet, die über *den* Einzelnen, aber doch nicht über *die* Einzelnen hinausreicht, mehr als die Summe dieser, aber doch ihr Produkt – so ist die Seele, die hinter den Gesichtszügen und doch in ihnen anschaubar wohnt, eben die Wechselwirkung, das Aufeinanderhinweisen der einzelnen Züge. Rein formal angesehen, wäre das Gesicht mit jener Vielheit und Buntheit seiner Bestandteile, Formen und Farben eigentlich etwas ganz Abstruses und ästhetisch Unerträgliches, wenn diese Mannigfaltigkeit nicht zugleich jene vollkommene Einheit wäre.

Um diese nun ästhetisch wirksam und genießbar zu machen, ist wesentlich, daß der räumliche Zusammenhang der Elemente des Gesichts nur in sehr engen Grenzen verschiebbar ist. Jede Einzelgestaltung bedarf zum ästhetischen Effekt des Zusammennehmens, Zusammenhaltens ihrer Teile; alles Abspreizen und Auseinandersperren der Gliedmaßen ist häßlich, weil es die Verbindung mit dem Zentrum der Erscheinung, also die anschauliche Herrschaft des Geistes über den Umkreis unseres Wesens unterbricht und abschwächt. Die weit ausladenden Gebärden der Barockfiguren, bei denen die Glieder in Gefahr des Abbrechens scheinen, sind deshalb so widrig, weil sie das eigentlich Menschliche: das unbedingte Befaßtsein jeder Einzelheit unter die Macht des zentralen Ich, desavouieren.

Das Gefüge des Gesichts macht solche Zentrifugalität, d. h. Entgeistigung, von vornherein fast unmöglich. Wo sie einigermaßen stattfindet, beim Aufsperren des Mundes und dem Aufreißen der Augen, ist sie nicht nur ganz besonders unästhetisch, sondern gerade diese beiden Bewegungen sind, wie nun begreiflich ist, der Ausdruck des »Entgeistertseins«, der seelischen Lähmung, des momentanen Verlustes der geistigen Herrschaft über uns selbst.

Ebenso verstärkt es den Eindruck der Geistigkeit, daß das Gesicht weniger als die übrigen Gliedmaßen den Einfluß der Schwere zeigt. Die menschliche Erscheinung ist der Schauplatz, auf dem seelisch-physiologische Impulse mit der physikalischen Schwere ringen, und die Art, diesen Kampf zu führen und in jedem Augenblick neu zu entscheiden, ist für den Stil bestimmend, in dem der Einzelne und die Typen sich darstellen. Indem dieses bloß körperliche Lasten innerhalb des Gesichts überhaupt nicht bemerklich überwunden zu werden braucht, verstärkt sich die Geistigkeit seines Eindrucks. Auch hier sind die Andeutungen des Gegenteils: die geschlossenen Augen, der auf die Brust sinkende Kopf, die hängenden Lippen, die schlaffe, nur noch der Schwere folgende Muskulatur – zugleich die Symptome herabgesetzten geistigen Lebens.

Nun ist aber der Mensch nicht nur Träger des Geistes, wie ein Buch, in dem sich geistige Inhalte wie in einem an sich indifferenten Gefäß zusammenfinden: sondern seine Geistigkeit hat die Form der Individualität. Daß wir das Gesicht als das Symbol nicht nur des Geistes, sondern seiner als einer unverwechselbaren Persönlichkeit empfinden, das ist durch die Verhüllung des Leibes, und also besonders seit dem Christentum, außerordentlich begünstigt worden. Das Gesicht war der Erbe des Leibes, der in dem Maß, in dem Unbekleidetheit herrscht, sicher an dem Ausdruck der Individualität teil hat. Allein seine Fähigkeit in dieser Hinsicht weicht von der des Gesichts doch wohl in folgendem ab:

Zunächst unterscheiden sich die Körper für das dafür geschärfte Auge zwar ebenso wie die Gesichter; allein sie *deuten* diese Verschiedenheit nicht, wie es das Antlitz tut. Freilich ist die bestimmte geistige Persönlichkeit mit dem bestimmten unverwechselbaren Leibe verbunden, an ihm jederzeit zu identifizieren; allein *was* es für eine Persönlichkeit ist, das kann unter keinen Umständen er, sondern nur ihr Antlitz erzählen.

Und ferner: der Körper kann seelische Vorgänge allerdings durch seine Bewegungen ausdrücken, vielleicht ebenso gut wie das Gesicht. Allein nur in diesem gerinnen sie zu festen, die Seelen ein für allemal offenbarenden Gestaltungen. Die fließende Schönheit, die wir Anmut nennen, muß sich in der Bewegung der Hand, in der Neigung des Oberkörpers, in der Leichtigkeit des Schrittes jedesmal von neuem erzeugen, sie hinterläßt keine dauernde, die individuelle Bewegung in sich kristallisierende Form. Im Gesicht aber prägen die Erregungen, die für das Individuum typisch sind: Haß oder Ängstlichkeit, sanftmütiges Lächeln oder unruhiges Erspähen des Vorteils und unzählige andere – bleibende Züge aus, der Ausdruck in der Bewegung lagert sich nur hier als Ausdruck des bleibenden Charakters ab. Durch diese eigentümliche Bildsamkeit wird allein das Gesicht gleichsam zum geometrischen Ort der inneren Persönlichkeit, soweit sie anschaubar ist, und auch insofern ist das Christentum, dessen Verhüllungstendenzen die Erscheinung des Menschen durch sein Gesicht allein vertreten ließen, zur Schule des Individualitätsbewußtseins geworden.

Neben diesen formalen Mitteln, die Individualität ästhetisch darzustellen, besitzt das Gesicht andere, die ihm im Sinne des entgegengesetzten Prinzips dienen. Indem das Gesicht aus zwei untereinander gleichen Hälften besteht, kommt ein Moment innerer Ruhe und Ausgeglichenheit hinein, das die Erregtheit und Zuspitzung rein individueller Gestaltung mildert. Jede Hälfte ist für die andere – gerade weil sie durch die verschiedene Profilierung und Beleuchtung sich nicht *ganz* gleich darzustellen pflegen – Vorbereitung oder Abklingen, die Unvergleichbarkeit der individuellen Züge findet ihr Gegenstück, ihre Balancierung in der unbedingten Vergleichbarkeit jener Zweiheit.

Wie alle Symmetrie, ist auch die der Gesichtszüge an sich eine antiindividualistische Form. Indem in dem symmetrischen Gebilde jeder Teil wechselseitig aus dem anderen erschließbar ist, weisen sie auf ein höheres, beide gemeinsam beherrschendes Prinzip hin: zu symmetrischer Gestaltung strebt der Rationalismus auf allen Gebieten, während die Individualität immer etwas Irrationales, jedem vorbestimmenden Prinzip sich Entziehendes hat. Deshalb ist die Plastik, die die Gesichtshälften symmetrisch bildet, auf einen mehr generellen, typischen, der letzten individuellen Differenzierung sich entziehenden Stil angewiesen, während die Malerei durch die Verschiedenheit in der unmittelbaren Erscheinung der Gesichtshälften – wie die Profilstellungen und die Licht- und Schattenverhältnisse sie gestatten – von vornherein ihr individualistischeres Wesen zeigt. Das Gesicht ist die merkwürdigste ästhetische Synthese der formalen Prinzipien der Symmetrie und der Individualisierung: als Ganzes die letztere verwirklichend, tut es dies in der Form der ersteren, die die Beziehungen seiner Teile beherrscht.

Endlich gibt noch das folgende formale, schon oben berührte Verhältnis dem Gesichte seinen ästhetischen Rang. Bei allen Objekten, die entweder in sich wandelbar sind oder in vielen einander ähnlichen Exemplaren vorkommen, entscheidet es viel von ihrem ästhetischen Charakter, wie umfassend eine Änderung ihrer Teile sein muß, damit eine Änderung ihres Gesamteindrucks resultiere. Es gibt auch hier eine Art Ideal der Kraftersparnis: ein Gegenstand wird prinzipiell um so mehr ästhetisch wirksam oder verwendbar sein, je lebhafter er als Ganzer auf die Modifikation eines kleinsten Elementes reagiert. Denn dies zeigt die Feinheit und Stärke im Zusammenhang seiner Teile, seine innere Logik, die gleichsam aus jeder Verschiebung in einer Prämisse unausweichlich eine solche des Schlußsatzes folgen läßt. Wenn die ästhetische Betrachtung und Gestaltung die Gleichgültigkeit der Dinge aufhebt, die ihrem bloß theoretischen Existenzbild eigen ist, so werden solche Objekte ihr am weitesten entgegenkommen, in denen die gegenseitige Gleichgültigkeit ihrer Elemente ganz aufgehoben ist und jedes Schicksal jedes Einzelnen die Gesamtheit der Anderen bestimmt.

Tatsächlich löst das Gesicht am vollständigsten die Aufgabe, mit einem Minimum von Veränderung im Einzelnen ein Maximum von Veränderung des Gesamtausdruckes zu erzeugen. Für das Problem aller Kunst: die Formelemente der Dinge durch einander verständlich zu machen, das Anschauliche durch seinen Zusammenhang mit dem Anschaulichen zu interpretieren – erscheint nichts prädestinierter als das Gesicht, in dem die Bestimmtheit jedes Zuges mit der Bestimmtheit jedes anderen, d. h. des Ganzen, solidarisch ist. Ursache und Folge hiervon ist die ungeheure Beweglichkeit des Gesichts, die ja, absolut genommen, nur über sehr geringfügige Lageverschiebungen verfügt, aber durch den Einfluß jeder einzelnen auf den Gesamthabitus des Gesichts gleichsam den Eindruck potenzierter Veränderungen erregt. Es ist, als wäre ein Maximum von Bewegungen auch in seinem Ruhestand investiert, oder als wäre dieses der unausgedehnte Moment, auf den unzählige Bewegungen hinzielten, von dem aus unzählige ausgehen werden.

Den Gipfel dieses äußersten Bewegungsaffektes bei geringster eigener Bewegung erreicht das Auge. Für das malerische Kunstwerk im besonderen wirkt das Auge nicht nur in der durch seine latente Beweglichkeit vermittelten Beziehung zu der Gesamtheit der Züge, sondern auch in der Bedeutung, die der Blick der dargestellten Personen für die Interpretation und Gliederung des Raumes innerhalb des Bildes hat. Es gibt nichts, was, so unbedingt an seinem Platz verweilend, sich so über ihn hinauszuerstrecken scheint, wie das Auge: es bohrt sich ein, es fleht zurück, es umkreist einen Raum, es irrt umher, es greift wie hinter den begehrten Gegenstand und zieht ihn an sich. Es bedürfte besonderer Untersuchung, wie die Künstler die Richtung, die Intensität, die ganze Formbestimmtheit des Blickes verwenden, um den Raum des Bildes einzuteilen und verständlich zu machen.

Während sich im Auge die Leistung des Gesichts, die Seele zu spiegeln, aufgipfelt, vollbringt es zugleich die feinste, rein formale Leistung in dem Deuten der bloßen Erscheinung, das von keinem Zurückgehen auf die unanschauliche Geistigkeit *hinter* der Erscheinung wissen darf. Aber eben damit gibt es, wie das Gesicht überhaupt, die Ahnung, ja das Pfand dafür, daß die vollendet gelösten künstlerischen Probleme der reinen Anschaulichkeit, des reinen sinnlichen Bildes der Dinge zugleich die Lösung der anderen bedeuten, die sich zwischen der Seele und der Erscheinung, als der Verhüllung und der Enthüllung jener, spannen.

Germanischer und klassisch-romanischer Stil

An den Menschen und Dingen unserer Gegenwart, deutlicher vielleicht noch an den einzelnen Erscheinungen und Werken der Vergangenheit, von denen wir ein Bild und ein Wissen haben, empfinden wir neben dem Individuellen ihrer Gestaltung, neben der besonderen Art, Absicht und Kraft ihres Wesens noch etwas Allgemeineres, ein über dem einzelnen gelegenes Gesetz seiner Formung. Von allem, was einer bestimmten Kulturepoche, einem bestimmten nationalen Leben angehört, kommt uns ein gemeinsamer Ton oder Charakter entgegen, der das Allerverschiedenste gleichmäßig durchdringt; genauer gesprochen, steht er nicht neben dem Individuellen, sondern ist die Art, wie dieses sich darbietet, Rhythmus und Farbe dessen, was überhaupt erlebt und geschaffen wird, eine umfassende Form der mannigfaltigsten Inhalte, an der wir diese als der gleichen Periode, dem gleichen Volke, der gleichen Grundgesinnung zugehörig erkennen. Wir nennen es den *Stil* der Zeit oder des Volkes, der Lebensäußerungen überhaupt, die sich in jeweils begrenzten Abschnitten von Raum und Zeit ergeben; und diese Gemeinsamkeit des Stiles, die wir selten genau beschreiben können, aber sozusagen als unverkennliche Familienähnlichkeit fühlen, läßt uns einen solchen jeweiligen Abschnitt des Menschheitslebens eben als *eine* Kulturepoche, als *einen* fest charakterisierten unter den Bezirken des Lebens erscheinen.

Aber diese Charaktere unterscheiden sich nicht nur nach Aussehen und Wirkung, nach Qualitäten und Wert; sondern in hohem Maße bezeichnet es das unterschiedliche Wesen jener Bezirke, wie stark, wie sichtbar es an ihren Erscheinungen hervortritt, daß sie überhaupt einen Stil haben, welche Bedeutung es für die einzelne Gesamterscheinung hat, daß ihre individuelle Konfiguration mit allen andern des gleichen Bezirks unter dem Formgesetz eines Stiles steht. Den Eindruck mancher Arten des Benehmens, mancher Sprechweise, mancher Kunstwerke bezeichnen wir vor allen Dingen so: sie seien stilisiert – während uns an andern nichts von solcher Formbestimmtheit heterogenster Inhalte fühlbar wird.

Es ist unzweifelhaft, daß – indem wir von allen Lebensäußerungen jetzt die Kunst ins Auge fassen – die Werke der Antike und der italienischen Klassik gegenüber der germanischen Kunst, mindestens vom Mittelalter bis zu Rembrandt, vor allem eben diese Vorstellung von »Stilisiertheit« erregen. Die besondere Art ihres Stils bringt es mit sich, daß sie sozusagen ein größeres Quantum von Stil überhaupt darzubieten scheinen. In der germanischen Kunst überwiegt die individuelle Besonderheit des einzelnen Werkes so sehr diejenigen Eindrucksfaktoren, die auf ein allgemeines Gesetz, eine grundsätzlich mit andern geteilte Formung hinweisen, daß man sie nicht leicht als stilisiert bezeichnen wird. Das Gemeinsame ihrer Gebilde – da sie doch in einem, mancherseits einheitlichen Kulturkreis stehen – steigt in dem einzelnen nicht so hoch hinauf, daß es als herrschend empfunden würde. Dennoch, irgendeinen Stil besitzen auch sie. Wie aber unterscheidet sein qualitatives Wesen sich in solcher Weise von dem Stil jener anderen Bezirke, daß die Werke, die diesem zugehören, die Tatsache des Stiles überhaupt in so viel eindringlicherer Weise, mit um so ausgedehnterer Sichtbarkeit an der Stirn tragen?

Wollen wir die eine Partei zuhöchst durch Rembrandt vertreten lassen, so kann man den Gegensatz kurz so formulieren: die Klassik sucht an der Erscheinung des Lebens die Form, Rembrandt suchte durch die erscheinende Form das Leben darzustellen. Dem künstlerischen Menschen der Klassik scheint immer eine bestimmte Form vorzuschweben, ein gesetzliches Verhältnis der Oberflächenteile zueinander, das dem dargestellten Wesen gewissermaßen den Umriß vorschreibt, oft wie ein Schema, freilich wundervoll ausbalanciert, harmonisch, monumental; und das Leben des Wesens dazu bestimmt, diese Form zu realisieren, in dieser Form den Sinn seiner Kunstwerdung zu suchen. Manchmal ist ein solches Schema einfach geometrisch auszudrücken und von seiner jeweiligen künstlerischen Ausfüllung abzulösen, es gibt auch in dieser Abstraktheit noch einen Sinn. Ersichtlich hat damit die Form eine Prärogative vor dem besonderen Leben, an dem sie konkret wird. Denn sie kann sich mit vielerlei, im übrigen unterschiedenen Lebendigkeiten füllen, sie ist deren Allgemeines, und dieses erhält dadurch eine Betontheit gegenüber dem Individuellen an der Erscheinung. Es ist der klassisch-romanische Trieb nach klarer Überschaubarkeit, nach rationaler Geschlossenheit der äußeren Erscheinung, der hier wirkt.

Bei Rembrandt wie überhaupt in der typisch germanischen Kunst finden wir kein so abstrahierbares, die Individualität übergreifendes Schema. Hier hat jedes Bild nur seine Form, in die ein anderer Inhalt nicht eingesetzt werden könnte, gerade nur an diesem individuellen kann sie bestehen, als allgemeine hat sie keinen Sinn. Das aber eben besagt es, daß das Leben hier die Darstellung bestimmt, das Leben, das immer nur das des einzelnen Menschen ist und in jedem Fall nur in diesem einen Kanal verlaufen kann. So sehr lehnt es jede Verallgemeinerung ab, daß es seine Besonderheit, sein Anders-Sein als die anderen gar nicht besonders hervorzuheben braucht.

Wo die italienische Kunst die Individualisiertheit betont – und das hat sie insbesondere im Quattrocento getan –, geschieht es immer in der Form einer gewollten Pointiertheit, eines absichtlichen Sich-Abhebens, kurz einer Vergleichung, die, bei aller Unterschiedenheit ihrer Gegenstände, doch immer gemeinsame Maßstäbe, gleichsam einen Generalnenner voraussetzt. Äußerst bezeichnend ist deshalb die Überlieferung, es habe einmal in dem damaligen Florenz keine Mode für die männliche Kleidung gegeben, da ein jeder sich auf besondere Weise zu tragen wünschte. Dieses fortwährende Hinsehen auf die andern verrät gerade bei dem Wunsch, sich vor ihnen auszuzeichnen, wie sehr die romanische Empfindungsweise an jenem Allgemeinen haftet, das, über solchen schnell vorübergehenden, grotesken Schein des Gegenteils hin, die Bedingung für einen stark fühlbaren Stil ist. Niemals wäre Rembrandt auf solche Übergipfelung der Besonderheit verfallen, die schließlich doch auf die äußere Form geht, weil es ihm auf diejenige Individualisiertheit ankommt, in der das Leben sich sozusagen von selbst, ganz von innen her ausformt.

Gewiß kommt auch das große klassische Porträt vom Leben her. Allein nachdem das Leben als Wachstum, innere Bewegtheit, Schicksal, es einmal zu einer bestimmten Gestaltung des Individuums gebracht hat, wird diese gewissermaßen angehalten und ausgesondert, sie wird nach künstlerischen Normen zu einem selbstgenugsamen Bilde gestaltet, das das Verhältnis der Erscheinungsteile zueinander darstellt: eine neue Gesetzlichkeit des bloß Anschaulichen bestimmt nun dieses Ergebnis des Lebensprozesses, das von dem Prozesse selbst abgehoben ist. Die so gewonnene Form ist der Bewegtheit, ist dem ganzen Begriff der Veränderung entzogen; nur das Leben kann sich ändern, es kann andere Formen hervorbringen, aber jede Form selbst hat zeitlosen Bestand. Deshalb, so eigenartig, ja einzigartig sie sein mag, hat sie eine Gültigkeit jenseits des Lebens, das in sie eingeströmt ist, eine Art von Überindividualität, durch die sie den Eindruck der Stilisiertheit erregt – während dieser sich dem Rembrandtschen Menschenbildnis durch die Lebensbewegtheit, als stauungslos flutende gefühlt, fernstellt.

Verfolgt man die Bedeutung der Stilqualität für die Stilquantität in einer mehr nach außen gerichteten Wendung, so treffen wir auf die Betonung des Lebens in der Öffentlichkeit oder für einen Zuschauer, die die Mittelmeervölker von der germanischen Lebenstendenz abschneidet. Der Mensch der griechischen Statue hat den Stolz seiner Schönheit. Bei aller Geschlossenheit und Autarkie seiner Existenz verzichtet er nicht auf das Angesehen- und Anerkanntwerden von seinesgleichen. Bei den Griechen hing dies Repräsentative damit zusammen, daß der einzelne die Polis in sich trägt, sich für sie verantwortlich fühlt. In den vielfigurigen Szenen der italienischen Renaissancebilder ist es unverkennlich, wie jede Gestalt ihre Funktion innerhalb des Vorgangs doch mit dem Bewußtsein erfüllt, daß sie auch für sich beachtet sein will, daß sie gewissermaßen einen ideellen Zuschauer hat, vor dem sie ihre Bedeutung und ihren Reiz hinbreitet. Aber indem der Mensch eines solchen Lebensgefühles sich darstellt, stellt er auch etwas dar, Kraft und Schönheit, Geistigkeit und Energie, Würde und Tiefe – also doch ein Allgemeines, dessen Repräsentant er ist.

Platos Vorstellung, daß jedes Ding sein Wesen von einer allgemeinen Idee zu Lehen trage und nur als deren Sichtbarkeit überhaupt etwas bedeute, ist die metaphysische Sublimierung dieser Geisteshaltung. Es besteht nämlich ein tiefer Zusammenhang zwischen der Tendenz, sich für andere darzustellen, sein Existenzbild mit dem Hinblick auf andere zu gestalten – und der Gestaltung dieser Existenz nach allgemeinen Formen, nach vorbestehenden allgemeinen Typen. Man kann durchgehends bemerken, daß, wer etwas vor anderen vorstellen will – keineswegs etwa nur im Sinne von Eitelkeit, Reklame oder Unehrlichkeit –, dabei den Bezirk seiner individuellen Einzigkeit verläßt und als Täter einer Leistung, Verkörperung einer Idee auftritt, sich mit dem Charakter und Wert von etwas Typischem, die reine Persönlichkeit irgendwie Verallgemeinerndem, schmückt. Während dies in den schlechteren Fällen einer der Gründe ist, weshalb Menschen, die es dauernd großen Massen recht machen müssen, leicht in eine gewisse Charakterlosigkeit fallen, erwächst daraus in den großen Zeiten der Klassik eine weitausgreifende Macht und Monumentalität des Stiles, in der individuellen Erscheinung wird ein beherrschendes Überindividuelles fühlbar. Dies aber eben trägt den Eindruck, daß hier nicht eine Erscheinung in ihrem unmittelbaren Selbst-Sein, sondern eine von einem Stil beherrschte und gehobene dargeboten wird. Hier vermittelt es die Publizität des Lebens und des Sich-Darstellens für andere, daß die davon bestimmte Art des Stils zugleich der Tatsache des Stils überhaupt, einer großen Gemeinsamkeit formgebender Gesetze, einen unübergehbaren Eindruck sichert.

In der germanischen Kunst tritt dieses soziologische Moment der Stilbestimmung wesentlich nur hervor, wo sie von Italien her beeinflußt wird. Rembrandts höchsten Gestalten und eigentlich allen spezifisch deutschen liegt es ganz fern. Sie denken sozusagen niemals an den Zuschauer, sie stellen sich nicht dar; die Kurve ihres Daseins kehrt in sich zurück, nirgends sich nach außen wendend und nur ihre Persönlichkeit und ihr Schicksal einschließend. Darum sind sie auch sehr schwer mit allgemeinen Begriffen zu charakterisieren. Ob sie klug oder beschränkt, stolz oder bescheiden, stark oder zart sind, steht nicht im Vordergrund des Eindrucks: indem sie sich nicht darstellen, stellen sie auch nicht ein Etwas dar, das immer ein Allgemeineres, die Individualität Übergreifendes sein muß. Sie leben eben nur aus dem Individualitätspunkte heraus und in ihn hinein, und nicht aus einem typusmäßigen Verhalten; weshalb denn auch die klassische Forderung, daß der Künstler sein Modell zu einem »Typus« aufstilisieren müsse, an dieser Kunst einfach abgleitet.

Gewiß offenbaren auch sie ein Übermomentanes, in gewissem Sinne Allgemeines – aber das ist nicht das mit anderen Gemeinsame, sondern das Allgemeine ihrer selbst, die Lebenstotalität, die jeden isolierten Moment in ihre stetige Strömung auflöst oder in der er vielmehr nur als eine Welle dieser jetzt allein fühlbaren Gesamtströmung bestehen kann. Es steht das in Frage, was man die innere Allgemeinheit nennen könnte, nicht ein Abstraktum aus den einzelnen Lebensaugenblicken, sondern die Einheit, die sie alle einbefaßt und als ganze in jedem einzelnen fühlbar ist. Aber jene Charakterisierung durch ein Allgemeines, das der Einzelne mit unbegrenzt viel anderen teilt und jeden für jeden bezeichenbar macht – das ist nicht die Tendenz, mit der germanische Kunst das Wesen ihrer Menschen ausspricht.

Aber indem das Allgemeine – im Doppelsinn des Abstrakt-Typischen, wie des sozialen Für-einander-Seins – dieser Kunst fernsteht, hat sie zu dem, was uns konventionellerweise Schönheit heißt, ein ganz problematisches Verhältnis. Gewiß hat die Schönheit tiefste Bedeutungen, die sowohl unmittelbar wie symbolisch in die letzten Wesensgründe des Individuums und, darüber hinaus, des Kosmos hinabreichen. Dabei ist sie, wie sie sich zunächst bietet, ein nach gewissen Gesetzen geordnetes Verhältnis der Oberflächenelemente, ein nach außen hinstrahlendes Erträgnis gewisser Lebensentwicklungen, abgeschöpft von dem Beschauer (der auch ihr Träger selbst sein kann). Das aber gibt ihr eine unmittelbare Verwandtschaft mit dem Wesen der klassischen Kunst. Denn diese, so sahen wir, entfaltet sich an den Formen, mit denen das Leben sich nach außen hingelebt hat und die sie nach einer idealen Logik zu glücklichen Existenzbildern zusammenschließt; das zeugende Leben selbst ist ganz in sie aufgegangen, es hat seine unruhige, individuelle Strömung zu objektiver Vollkommenheit sublimiert. Die tatsächliche Entwicklung bestätigt dies: was wir Schönheit schlechthin nennen, ist, mit nur gelegentlichen Ausnahmen, die nach den klassischen Formen und Normen erreichte ästhetische Vollkommenheit.

Aber nicht weniger entschieden ist die negative Bestätigung: daß Rembrandts Menschen fast niemals, in dem allgemein anerkannten Sinne des Wortes, schön sind. Denn das strukturgebende Motiv seiner Schauung ist nicht die zeitlose Geschlossenheit des Lebensergebnisses, der an sich selbst seligen Form der Erscheinung; sondern der Fortgang des Lebens selbst, wie er sich, aus seinen eigenen Triebkräften und in Verwebungen mit dem Schicksal, in stetiger Weiterschöpfung vollzieht – dies gibt die letzte Entscheidung für seine Menschendarstellung. Aber ob diese rein von innen her strömende und bestimmende Dynamik an der Oberfläche der Erscheinung Schönheit oder Häßlichkeit erzeugt, ist ersichtlich etwas ganz Zufälliges. Er hat der Schönheit nicht die entscheidenden Werte abgefordert, wie die Antike und die Renaissance es taten, sei es in der glücklichen Harmonie eines Praxiteles oder Giorgione, sei es mit der tragischen Gewaltsamkeit Michelangelos. Wenn man lange mit Rembrandt lebt, erscheint einem manchmal das, was wir Schönheit nennen, fast als eine äußerliche Zutat zu der Entwicklung des Lebens aus seinem innersten eigensten Quellpunkt heraus.

Aber indem hiermit nur ein allgemeiner Charakterzug des germanischen Wesens seine anschaulichste Offenbarung findet, wird die Schwierigkeit klar, die die Erkenntnis und Anerkennung dieses Wesens bei den romanischen Völkern zu überwinden hat. Alles, was auf diese am Stil des Deutschen ungelenk, ästhetisch bedenklich, ja mit einer gewissen aggressiven Formlosigkeit wirkt, entspringt diesem tiefen Richtungsgegensatz (den natürlich unzählige Zwischenstadien vermitteln): daß das Leben dort von der Vollkommenheit der Form her seine Leitidee empfängt, hier aber von den Gesetzen der inneren Kräfte, wie sie der Quellschicht des individuellen Lebens entspringen und aus ihrem nach außen offenbarten Ergebnis keine gleich wirksame Norm ableiten.

Damit ist nicht etwa die erstere Entscheidung deklassiert, als wäre sie etwas im Wertsinne »nur Äußerliches«, als wäre die Form nur etwas Formelles; auch in ihr vielmehr *lebt* eine der großen Möglichkeiten und Erfüllungen des Menschentums, über die wir uns nicht zum objektiven Richter setzen sollen, so bestimmt unser subjektives Sein uns für eine dieser gegensätzlichen Seiten entscheiden mag.

Und die ganz allgemeine Formulierung, die ich diesem Verhalten entnahm: daß der klassisch-romanische Stil überhaupt gegenüber dem germanischen in höherem Maße als Stil wirkt, begründet von anderer Seite her jene Schwerzugängigkeit des germanischen Geistes. Denn weil der Stil immer etwas Allgemeineres, ein bestimmendes Hinübergreifen über das Individuelle bedeutet, weil er in einem, freilich begrenzten Sinn dem Allgemein-Menschlichen näher liegt, so hat er gewissermaßen ein breiteres Tor, um unbegrenzt viele zu sich, seinem Verständnis, seiner Würdigung zuzulassen. Alle Stile haben in dem Maße, in dem sie als Stil überhaupt, gleichsam als bloße Verkörperung des abstrakten Stilbegriffes wirken, eine gewisse Verwandtschaft untereinander, so entgegengesetzt die besondern Arten der Stilgebung sein mögen. Je mehr der Stil als solcher in einer Lebensäußerung vor ihrem Individuell-Sein zurücktritt, desto seltener und zufälliger wird sie anderen zu sich Zutritt gewähren.

Deshalb erscheinen aber auch für diese Gegenhaltung völkischer Wesensarten die künstlerischen Erzeugnisse als geeignetste Beispiele und Symbole; denn an keinen anderen zeigt die Stilisiertheit ihre Maße und deren Bedeutung so sinnlich klar und in so objektiver Erweislichkeit.

Der Schauspieler und die Wirklichkeit

Wie zurückhaltend und kritisch man auch über die »allgemeine Meinung«, über die Vox populi, denken möge – die dunklen Ahnungen, Instinkte, Wertungen der großen Masse haben in der Regel einen Kern von Zutreffendem und Zuverlässigem, den freilich eine dicke Schale von Oberflächlichem und Verblendetem umgibt; aber er wird im Religiösen und im Politischen, im Intellektuellen und Ethischen doch immer wieder als eine fundamentale Richtigkeit fühlbar werden. Nur auf einem Gebiet, das sogar zugänglicher als jene anderen erscheint, zeigt sich das Urteil der Allgemeinheit als sozusagen von allen Göttern verlassen, gerade im Fundamentalen schlechthin unzulänglich: auf dem Gebiete der Kunst. Hier trennt ein brückenloser Abgrund die Meinung der Majorität von aller Einsicht in das Wesentliche, und in ihm wohnt die tiefe soziale Tragik der Kunst.

Der Schauspielkunst gegenüber, die mehr als jede andere an das unmittelbare Publikum appelliert, scheint deshalb allenthalben in dem Maße von dessen massenmäßiger Demokratisierung der Wertmaßstab sich von dem eigentlich Künstlerischen weg zu der Unmittelbarkeit des Natureindrucks zu wenden. Und, eigentümlich hiermit zusammenhängend, scheint das Wesen dieser Kunst selbst ihren Naturalismus tiefer als jede andere Kunst zu begründen. Denn so ungefähr wird dieses Wesen populär verstanden: durch den Schauspieler würde das Dichtwerk »real gemacht«.

Das Drama besteht als abgeschlossenes Kunstwerk. Hebt der Schauspieler dies nun in eine Kunst zweiter Potenz? Oder, wenn dies sinnlos ist, führt er, als leibhaftig lebende Erscheinung, es nicht doch in die überzeugende Wirklichkeit zurück? Warum aber, wenn dies der Fall ist, fordern wir von seiner Leistung den Eindruck von Kunst und nicht den von bloßer realer Natur? In diesen Fragen treffen sich alle kunstphilosophischen Probleme der Schauspielkunst.

Die Bühnenfigur, wie sie im Buche steht, ist sozusagen kein ganzer Mensch, sie ist nicht ein Mensch im sinnlichen Sinne – sondern der Komplex des literarisch Erfaßbaren an einem Menschen. Weder die Mienen noch den Tonfall, weder das Ritardando noch das Accelerando des Sprechens, weder die Gesten noch das Maß anschaulicher Lebendigkeit der Gestalt kann der Dichter zeichnen oder auch nur wirklich unzweideutige Prämissen dafür geben. Er hat vielmehr

Schicksal, Erscheinung, Seele dieser Gestalt in den nur eindimensionalen Verlauf des bloß Geistigen projiziert. Diesen nun überträgt der Schauspieler gleichsam in die Dreidimensionalität der Vollsinnlichkeit.

Und hier liegt das erste Motiv jener naturalistischen Verbannung der Schauspielkunst in die Wirklichkeit. Es ist die Verwechslung der Versinnlichung eines geistigen Gehaltes mit seiner Verwirklichung. Wirklichkeit ist eine metaphysische Kategorie, in Sinnesimpressionen gar nicht auflösbar: der Inhalt, den der Dichter zum Dramatischen gestaltet hat, zeigt ganz verschiedene Bedeutung, wenn er von da aus in die Kategorie sinnlicher Gestaltung wie wenn er in die der Wirklichkeit überginge. Der Schauspieler versinnlicht das Drama, aber er verwirklicht es nicht, und deshalb kann sein Tun Kunst sein, was Wirklichkeit ihrem Begriffe nach eben *nicht* sein könnte. So erscheint Schauspielerei zunächst als die Kunst der Vollsinnlichkeit, wie Malerei die Kunst der Augensinnlichkeit, Musik die der Gehörsinnlichkeit ist.

Innerhalb des realen Daseins ist jedes einzelne Stück und Ereignis in endlos weiterwebende Reihen räumlicher, begrifflicher, dynamischer Art eingestellt. Darum ist jede einzelne bezeichenbare Wirklichkeit ein Fragment, keine ist eine in sich geschlossene Einheit. Zu einer solchen aber die Inhalte des Daseins zu gestalten, ist das Wesen der Kunst. Der Schauspieler hebt *alle* Sichtbarkeiten und Hörbarkeiten der Wirklichkeitserscheinung in eine gleichsam eingerahmte Einheit: durch die Gleichmäßigkeit des Stiles, durch die Logik in Rhythmus und Ablauf der Stimmungen, durch die fühlbar gemachte Beziehung jeder Äußerung auf den beharrenden Charakter, durch das Abzielen aller Einzelheiten auf die Pointe des Ganzen. Er ist der Stilisierer aller sinnlichen Beeindruckbarkeiten als einer Einheit.

Von neuem aber scheint an diesem Punkt die Realität in den Kunstbezirk einzubrechen, um eine innere Lücke in ihm zu füllen. Woher weiß der Schauspieler sein durch die Rolle notwendig gemachtes Verhalten, da, wie ich andeutete, es in der Rolle nicht steht und nicht stehen kann? Mir scheint: wie sich Hamlet zu benehmen hat, kann der Schauspieler unmöglich anderswoher wissen, als aus der *Erfahrung*, der äußeren und vor allem der inneren, wie ein Mensch, der wie Hamlet spricht und Hamlets Schicksal erlebt, sich in Wirklichkeit zu verhalten pflegt. Der Schauspieler taucht also, von dem Dichtwerk nur geführt, in den Realitätsgrund hinab, aus dem auch Shakespeare es erhoben hat, und erschafft von ihm aus das schauspielerische Kunstwerk Hamlet. Die Dichtung führt den Schauspieler auf reale Koordinationen von Innerem und Äußerem hin, von Schicksal und Reaktion, von Ereignissen und dem Luftton um sie herum – Koordinationen, zu denen auch jene Führung ihn nie bringen könnte, wenn er sie oder ihre schlußkräftigen Analogien nicht empirisch, in der Kategorie der Realität, kennengelernt hätte. Und nun schließt der Naturalismus: da der Schauspieler außer dem Hamlet Shakespeares nur die empirische Wirklichkeit hat, an der er sich für alles von Shakespeare nicht Gesagte orientieren kann, so muß er sich so benehmen wie ein realer Hamlet, der auf die von Shakespeare vorgezeichneten Worte und Ereignisse festgelegt ist, sich benehmen würde.

Dies ist dennoch ganz irrig; über jene Wirklichkeit, zu der der Schauspieler gleichsam an der Hand des Dramas hinabsteigt, über das sozusagen passiv gewonnene Wissen, das den Stoff für die Gestalt Hamlets bietet, kommt nun die Aktivität der künstlerischen Formung, der Aufbau des künstlerischen Eindrucks. Er hält an der empirischen Wirklichkeit nicht still. Jene realen Koordinationen werden umgelagert, die Akzente abgetönt, die Zeitmaße rhythmisiert, aus allen Möglichkeiten, die diese Wirklichkeit gibt, das einheitlich zu Stilisierende ausgewählt. Kurz, der Schauspieler macht auch um dieser Unentbehrlichkeit der Realität willen nicht das dramatische Kunstwerk zur Realität, sondern umgekehrt, die Wirklichkeit, die jenes ihm zugewiesen hat, zum schauspielerischen Kunstwerk.

Wenn heute viele sensible Menschen ihre Aversion gegen das Theater damit begründen, daß ihnen dort zuviel vorgelogen wird, so liegt das Recht dazu nicht in seinem Zuwenig, sondern in seinem Zuviel an Wirklichkeit. Denn der Schauspieler überzeugt uns nur, indem er innerhalb der künstlerischen Logik verbleibt, nicht aber durch Hineinnehmen von Wirklichkeitsmomenten, die einer ganz anderen Logik folgen.

Ganz fälschlich deutet man es als die Verlogenheit des Schauspielers, daß er in seiner Realität etwas anderes ist, als er auf der Bühne uns zu sein glauben macht. Es ist doch keine Verlogenheit des Lokomotivführers, daß er nicht auch an seinem Familientisch Lokomotiven führt. Nicht daß der Schauspieler auf der Bühne ein König ist und im Privatleben ein armer Lump, macht jenes zu einer Lüge; denn in seiner aktuellen Funktion als Künstler ist er König, ein »wahrer« – aber vielleicht deshalb kein wirklicher – König. Das Gefühl von Unwahrheit entsteht nur bei dem schlechten Schauspieler, der entweder etwas von seiner Wirklichkeit als armer Lump innerhalb seiner Königsrolle anklingen läßt oder der so extrem realistisch spielt, daß er uns in die Sphäre der Wirklichkeit trägt; da er aber in dieser allerdings ein armer Lump ist, so entsteht jetzt die peinliche Konkurrenz zweier einander Lügen strafender Vorstellungen des gleichen Niveaus, zu der es nicht kommen kann, wenn das schauspielerische Bild uns in der wirklichkeitsfremden Sphäre der Kunst festhält.

Indem wir die ganze Irrigkeit der Idee einsehen, daß der Schauspieler die dichterische Schöpfung »verwirkliche«, da er doch dieser Schöpfung gegenüber eine besondere und einheitliche Kunst übt, die der Wirklichkeit genausofern steht wie das Dichtwerk selbst – begreifen wir sogleich, weshalb der gute Imitator noch kein guter Schauspieler ist, daß das Talent, Menschen nachzuahmen, nichts mit der künstlerisch-schöpferischen Begabung des Schauspielers zu tun hat. Denn der Gegenstand des Nachahmers ist die Wirklichkeit, sein Ziel ist, als Wirklichkeit genommen zu werden. Der künstlerische Schauspieler aber ist sowenig wie der Porträtmaler der Nachahmer der wirklichen Welt, sondern der Schöpfer einer neuen, die freilich dem Phänomen der Wirklichkeit verwandt ist, da beide aus dem Vorrat der Inhalte alles Seins überhaupt gespeist werden; nur daß eben die Wirklichkeit die früheste Form ist, in der jene Inhalte uns entgegentreten, ihre erste Erkenntnismöglichkeit – das erregt die Illusion, als wäre die Wirklichkeit als solche der Gegenstand der Kunst.

Die feinste Verführung endlich, die Schauspielkunst in der Wirklichkeitssphäre festzuhalten, liegt darin, daß die erfahrene Wirklichkeit, in die sie als in ihr Material hinabsteigt, wesentlich eine innere ist. Die Worte des Dichters fordern eine Rekonstruktion aus der psychologischen Erfahrung heraus, als die abschließende Aufgabe des Schauspielers erscheint es, uns die vorgeschriebenen Worte und Ereignisse als seelisch notwendige begreiflich zu machen, seine Kunst als angewandte oder ausgeübte Psychologie. Uns eine Menschenseele mit ihrer inneren Bestimmtheit und ihrer Reaktion auf das Schicksal, ihren Leidenschaften und Erschütterungen überzeugend und nachfühlbar vor Augen zu stellen – damit erschöpfe sich die Aufgabe des Schauspielers.

Allein in der scheinbaren Tiefe dieser Deutung ist dennoch die eigentliche Kunstleistung des Schauspielers nicht zu finden. Gewiß können nur seelische Erlebnisse dem Schauspieler überhaupt die Gestalt Hamlet interpretieren, und ohne daß er diese seelische Wirklichkeit dem Zuschauer gleichsam zum Nacherleben hinstellte, wäre er eine Puppe oder ein Phonograph. Allein über diese erlebte oder reproduzierte psychische Wirklichkeit kommt nun erst die Kunstform, die aus einer ideellen Quelle fließt und die von vornherein keine Wirklichkeit, sondern eine Forderung ist.

Der alte Irrtum, den die Philosophie glücklich abgetan hat: als sei die seelische Wirklichkeit schon für sich etwas Überwirklicheres, Idealeres, mehr normativ Geformtes als die körperliche – lebt hier der Kunst gegenüber wieder auf. Was dieser aber fordert: daß die bloße Kausalität der Tatsachen einen *Sinn* veranschauliche, daß alle in die Unendlichkeit von Zeit und Raum verlaufenden Fäden nach innen zu einer selbstgenugsamen Umgrenztheit zusammengeknüpft werden, daß das Durcheinander der Wirklichkeit rhythmisch geordnet werde – alles dies hat mit der Wirklichkeit, die aus dem dunkeln, unserem Bewußtsein entzogenen Schoß des Seins fließt, auch da nichts zu tun, wo diese Wirklichkeit eine psychische ist.

Gewiß entstehen diese fordernden Kunstgedanken ebenso wie die ihnen gemäße Gestaltung des Wirklichkeitsstoffes in wirklichen menschlichen Seelen; allein der Sinn und Inhalt davon ist etwas, was die Seele ihrer eigenen vorgefundenen Wirklichkeit *gegenüberstellt* – gerade wie sie die Wahrheit ihres Denkens der Wirklichkeit dieses Denkens gegenüberstellt. Daß der Schauspieler uns den Hamlet verständlich macht, daß er uns die Erschütterungen dieses Schicksals selbst seelisch zu eigen gibt, daß er uns durch seine Gesten, durch Ton und Tempo seiner Rede die psychologische Einsicht vermittelt: ja, ein solcher Charakter in solcher Lage muß gerade diese Worte sprechen – das alles ist freilich unerläßlich; aber wenn das nun alles geschehen ist, wenn die Rolle Hamlet nicht mehr klingende Worte und äußere Ereignisse sind, wenn der Schauspieler sie nun in eine seelische Wirklichkeit aufgelöst hat, deren Gegenbild er in mitteilbarer Erregtheit und Einfühlung erlebt – dann beginnt erst die schöpferische Kunstleistung, dann wird, den angedeuteten Gesichtspunkten der Stilbildung gehorsam, die seelisch erlebte Wirklichkeit zum *Bilde,* wie für den Maler der sinnlich erlebte Eindruck der Körperwelt zum Bilde wird und wie eben jene seelische Wirklichkeit schon für den Dramatiker zum Bilde geworden ist.

So also kann das Axiom ausgesprochen werden, ohne das die artistische Bedeutung des Schauspielers überhaupt nicht zu ergreifen ist: *die Schauspielkunst als solche steht ebensowohl jenseits der Dichtung wie jenseits der Realität.* Sowenig der Schauspieler – wie der populäre Naturalismus fordert – der Imitator des in seiner Situation befindlichen Menschen ist, sowenig ist er – wie ein literarischer Idealismus fordert – die Marionette seiner Rolle und als gäbe es für ihn keine künstlerische Aufgabe, die nicht in den Zeilen der Dichtung beschlossen sei.

Gerade diese literarische Auffassung enthält eine geheime Verführung zu jenem Naturalismus. Denn gesteht man dem Schauspieler kein eigenes, nach autonomen Kunstprinzipien aus den letzten gemeinsamen Fundamenten aller Kunst heraus schaffendes Werk zu – so ist er eben nur der *Verwirklicher* seiner Rolle; denn das Kunstwerk kann nicht der Stoff für ein anderes Kunstwerk sein, das Drama ist vielmehr der Kanal, durch den ein aus dem Seinsgrunde gespeister Strom dem spezifischen eigenen Kunstzwecke des Schauspielers zugeleitet wird. Es gäbe dann keine letzten Prinzipien als das Drama und die Wirklichkeit – und damit kann seine Aufgabe nur die dem Naturalismus gefährlich benachbarte sein: dem Drama den Schein der Wirklichkeit zu verschaffen.

So schön das klingen mag, daß der Schauspieler nur dem Drama Leben einflößen, nur die Lebendigkeitsform des Dichtwerkes darstellen soll – sie läßt zwischen Drama und Wirklichkeit die eigentliche und unvergleichliche schauspielerische Kunst als solche verschwinden. Nein, daß jemand die Lebenselemente schauspielerisch gestaltet, ist ebenso ein Urphänomen, wie daß er sie malerisch oder dichterisch, oder auch daß er sie erkenntnismäßig oder religiös neu schafft. Und diese Kunstform des Schauspielers ist, zu so mannigfaltigen Sinneseindrücken und Gefühlsreaktionen sie sich entfalte, dennoch etwas wurzelhaft Einheitliches, nicht ein Kompositum aus selbständigen optischen Reizen, akustischer Rhythmisierung, Erschütterungen des Gemütes, Einfühlungen in das Schicksal. Sondern die schauspielerische Kategorie ist eine innere Einheit, alle jene Mannigfaltigkeiten, aus denen sich der schauspielerische Eindruck *zusammenzusetzen* scheint, sind in Wirklichkeit nur die *Entfaltungen* jener einen Wurzel, wie die verschieden klingenden und aussehenden Worte eines Satzes die Darstellungen eines Sinngedankens sind. Es gibt eben eine *schauspielerische Attitüde*, die der Mensch als sein einheitliches Sosein auf die Welt mitbringt und die ihn in einer ganz eindeutigen Weise schöpferisch macht.

Das ist das Entscheidende, daß der Schauspieler aus einer völlig eigengesetzlichen Einheit heraus schafft, daß seine Kunst in denselben letzten Fundamenten aller Kunst überhaupt ihre Wurzeln hat wie die des Dichters – obgleich ihre Betätigung sozusagen technisch des Dichtwerkes als ihres Mediums bedarf. Nur diese Selbständigkeit der Schauspielkunst als Kunst legitimiert die wunderliche Erscheinung, daß die dichterische Figur, als eine und eindeutige geschaffen, von verschiedenen Schauspielern in völlig verschiedenen Gestaltungen geboten wird, von denen eine jede völlig zulänglich sein kann, keine richtiger und keine irriger als die andere. Innerhalb des Dualismus von Dichtwerk und Wirklichkeit, in dem man dem Schauspieler seine Stelle anzuweisen pflegt, ist dies ganz unbegreiflich; denn sowohl als dichterische Gestalt wie in der Realität, die man als deren Gegenbild denken mag, gibt es eben nur *einen* Don Carlos oder *einen* Gregers Werle; ohne also einen dritten, eigenen Wurzelboden der Schauspielkunst würde dies Auseinanderwachsen ihrer Zweige die Einheit des Dichtwerkes wie die der Realität zerstören müssen.

Sie ist nicht, wofür sie gewöhnlich gilt, die Vermittlerin zwischen diesen beiden oder die Dienerin der beiden Herren – was denn unvermeidlich zu dem Vexierproblem ihres »Naturalismus« führen muß. Alle Treue vielmehr, mit der sie der Gestalt des Dichters einerseits, der Wahrheit der gegebenen Welt anderseits folgt, ist nicht ein mechanischer Abklatsch des einen oder des anderen, sondern bedeutet, daß die schauspielerische Persönlichkeit – die als solche und nicht mit einer vorbestimmten Beziehung auf geschriebene Dramen oder auf eine nachzuzeichnende Wirklichkeit geboren wird – dieses beides als organische Elemente in die Äußerungen ihres Lebens verwebt.

Hier wird das große Motiv wirksam, mit dem die Gegenwart wieder an einer Weltanschauung baut: Der Ersatz des Mechanismus durch das Leben. Denn ihm entspricht es, daß jede einzelne Wirklichkeit in sich gleichsam einen Lebendigkeitspunkt hat, der ihren Sinn ausmacht und in dessen Entfaltung sie die Lebendigkeiten um sich herum, organisch wechselwirkend, tragend und getragen, einbezieht – während das mechanistische Prinzip die Erscheinungen gleichsam enteignete und sie, mehr oder weniger äußerlich, nur aus anderen zusammensetzte. Verstehen wir die Schauspielkunst als eine völlig primäre künstlerische Energie der Menschenseele, so daß sie die Dichtkunst und die Wirklichkeit ihrem Lebensprozesse assimiliert, statt sich aus ihnen mechanisch zusammenzusetzen, so mündet nun auch *ihre* Deutung in die große Strömung des modernen Weltverständnisses.

Erinnerung an Rodin

Die Nachricht vom Tode Rodins läßt mich an eine Begegnung mit ihm zurückdenken, die das Interesse an dem großen Meister vielleicht mitteilenswürdig macht. Vor vielen Jahren, als Rodins Name noch in Deutschland so gut wie unbekannt war, hatte ich in einer Studie versucht, den Charakter seiner Kunst zu bezeichnen. Diese hatte er sich übersetzen lassen (er selbst verstand kein Wort Deutsch) und schrieb mir einen rührend dankbaren Brief, mit der dringenden Einladung, ihn gelegentlich in Paris zu besuchen. Als ich ihr im Jahre 1905 folgen konnte, fand ich ihn in seinem Stadtatelier, an einem Empfangstage, in einem großen Kreise von Besuchern, besonders von vornehmen und eleganten Frauen.

Er war ein kleiner, breitschulteriger Mann von riesiger Körperkraft, der mit Marmorbüsten, die ich gerade nur anheben konnte, wie mit Spielzeugen herumhantierte. Auf den ersten Blick wirkte er weder sehr bedeutend noch sehr angenehm; er hatte etwas Listiges, Haschendes im Auge, etwa wie ein schlauer Händler. In sehr liebenswürdiger Weise führte er mich an den dastehenden Werken umher, sprach viel, aber ich hatte sehr bald den Eindruck, daß dies bereitgestellte Phrasen waren und daß er den Fremdenführer an seinen eigenen Werken machte. Erst als ich, darüber verdrießlich, anfing zu sagen, wie ich meinerseits mir diese Dinge deutete, wurde er ernsthafter, zog sich mit mir in eine Ecke des Ateliers zurück, und als ich meinte, ihn nicht länger seinen Besuchern entziehen zu dürfen, bat er mich, ihn in seiner Villa in Meudon zu besuchen, wo er ein kleines Museum von seinen Werken aufgestellt hatte.

Dort nun habe ich einen mir höchst denkwürdigen halben Tag mit ihm allein verbracht. Er theoretisierte gern, wie er auch, trotz des Mangels an allen Sprachkenntnissen, eine erhebliche literarische Bildung besaß. Allein es war sehr schwierig, das Gespräch auf das Wesentliche und Entscheidende zu bringen. Er erging sich mit Vorliebe in allgemeinen Redensarten von ziemlich abgebrauchtem Pathos und einem Eingehen in die tieferen Probleme schien er wie etwas Mühseligem und fast körperlich Schmerzhaftem zu widerstreben. Ich gab aber nicht nach, und schließlich hatte ich ihn so weit – ich mußte an Odysseus denken, der den fortwährend ausweichenden Proteus zum

Wahrsagen zwingt –, daß er ganz vertraut und persönlich von seiner Kunst und seinem Leben sprach.

Die individuelle, konventionsfreie deutsche Äußerungsart schien ihm sympathisch zu sein. »Zu Ihnen kann ich frei reden«, sagte er, »hier versteht mich niemand.« Ich sprach von einem großen Sammelwerk, in dem alle möglichen Äußerungen und Studien seiner Landsleute über ihn zusammengetragen waren, und äußerte mein Mißbehagen darüber, daß seine Kunst fast allenthalben als durch erotische Sinnlichkeit bestimmt gedeutet wurde. Er selbst erklärte dies für ein höchst irritierendes Mißverständnis. »Natürlich bin ich ein sinnlicher Mensch«, sagte er; »ich bin fortwährend durch die Eindrücke, die ich empfange [offenbar meinte er besonders die Eindrücke von seinen Modellen], in sinnlicher Erregtheit: mais ce n'est pas la sensualité du sexe.«

In allem, was er in diesen Stunden über Kunst sagte, vereinigte sich die Richtung auf das Hauptsächlichste und Substantielle, unter völliger Gleichgültigkeit gegen alles bloß Technische und Effektvolle, mit einer unglaublichen Sensibilität für die feinsten Nuancen der Erscheinungen. Bei der Gestaltung eines Kopfes, erklärte er, ginge er immer von der Ei-Form aus; diese erschien ihm – er brauchte natürlich den Ausdruck nicht – als das Urphänomen, aus dem sich alles entwickle. Im Eifer zeichnete er mir auf den Sockel einer eben fertigen Marmorbüste ein Ei und ließ aus diesem wie durch Metamorphose einen Kopf entstehen. »Der Hinterkopf ist darum das Entscheidende, er ist der Träger für den ganzen Zusammenhang der Teile. Wenn ich in einer Ausstellung eine Büste von hinten sehe und der Hinterkopf ist nicht in Ordnung, so sehe ich sie mir gar nicht erst von vorne an; sie *kann* nicht gut sein.«

Offenbar beherrschte die Wahrnehmung des Wirklichen in seinen subtilsten Zügen und namentlich in seiner organischen Einheit so sehr sein Bewußtsein, daß er die souveräne Umbildung in der künstlerischen Vision sozusagen gar nicht wahrnahm, sondern sich mit Leidenschaft als »Naturalisten« ausgab. »Ich mache nur das nach, was ich sehe.« Ich wies auf einen modellierten, höchst stilisierten Pferdekopf hin und fragte, ob er wirklich ein solches Pferd gesehen hätte. »Non, naturellement«, sagte er, »je modifie un peu.« (Worauf ich freilich nur zu sagen wußte: Eh bien – ce peu – c'est Rodin.)

Was er seinen Naturalismus nannte, das hing eben an einem Begriff von »Natur«, über den wir uns nur sehr schwer verständigen konnten. Er zeigte mir unter anderen wundervollen altägyptischen und griechischen Bildwerken seines Besitzes einen ägyptischen Sperber, eine Arbeit von streng geometrischer Stilisierung und absoluter Reduktion auf wenige entscheidende Linien und Flächen. Dies, sagte er, wäre ungefähr das größte Kunstwerk, das er kenne; denn – und damit brachte er mich einigermaßen aus der Fassung – »c'est la Nature«. Ich konnte ihm nur mühsam klarmachen, daß seine »Nature« etwas völlig anderes wäre, als die des »Naturalismus«, ja, eigentlich das Gegenteil davon, und vielmehr das, was das 18. Jahrhundert und besonders Rousseau unter diesem Begriff verstanden hatte: nicht die unmittelbare einzelne Wirklichkeit, sondern das von dieser gerade überdeckte eigentliche Wesen, ein nur innerlich geschautes Ideal, das eher angibt, wie die Realität sein sollte, als wie sie ist.

Aber wie gesagt, diese Schöpfung aus dem Geiste war ihm so »natürlich«, daß er ihren Abstand von dem einfach abgeschriebenen Natureindruck gar nicht einsehen wollte. Darum konnte er mir, unmittelbar nach jener Versicherung, daß er nur machte, was er sähe, einen höchst interessanten Produktionsprozeß so schildern: er fordere oft das Modell auf, vielfache willkürlich wechselnde Stellungen einzunehmen; dann interessierte ihn plötzlich die Wendung oder Biegung irgendeines einzelnen Gliedes: eine bestimmte Drehung der Hüfte, ein gehobener Arm, der Winkel eines Gelenkes – und diesen Teil allein in seiner Bewegung halte er im Ton fest, ohne den übrigen Körper. Dann, oft nach langer Zeit, stehe die innere Anschauung eines ganzen Körpers in charakteristischer Pose vor ihm, und er wisse dann sogleich mit Sicherheit, welche von den auf jene Weise entstandenen Studien in diesen gehöre. Ganz ersichtlich hielt er diese unerhört schöpferische Leistung der Phantasie für die ganz selbstverständliche, sozusagen bloß logische Konsequenz des früheren Natureindrucks.

Und wie er ein eigentliches Schöpfertum gegenüber der Natur in Abrede stellte, so auch gegenüber der Geschichte seiner Kunst. Fast mit den gleichen Worten, mit denen es mir, Jahre zuvor, Ibsen einmal über seine Kunst aussprach, erklärte Rodin, daß er keineswegs ganz neue Wege zu gehen, vielmehr die Tradition der Klassik fortzusetzen glaube, die erst im 18. Jahrhundert unterbrochen sei. Daß er sich fortwährend – selbsttäuschend oder nicht – von diesen beiden Stützen, der natürlichen Wirklichkeit und der künstlerischen Überlieferung, getragen meinte, hing vielleicht mit seiner Bescheidenheit zusammen. Er hatte die ruhige Sicherheit des Menschen, dessen Denken ausschließlich seiner Sache gilt und sozusagen an deren Grenzen halt macht, ohne nach ihren Wirkungen und auf ihn zurückfallenden Reflexen zu fragen. Besonders ansprechend war die Art, in der er über seine Fachgenossen redete. Das Gespräch kam auf manche, die ihm durchaus antipathisch sein mußten; aber ich habe kein abfälliges Urteil von ihm gehört, überall fand er ein Positives und irgendwie Wertvolles heraus.

Es zeigte sich aber auch das große Künstlerleiden, das vielleicht auf einer Illusion beruht, aber doch mit den allerrealsten Wirkungskräften in einer tiefen und dunklen Verbindung steht: der Kummer, durch das äußere Schicksal von der Vollendung des ganz entscheidenden Werkes abgesperrt zu sein. Wie für Michelangelo das Julius-Denkmal, das immer Fragment bleiben sollte, ein Lebensverhängnis war, so begleitete Rodin der Plan eines gigantischen Werkes durch viele Jahre: er nannte es den »Turm der Arbeit«; es sollte, nach dem kleinen Modell, das er mir zeigte, einer riesenhafte Säule werden, von einer Wendeltreppe umgeben; die Säule zeigte in Form eines fortlaufenden Bandes alle Arten menschlicher Arbeit, in realistischer und symbolischer Darstellung. Er sprach mit Erschütterung von diesem Werk, an dem offenbar sein ganzes Herz hing. »Ich werde es nie ausführen«, sagte er. »Aus eigenen Mitteln kann ich es nicht, und niemand hilft mir dazu. Man bestellt Porträts bei mir und kauft einzelne Figuren, aber für die Hauptsache werde ich im Stich gelassen.«

Als wir uns trennten, war die Hülle konventioneller Schönrederei, in der er mir zuerst gegenübergetreten war, gefallen. Wahrscheinlich wußte er sich dem Fremden gegenüber, den er vielleicht nicht zum zweitenmal traf, weniger engagiert und gab sich deshalb offener als manchem Mitbürger. Wenigstens sagte mir Bergson vor einigen Jahren, daß er Begegnungen mit Rodin nicht gerade suchte: »Il ne parle que des banalités.« Ich hätte ihn eines Besseren belehren können. Denn es war mir ganz klargeworden, daß diese banale Phraseologie nur ein Außenwerk dieser tiefen und leidenschaftlichen Seele war, ebenso wie seine erotischen Abenteuer, von deren nicht gerade anmutenden Details ganz Paris sprach. Alles dies waren Schichten um eine große Einsamkeit herum, die er durch das eine zu verbergen, durch das andere, wie es mir schien, vergeblich zu bannen suchte.

Denn ersichtlich fehlte ihm jede Erlösung durch einen religiösen Gedanken. Er haftete ganz und gar am Leben, das er freilich nicht in personaler Umschränktheit, sondern in seiner kosmischen Verwurzeltheit und Ausbreitung fühlte. Ein berühmter deutscher Dichter, der ihm sehr nahestand, erzählte mir, daß Rodin nicht sehr lange vor dem Kriege ihn in seiner Wohnung in Paris aufgesucht hätte, in erregter und ratloser Stimmung, und ihm wie verlegen und stockend gestanden hätte, er habe heut zum erstenmal an den Tod gedacht. Und dann hätte er vom Sterben gesprochen, ganz primitiv und fast kindlich, wie von etwas Unbegreiflichem: »Pourquoi laisser tout çà – –.« Er war wohl der Typus Mensch, der sich mit allen Fasern in der Welt zu Hause fühlt, aber nicht unter den Menschen. Darum konnte er sich nur in seinem Werk aussprechen, und ganz zusammenhanglos stand daneben sein Verhältnis zu den Menschen einerseits als ein egoistisch genießendes, vielleicht manchmal brutales, andererseits als ein rein oberflächliches und formelhaftes.

Wir hatten wohl beide beim Abschied die Empfindung, daß wir uns nicht wiedersehen würden. Und vielleicht war es gut so. Er schickte mir noch ein paar Jahre lang zum Neujahr eine freundliche Zeile, die aber wieder völlig konventionell war und mir zeigte, daß jene vertrauten Stunden zu den seelischen Glücksfällen gehörten, die man nicht zu wiederholen versuchen soll.

Aus einer Aphorismensammlung

Die Musik hat etwas Inselhaftes, Unfruchtbares, weder objektiv noch subjektiv führt ein Weg von ihr in die Welt und das Leben; man ist ganz in ihr oder ganz außer ihr. Sie wirkt nicht in das Leben hinein – aber doch hat das Leben in sie hineingewirkt. Die Welt nimmt sie nicht mehr auf, weil sie die Welt schon aufgenommen hat.

Leonardo da Vinci war vielleicht der erste Mensch, der die Welt rein natürlich, vom Begriff des modernen Naturgesetzes her erfaßte. Und gerade darum scheint seine Zeit ihn als etwas Übernatürliches, als den unheimlichen Zauberer empfunden zu haben. Gerade das absolut Naturhafte war dem noch mittelalterlich gestimmten Denken das Magische. Uns umgekehrt ist das Natürliche vielleicht gar zu »natürlich« geworden. Darum ist es unserer Zeit schwieriger als jeder früheren, Religion zu finden, darum aber gerade braucht sie sie um so nötiger.

Ich halte es für durchaus bedauerlich, daß der moderne Mensch seiner Lektüre gegenüber (man könnte vielleicht sagen: allen Kunstwerken gegenüber) den *kritischen* Standpunkt als den selbstverständlich ersten und oft einzigen einnimmt. Man sollte von einem Buch dankbar aufnehmen, was uns fördert, und an dem andern einfach vorübergehen. Auf den Stuhl des Richters sollte man sich nur setzen, wenn es aus Gründen, die außerhalb des unmittelbaren Verhältnisses von Buch und Leser liegen, nötig ist. Warum muß man durchaus immer ein »Urteil« haben? – was, da Urteilen keine leichte Sache ist, vor allen Dingen zu absprechenden, negierenden Urteilen führt, die jedenfalls die leichteren sind. Im übrigen hängt unser ganzer Zug zum Kritisieren mit der der Gegenwart gewohnten mechanischen Anschauungsweise zusammen, für die ein Ganzes nur eine Zusammensetzung aus einzelnen Teilen ist. Denn er pflegt sich auf *Einzelheiten* zu richten, die Einwände gegen diese werden zum Urteil über das Ganze; die Voraussetzung der gewöhnlichen Kritik ist die allem *künstlerischen* Wesen durchaus entgegengesetzte: daß das Ganze aus für sich beurteilbaren Teilen zusammengesetzt sei.

Die Kunst ist unser Dank an Welt und Leben. Nachdem beide die sinnlichen und geistigen Auffassungsformen unseres Bewußtseins geschaffen haben, danken wir es ihnen, indem wir nun mit deren Hilfe noch einmal eine Welt und ein Leben erschaffen.

Als das eigentlich Tragische am Don Quixote erscheint mir dies: Wir glauben doch, daß die Beschaffenheiten der Seele: Tapferkeit, Edelsinn, Idealismus, Großmut – ihren Wert eben durch ihr Bestehen an der Seele haben, als Tatsachen der Persönlichkeit, gleichviel, woran sie sich offenbaren. An Don Quixote, der alle diese Eigenschaften besitzt, zeigt sich, daß das falsch ist, daß das eigentlich und seelisch-sittlich Gleichgültige: daß es eine Hammelherde statt einer Ritterschar ist, daß die bloße Vorspiegelung des Intellekts, die an jenen Qualitäten gar nichts ändert, imstande ist, das seelisch Wertvollste und Höchste in ein läppisches Spiel, eine sinn- und wertlose Narrheit zu verwandeln. Diese Macht des Äußeren und Objektiven über dasjenige, was wir in seinem Werte davon ganz unabhängig glaubten, was nur als innere, von dem Zentrum ausgehende Wirklichkeit seine Bedeutung zu haben schien – das ist das Erschütternde des Don Quixote.

Soziologische Ästhetik

Am Anfang aller ästhetischen Motive steht die Symmetrie. Um in die Dinge Idee, Sinn, Harmonie zu bringen, muß man sie zunächst symmetrisch gestalten, die Teile des Ganzen untereinander ausgleichen, sie ebenmäßig um einen Mittelpunkt herum ordnen. Die formgebende Macht des Menschen gegenüber der Zufälligkeit und Wirrnis der bloß natürlichen Gestaltung wird damit auf die schnellste, sichtbarste und unmittelbarste Art versinnlicht. So führt der erste ästhetische Schritt über das bloße Hinnehmen der Sinnlosigkeit der Dinge hinaus zur Symmetrie, bis später Verfeinerung und Vertiefung gerade wieder an das Unregelmäßige, an die Asymmetrie, die äußersten ästhetischen Reize knüpft. In symmetrischen Bildungen gewinnt der Rationalismus zuerst sichtbare Gestalt. So lange das Leben überhaupt noch triebhaft, gefühlsmäßig, irrationell ist, tritt die ästhetische Erlösung von ihm in so rationalistischer Form auf. Wenn Verstand, Berechnung, Ausgleichung es erst durchdrungen haben, flieht das ästhetische Bedürfnis wiederum in seinen Gegensatz und sucht das Irrationale und seine äußere Form, das Unsymmetrische.

Die niedrigere Stufe des ästhetischen Triebes spricht sich im Systembau aus, der die Objekte in ein symmetrisches Bild faßt. So brachten z. B. Bußbücher des sechsten Jahrhunderts die Sünden und Strafen in Systeme von mathematischer Präzision und ebenmäßigem Aufbau. Der erste Versuch, die sittlichen Irrungen in ihrer Gesamtheit geistig zu bewältigen, erfolgte so in der Form eines möglichst mechanischen, durchsichtigen, symmetrischen Schemas; wenn sie unter das Joch des Systems gebeugt waren, konnte der Verstand sie am schnellsten und gleichsam mit dem geringsten Widerstande erfassen. Die Systemform zerbricht, sobald man der eignen Bedeutsamkeit des Objektes innerlich gewachsen ist und sie nicht erst aus einem Zusammenhang mit anderen zu entlehnen braucht; in diesem Stadium verblaßt deshalb auch der ästhetische Reiz der Symmetrie, mit der man sich die Elemente zunächst zurechtlegte.

Man kann nun an der Rolle, die die Symmetrie in sozialen Gestaltungen spielt, recht erkennen, wie scheinbar rein ästhetische Interessen durch materielle Zweckmäßigkeit hervorgerufen werden und umgekehrt ästhetische Motive in die Formungen hineinwirken, die scheinbar der reinen Zweckmäßigkeit folgen. Wir finden z. B. in den verschiedensten alten Kulturen die Zusammenschließung von je zehn Mitgliedern der Gruppe zu einer besonderen Einheit – in militärischer, steuerlicher, kriminalistischer und sonstigen Beziehungen –, oft so, daß zehn solcher Untergruppen wieder eine höhere Einheit, die Hundertschaft, bilden. Der Grund dieser symmetrischen Konstruktion der Gruppe war sicher die leichtere Übersichtlichkeit, Bezeichenbarkeit, Lenksamkeit. Das eigentümlich stilisierte Bild der Gesellschaft, das bei diesen Organisationen herauskam, ergab sich als Erfolg bloßer Nützlichkeiten. Wir wissen aber ferner, daß diese Bedeutung der »Hundert« schließlich oft nur noch zur Konservierung der bloßen Bezeichnung führte: jene Hundertschaften enthielten oft mehr, oft weniger als hundert Individuen. Im mittelalterlichen Barcelona z. B. hieß der Senat die Einhundert, obgleich er etwa zweihundert Mitglieder hatte. Diese Abweichung von der ursprünglichen Zweckmäßigkeit der Organisation, während doch zugleich deren Fiktion festgehalten wurde, zeigt den Übergang des bloß Nützlichen in das Ästhetische, den Reiz der Symmetrie, der architektonischen Neigungen im sozialen Wesen.

Die Tendenz der Symmetrie, zu gleichförmiger Anordnung der Elemente nach durchgehenden Prinzipien, ist nun weiterhin allen despotischen Gesellschaftsformen eigen. Justus Möser schrieb 1772: »Die Herren vom General-Departement möchten gern alles auf einfache Regeln zurückgeführt haben. Dadurch entfernen wir uns von dem wahren Plane der Natur, die ihren Reichtum in der Mannigfaltigkeit zeigt, und bahnen den Weg zum Despotismus, der alles nach wenigen Regeln zwingen will.« Die symmetrische Anordnung macht die Beherrschung der Vielen von einem Punkt aus leichter. Die Anstöße setzen sich länger, widerstandsloser, berechenbarer durch ein symmetrisch angeordnetes Medium fort, als wenn die innere Struktur und die Grenzen der Teile unregelmäßig und fluktuierend sind. So wollte Karl V. alle ungleichmäßigen und eigenartigen politischen Gebilde und Rechte in den Niederlanden nivellieren und diese zu einer in allen Teilen gleichmäßigen Organisation umgestalten; »er haßte«, so schreibt ein Historiker dieser Epoche, »die alten Freibriefe und störrischen Privilegien, die seine Ideen von Symmetrie störten.« Und mit Recht hat man die ägyptischen Pyramiden als Symbole des politischen Baues bezeichnet, den die großen orientalischen Despoten aufführten: eine völlig symmetrische Struktur der Gesellschaft, deren Elemente nach oben hin an Umfang schnell abnehmen, an Höhe der Macht schnell zunehmen, bis sie in die eine Spitze münden, die gleichmäßig das Ganze beherrscht. Ist diese Form der Organisation auch aus ihrer bloßen Zweckmäßigkeit für die Bedürfnisse des Despotismus hervorgegangen, so wächst sie doch in eine formale, rein ästhetische Bedeutung hinein: der Reiz der Symmetrie, mit ihrer inneren Ausgeglichenheit, ihrer äußeren Geschlossenheit, ihrem harmonischen Verhältnis der Teile zu einem einheitlichen Zentrum wirkt sicher in der ästhetischen Anziehungskraft mit, die die Autokratie, die Unbedingtheit des einen Staatswillens auf viele Geister ausübt.

Deshalb ist die liberale Staatsform umgekehrt der Asymmetrie zugeneigt. Ganz direkt hebt Macaulay, der begeisterte Liberale, das als die eigentliche Stärke des englischen Verfassungslebens hervor. »Wir denken«, so sagt er, »gar nicht an die Symmetrie, aber sehr an die Zweckmäßigkeit; wir entfernen niemals eine Anomalie, bloß weil es eine Anomalie ist; wir stellen keine Normen von weiterem Umfang auf, als es der besondere Fall, um den es sich gerade handelt, erfordert. Das sind die Regeln, die im Ganzen, vom König Johann bis zur Königin Viktoria, die Erwägungen unserer 250 Parlamente geleitet haben.« Hier wird also das Ideal der Symmetrie und logischen Abrundung, die allem Einzelnen von einem Punkte aus seinen Sinn gibt, zugunsten jenes anderen verworfen, daß jedes Element sich nach seinen eigenen Bedingungen unabhängig ausleben und so natürlich das Ganze eine regellose und ungleichmäßige Erscheinung darbieten läßt. Dennoch liegt auch in dieser Asymmetrie, dieser Befreiung des individuellen Falles von der Präjudizierung durch sein Pendant, ein ästhetischer Reiz neben all ihren konkreten Motiven. Dieser Oberton klingt deutlich aus den Worten Macaulays heraus; er stammt aus dem Gefühl, daß diese Organisation das innere Leben des Staates zum typischsten Ausdruck und in die harmonischste Form bringe.

Am entschiedensten wird der Einfluß ästhetischer Kräfte auf soziale Tatsachen in dem modernen Konflikt zwischen sozialistischer und individualistischer Tendenz sichtbar. Daß die Gesellschaft als Ganzes ein Kunstwerk werde, in dem jeder Teil einen erkennbaren Sinn vermöge seines Beitrages zum Ganzen erhält; daß an Stelle der rhapsodischen Zufälligkeit, mit der die Leistung des Einzelnen jetzt zum Nutzen oder zum Schaden der Gesamtheit gereicht, eine einheitliche Direktive alle Produktionen zweckmäßig bestimme; daß statt der kraftverschwendenden Konkurrenz und des Kampfes der Einzelnen gegeneinander eine absolute Harmonie der Arbeiten eintrete: diese Ideen des Sozialismus wenden sich zweifellos an ästhetische Interessen und – aus welchen sonstigen Gründen man auch seine Forderungen verwerfen mag – sie widerlegen jedenfalls die populäre Meinung, daß der Sozialismus, ausschließlich den Bedürfnissen des Magens entsprungen, auch ausschließlich in sie münde; und die soziale Frage ist nicht nur eine ethische, sondern auch eine ästhetische.

Die rationelle Organisation der Gesellschaft hat, ganz abgesehen von ihren fühlbaren Folgen für die Individuen, einen hohen ästhetischen Reiz; sie will das Leben des Ganzen zum Kunstwerk machen, wie es jetzt kaum das Leben des Einzelnen sein kann. Je zusammengesetztere Gebilde unsere Anschauung zu umfassen befähigt ist, desto entschiedener wird die Anwendung der ästhetischen Kategorien von den individuellen, sinnlich wahrnehmbaren zu den sozialen Gebilden aufwärts schreiten.

Es handelt sich hier um den gleichen ästhetischen Reiz wie den, den die Maschine auszuüben vermag. Die absolute Zweckmäßigkeit und Zuverlässigkeit der Bewegungen, die äußerste Verminderung der Widerstände und Reibungen, das harmonische Ineinandergreifen der kleinsten und der größten Bestandteile: Das verleiht der Maschine selbst bei oberflächlicher Betrachtung eine eigenartige Schönheit, die die Organisation einer Fabrik in erweitertem Maße wiederholt und die der sozialistische Staat am allerweitesten wiederholen soll.

Dieses eigentümliche, auf Harmonie und Symmetrie hingehende Interesse, in dem der Sozialismus seinen rationalistischen Charakter zeigt und mit dem er das soziale Leben gleichsam stilisieren will, tritt rein äußerlich darin hervor, daß sozialistische Utopien die lokalen Einzelheiten ihrer Idealstädte oder -staaten immer nach dem Prinzip der Symmetrie konstruieren: entweder in Kreisform oder in quadratischer Form werden die Ortschaften oder Gebäude angeordnet. In Campanellas Sonnenstaat ist der Plan der Reichshauptstadt mathematisch abgezirkelt, ebenso wie die Tageseinteilung der Bürger und die Abstufung ihrer Rechte und Pflichten. Dieser allgemeine Zug sozialistischer Pläne zeugt nur in roher Form für die tiefe Anziehungskraft, die der Gedanke der harmonischen, innerlich ausgeglichenen, allen Widerstand der irrationalen Individualität überwindenden Organisationen des menschlichen Tuns ausübt – ein Interesse, das, ganz abseits von den materiell greifbaren Folgen solcher Organisation, sicher auch als ein rein formal ästhetisches einen nie ganz verschwindenden Faktor in den sozialen Gestaltungen bildet.

Wenn man die Anziehungskraft des Schönen darein gesetzt hat, daß seine Vorstellung eine Kraftersparnis des Denkens bedeute, das Abrollen einer maximalen Anzahl von Vorstellungen mit einem Minimum von Anstrengung, so erfüllt die symmetrische, gegensatzfreie Konstruktion der Gruppe, wie der Sozialist sie erstrebt, diese Forderung vollkommen. Die individualistische Gesellschaft mit ihren heterogenen Interessen, mit ihren unversöhnten Tendenzen, ihren unzählige Male begonnenen und – weil nur von Einzelnen getragen – ebensooft unterbrochenen Entwicklungsreihen: eine solche Gesellschaft bietet dem Geiste ein unruhiges, sozusagen unebenes Bild, ihre Wahrnehmung fordert fortwährend neue Innervationen, ihr Verständnis neue Anstrengung; während die sozialistische, ausgeglichene Gesellschaft mit ihrer organischen Einheitlichkeit, ihrer symmetrischen Anordnung, der gegenseitigen Berührung ihrer Bewegungen in gemeinsamen Zentren dem beobachtenden Geist ein Maximum von Wahrnehmungen, ein Umfassen des sozialen Bildes mit einem Minimum von geistigem Kraftaufwand ermöglicht – eine Tatsache, deren ästhetische Bedeutung viel mehr, als diese abstrakte Formulierung verrät, die psychischen Verfassungen in einer sozialistischen Gesellschaft beeinflussen müßte.

Symmetrie bedeutet im Ästhetischen Abhängigkeit des einzelnen Elementes von seiner Wechselwirkung mit allen anderen, zugleich aber Abgeschlossenheit des damit bezeichneten Kreises; während asymmetrische Gestaltungen mit dem individuelleren Rechte jedes Elementes mehr Raum für frei und weit ausgreifende Beziehungen gestatten. Dem entspricht die innere Organisation des Sozialismus und die Erfahrung, daß alle historischen Annäherungen an sozialistische Verfassung immer nur in streng geschlossenen Kreisen stattfanden, die alle Beziehungen zu außerhalb gelegenen Mächten ablehnten. Diese Geschlossenheit, die sowohl dem ästhetischen Charakter der Symmetrie wie dem politischen Charakter des sozialistischen Staates eignet, hat zur Folge, daß man angesichts des nicht aufzuhebenden internationalen Verkehrs allgemein betont, der Sozialismus könne nur einheitlich in der ganzen Kulturwelt, nicht aber in irgendeinem einzelnen Lande zur Herrschaft kommen.

Nun aber zeigt sich die Geltungsweite der ästhetischen Motive darin, daß sie sich mit mindestens der gleichen Kraft auch zugunsten des entgegengesetzten sozialen Ideals äußern. Die Schönheit, die heute tatsächlich empfunden wird, trägt noch fast ausschließlich individualistischen Charakter. Sie knüpft sich im wesentlichen an einzelne Erscheinungen, sei es in ihrem Gegensatz zu den Eigenschaften und Lebensbedingungen der Masse, sei es in direkter Opposition gegen sie. In diesem Sich-Entgegensetzen und -Isolieren des Individuums gegen das Allgemeine, gegen das, was für alle gilt, ruht großenteils die eigentlich romantische Schönheit – selbst dann, wenn wir es zugleich ethisch verurteilen. Gerade daß der Einzelne nicht nur das Glied eines größeren Ganzen, sondern selbst ein Ganzes sei, das nun als solches nicht mehr in jene symmetrische Organisation sozialistischer Interessen hineinpaßt – gerade das ist ein ästhetisch reizvolles Bild. Selbst der vollkommenste soziale Mechanismus ist eben Mechanismus und entbehrt der Freiheit, die, wie man sie auch philosophisch ausdeuten möge, doch als Bedingung der Schönheit erscheint. So sind denn auch von den in letzter Zeit hervorgetretenen Weltanschauungen die entschieden am individualistischsten, die des

Rembrandt und die Nietzsches, durchweg von ästhetischen Motiven getragen. Ja so weit geht der Individualismus des modernen Schönheitsempfindens, daß man Blumen, insbesondere die modernen Kulturblumen, nicht mehr zum Strauße binden mag: man läßt sie einzeln, bindet höchstens einzelne lose zusammen. Jede ist zu sehr etwas für sich, sie sind ästhetische Individualitäten, die sich nicht zu einer symmetrischen Einheit zusammenordnen; wogegen die unentwickelteren, gleichsam noch mehr im Gattungstypus verbliebenen Wiesen- und Waldblumen gerade entzückende Sträuße geben.

Diese Bindung der gleichartigen Reize an unversöhnliche Gegensätze weist auf den eigentümlichen Ursprung der ästhetischen Gefühle hin. So wenig Sicheres wir über diesen wissen, so empfinden wir doch als wahrscheinlich, daß die materielle Nützlichkeit der Objekte, ihre Zweckmäßigkeit für Erhaltung und Steigerung des Gattungslebens, der Ausgangspunkt auch für ihren Schönheitswert gewesen sind. Vielleicht ist für uns das schön, was die Gattung als nützlich erprobt hat und was uns deshalb, insofern diese in uns lebt, Lust bereitet, ohne daß wir als Individuen jetzt noch die reale Nützlichkeit des Gegenstandes genössen. Diese ist längst durch die Länge der geschichtlichen Entwicklung und Vererbung hinweggeläutert; die materiellen Motive, aus denen unsere ästhetische Empfindung stammt, liegen in weiter Zeitenferne und lassen dem Schönen so den Charakter der »reinen Form«, einer gewissen Überirdischkeit und Irrealität, wie sich der gleiche verklärende Hauch über die eigenen Erlebnisse vergangener Zeiten legt. Nun aber ist das Nützliche ein sehr Mannigfaltiges, in verschiedenen Anpassungsperioden, ja in verschiedenen Provinzen derselben Periode oft von entgegengesetztestem Inhalt.

Insbesondere jene großen Gegensätze alles geschichtlichen Lebens: die Organisation der Gesellschaft, für die der einzelne nur Glied und Element ist, und die Wertung des Individuums, für das die Gesellschaft nur Unterbau sei, gewinnen infolge der Mannigfaltigkeit der historischen Bedingungen abwechselnd die Vorhand und mischen sich in jedem Augenblick in veränderlichsten Proportionen. Dadurch sind nun die Voraussetzungen gegeben, auf die hin sich die ästhetischen Interessen der einen sozialen Lebensform so stark wie der anderen zuwenden können. Der scheinbare Widerspruch, daß der gleiche ästhetische Reiz der Harmonie des Ganzen, in dem der Einzelne verschwindet, auch dem Sich-Durchsetzen des Individuums zuwächst, erklärt sich ohne weiteres, wenn alles Schönheitsempfinden das Destillat, die Idealisierung, die abgeklärte Form ist, mit der die Anpassung und Nützlichkeitsempfindungen der Gattung in dem Einzelnen nachklingen, auf den jene reale Bedeutung nur als eine vergeistigte und formalistische vererbt worden ist. Dann spiegeln sich alle Mannigfaltigkeiten und alle Widersprüche der geschichtlichen Entwicklung in der Weite unseres ästhetischen Empfindens, das so an die entgegengesetzten Pole der sozialen Interessen die gleiche Stärke des Reizes zu knüpfen vermag.

Die innere Bedeutsamkeit der Kunststile läßt sich als eine Folge der verschiedenen Distanz auslegen, die sie zwischen uns und den Dingen herstellen. Alle Kunst verändert die Blickweite, in die wir uns ursprünglich und natürlich zu der Wirklichkeit stellen. Sie bringt sie uns einerseits näher, zu ihrem eigentlichen und innersten Sinn setzt sie uns in ein unmittelbareres Verhältnis, hinter der kühlen Fremdheit der Außenwelt verrät sie uns die Beseeltheit des Seins, durch die es uns verwandt und verständlich ist. Daneben aber stiftet jede Kunst eine Entfernung von der Unmittelbarkeit der Dinge, sie läßt die Konkretheit der Reize zurücktreten und spannt einen Schleier zwischen uns und sie, gleich jenem feinen bläulichen Duft, der sich um ferne Berge spinnt. An beide Seiten dieses Gegensatzes knüpfen sich gleich starke Reize; die Spannung zwischen ihnen, ihre Verteilung auf die Mannigfaltigkeit der Ansprüche an das Kunstwerk, gibt jedem Kunststil sein eigenes Gepräge. Im Naturalismus, in seinem Gegensatz zu aller eigentlichen »Stilisierung«, scheint zunächst die Nähe der Objekte zu überwiegen. Die naturalistische Kunst will aus jedem Stückchen der Welt seine eigene Bedeutsamkeit herausholen, während die stilisierende eine vorgefaßte Forderung von Schönheit und Bedeutsamkeit zwischen uns und die Dinge stellt. Aus dem Boden der unmittelbaren Eindrücke von Wirklichkeit ist alle Kunst genährt, wenn sie auch zur Kunst erst da wird, wo sie über diesen Boden hinauswächst; sie setzt eben einen innerlichen, unbewußten Reduktionsprozeß voraus, um uns von ihrer Wahrheit und Bedeutsamkeit zu überzeugen; bei der naturalistischen Kunst ist diese Reduktion kurz und bequem. Sie verlangt deshalb keine so entschiedene und weitreichende Selbsttätigkeit des Genießenden, sondern vollzieht seine Annäherung an die Dinge auf dem direktesten Wege. Daher nun auch der Zusammenhang, den die naturalistische Kunst vielfach – wenn auch natürlich nicht im geringsten notwendig – mit sinnlicher Lüsternheit aufweist. Denn das ist der Punkt, von dem aus am schnellsten und unmittelbarsten eine Aufrüttelung des gesamten inneren Systems stattfinden kann: das Objekt und die subjektive Reaktion darauf stehen hier am nächsten zusammen.

Dennoch entbehrt auch der Naturalismus nicht eines sehr feinen Reizes der Fernwirkung der Dinge, sobald wir auf die Vorliebe achten, mit der er seine Gegenstände im alltäglichsten Leben, im Niedrigen und Banalen, sucht. Denn für sehr empfindliche Seelen tritt die eigentümliche Entfernung des Kunstwerkes von der Unmittelbarkeit der Erfahrung gerade dann besonders hervor, wenn das Objekt uns ganz nahesteht. Für weniger zartes Empfinden bedarf es, um es diesen Reiz der Distanz kosten zu lassen, einer größeren Ferne des Objektes selbst: stilisiert-italienische Landschaften, historische Dramen; je unkultivierter und kindlicher das ästhetische Gefühl ist, desto phantastischer, der Wirklichkeit ferner, muß der Gegenstand sein, an dem das künstlerische Bilden zu seinem Effekt kommt. Feinere Nerven bedürfen dieser gleichsam materiellen Unterstützung nicht; für sie liegt in der künstlerischen Formung des Objektes der ganze geheimnisvolle Reiz der Distanz von den Dingen, die Befreiung von ihrem dumpfen Druck, der Schwung von der Natur zum Geist; und um so intensiver werden sie das empfinden, an je näherem, niedrigerem, irdischerem Materiale es sich vollzieht.

Man kann vielleicht sagen, daß das Kunstgefühl der Gegenwart im wesentlichen den Reiz der Distanz stark betont, gegenüber dem Reiz der Annäherung. Und es weiß sich diesen nicht nur auf dem angedeuteten Wege des Naturalismus zu verschaffen. Vielmehr bildet diese eigenartige Tendenz, die Dinge möglichst aus der Entfernung auf sich wirken zu lassen, ein vielen Gebieten gemeinsames Zeichen der modernen Zeit. Ihm gehört die Vorliebe für räumlich und zeitlich entfernte Kulturen und Stile an. Das Entfernte erregt sehr viele, lebhaft auf- und abschwankende Vorstellungen und genügt damit unserem vielseitigen Anregungsbedürfnis; doch klingt jede dieser fremden und fernen Vorstellungen wegen ihrer Beziehungslosigkeit zu unsern persönlichsten und materiellen Interessen doch nur schwach an und mutet deshalb den geschwächten Nerven nur eine behagliche Anregung zu. Daher nun auch der jetzt so lebhaft empfundene Reiz des Fragmentes, der bloßen Andeutung, des Aphorismus, des Symbols, der unentwickelten Kunststile. Alle diese Formen, die in allen Künsten heimisch sind, stellen uns in eine Distanz von dem Ganzen und Vollen der Dinge, sie sprechen zu uns »wie aus der Ferne«, die Wirklichkeit gibt sich in ihnen nicht mit gerader Sicherheit, sondern mit gleich zurückgezogenen Fingerspitzen. Der literarische Stil des Jahrhunderts, dessen letzte Raffinements in Paris und Wien ausgebildet sind, vermeidet die direkte Bezeichnung der Dinge, faßt sie nur an einem Zipfel, streift mit dem Worte nur eine Ecke, der Ausdruck und die Sache decken sich nur mit irgend einem möglichst abgelegenen Stückchen. Es ist die pathologische Erscheinung der »Berührungsangst«, von der hiermit ein niederer Grad endemisch geworden ist: die Furcht, in allzu nahe Berührung mit den Objekten zu kommen, ein Resultat der Hyperästhesie, der jede unmittelbare und energische Berührung ein Schmerz ist. Daher äußert sich auch die Feinsinnigkeit, Geistigkeit, differenzierte Empfindlichkeit so überwiegend vieler moderner Menschen im negativen Geschmack. Das heißt: in der leichten Verletzbarkeit durch Nicht-Zusagendes, in dem bestimmten Ausschließen des Unsympathischen, in der Repulsion durch vieles, ja oft durch das meiste des gebotenen Kreises von Reizen, während der positive Geschmack, das energische Ja-Sagen, das freudige und rückhaltlose Ergreifen des Gefallenden, kurz die aktiv aneignenden Energien große Fehlbeträge aufweisen. Der Naturalismus in seinen groben Formen war ein verzweifelter Versuch, über die Distanz hinwegzukommen, die Nähe und Unmittelbarkeit der Dinge zu ergreifen; kaum aber war man ihnen ganz nahe, so konnten die empfindlichen Nerven schon ihre Berührung nicht mehr vertragen und scheuten zurück, als hätten sie glühende Kohlen angefaßt. Das gilt nicht nur von der Reaktion in der Malerei, die durch die schottische Schule vermittelt wurde, und in der Literatur, die vom Zolaismus zum Symbolismus führte; es gilt auch von wissenschaftlichen Tendenzen: so, wenn der Materialismus, der die Wirklichkeit unmittelbar zu greifen glaubt, vor »neu-kantischen« oder subjektivistischen Weltanschauungen zurückweicht, die die Dinge erst durch das Medium der Seele brechen oder destillieren lassen, ehe sie zu Erkenntnissen werden; so, wenn sich über der spezialistischen Detailarbeit in allen Wissenschaften der Ruf nach Zusammenfassung und Verallgemeinerung erhebt, die sich in überschauende Distanz von aller konkreten Einzelnheit stelle; so, wenn in der Ethik die platte »Nützlichkeit« vor höher aufblickenden, oft religiösen, von der sinnlichen Unmittelbarkeit weit abstehenden Prinzipien zurücktreten muß.

An mehr als einem Punkte unserer Kultur macht sich diese Tendenz auf Distanzierung beherrschend fühlbar; dabei ist es selbstverständlich, daß ich damit ein bestimmt empfundenes, also qualitatives, inneres Verhältnis zu den Dingen meine, das ich nur, weil es keinen direkten Ausdruck dafür gibt, auf das quantitative der Distanzierung zurückführe, das nur als Symbol und Annäherung gelten kann. Die Auflösung der Familie hängt damit zusammen, die Abneigung gegen »Familiensimpelei«, das Gefühl unerträglicher Enge, das das Gebundensein an den nächsten Kreis so oft im modernen Menschen weckt und ihn so oft in tragische Konflikte verwickelt. Die Leichtigkeit des Verkehrs in die größeren Fernen hin verstärkt diese »Berührungsangst«. Der »historische Geist«, die Fülle der inneren Beziehungen zu räumlich und zeitlich ferneren Interessen, macht uns immer empfindlicher gegen die Chocs und die Wirrnisse, die uns aus der unmittelbaren Nähe und Berührung der Menschen und der Dinge kommen. Als eine Hauptursache jener Berührungsangst aber erscheint mir das immer tiefere Eindringen der Geldwirtschaft, das die naturalwirtschaftlichen Verhältnisse früherer Zeiten mehr und mehr zerstört, – wenn auch dieses Zerstörungswerk noch nicht völlig gelungen ist. Das Geld schiebt sich zwischen Mensch und Mensch, zwischen Mensch und Ware, als eine vermittelnde Instanz, als ein Generalnenner, auf den erst jeder Wert gebracht werden muß, um sich weiterhin in andere Werte umsetzen zu können. Seit der Geldwirtschaft stehen uns die Gegenstände des wirtschaftlichen Verkehres nicht mehr unmittelbar gegenüber, unser Interesse an ihnen bricht sich erst in dem Medium des Geldes, nicht ihre eigene sachliche Bedeutung, sondern wie viel sie, an diesem Zwischenwert gemessen, wert sind, steht dem wirtschaftenden Menschen vor Augen; unzählige Male macht sein Zweckbewußtsein auf dieser Zwischenstufe halt, als auf dem Interessenzentrum und dem ruhenden Pole, während alle konkreten Dinge in rastloser Flucht vorübertreiben, belastet mit dem Widerspruch, daß doch eigentlich sie allein definitive Befriedigungen gewähren können und dennoch erst nach ihrer Abschätzung an diesem charakterlosen, qualitätslosen Maßstab ihren Grad von Wert und Interesse erlangen. So stellt uns das Geld mit der Vergrößerung seiner Rolle in eine immer gründlichere Distanz von den Objekten, die Unmittelbarkeit der Eindrücke, der Wertgefühle, der Interessiertheit wird abgeschwächt, unsere Berührung mit ihnen wird durchbrochen und wir empfinden sie gleichsam nur durch eine Vermittlung hindurch, die ihr volles, eigenes, unmittelbares Sein nicht mehr ganz zu Worte kommen läßt.

So scheinen sehr mannigfaltige Erscheinungen der modernen Kultur einen tiefen psychologischen Zug gemeinsam zu haben, den man in abstrakter Weise als die Tendenz zur Distanzvergrößerung zwischen dem Menschen und seinen Objekten bezeichnen kann und der auf ästhetischem Gebiet nur seine deutlichsten Formen gewinnt. Und wenn damit wieder Phänomene und Epochen wie die naturalistischen und die sensualistischen abwechseln, in denen gerade ein festes Sich-Anpassen an die Dinge, ein Einschlürfen ihrer ungebrochenen Realität, herrschend wird, so darf das nicht irre machen; denn gerade die Schwingungen zwischen beiden Extremen beweisen die gleiche Neurasthenie, der schon jedes für sich allein entstammte. Eine Zeit, die zugleich für Böcklin und den Impressionismus, für Naturalismus und Symbolistik, für Sozialismus und Nietzsche schwärmt, findet ihre höchsten Lebensreize offenbar in der Form der Schwankung zwischen den extremen Polen alles Menschlichen; ermatteten, zwischen Hypersensibilität und Unempfindlichkeit schwankenden Nerven können nur noch die abgeklärteste Form und die derbste Nähe, die allerzartesten und die allergröbsten Reize neue Anregungen bringen.

Das Gebiet der Soziologie

Die Aufgabe, über die Wissenschaft Soziologie Auskunft zu geben, findet ihre erste Schwierigkeit darin, daß ihr Anspruch auf den Titel einer Wissenschaft keineswegs unbestritten ist und daß, wo ihr dieser selbst zugestanden wird, über ihren Inhalt und ihre Ziele sich ein Chaos von Meinungen ausbreitet, deren Widersprüche und Unklarheiten den Zweifel, ob man es hier überhaupt mit einer wissenschaftlich berechtigten Fragestellung zu tun hat, immer von neuem nähren.

Alle Existenz, so hören wir, komme ausschließlich den Individuen, ihren Beschaffenheiten und Erlebnissen zu, und »Gesellschaft« sei eine Abstraktion, unentbehrlich für praktische Zwecke, höchst nützlich auch für eine vorläufige Zusammenfassung der Erscheinungen, aber kein wirklicher *Gegenstand* jenseits der Einzelwesen und der Vorgänge an ihnen. Wenn ein jedes von diesen in seiner naturgesetzlichen und historischen Bestimmtheit erforscht sei, so bliebe für eine davon gesonderte Wissenschaft überhaupt kein reales Objekt mehr übrig.

Ist für diese Kritik die Gesellschaft sozusagen zu wenig; so ist sie für eine andere gerade zu viel, um einen Wissenschaftsbezirk abzugrenzen. Alles, was Menschen sind und tun, so heißt es nun andrerseits, geht innerhalb der Gesellschaft, durch sie bestimmt und als ein Teil ihres Lebens vor sich. Es gebe also überhaupt keine Wissenschaft von menschlichen Dingen, die nicht Wissenschaft von der Gesellschaft sei. An Stelle der künstlich gegeneinander isolierten Einzelwissenschaften historischer, psychologischer, normativer Art habe also die Gesellschaftswissenschaft zu treten und in ihrer Einheit zum Ausdruck zu bringen, daß alle menschlichen Interessen, Inhalte und Vorgänge durch die Vergesellschaftung zu konkreten Einheiten zusammengingen.

Ersichtlich aber nimmt diese Bestimmung, die der Soziologie alles geben will, ihr ebensoviel fort wie die andere, die ihr nichts geben will. Denn da Rechtswissenschaft und Philologie, die Wissenschaft von der Politik und die von der Literatur, die Psychologie und die Theologie und alle andern, die den Bezirk des Menschlichen unter sich aufgeteilt haben, ihre Existenz fortsetzen werden, so ist nicht das geringste dadurch gewonnen, daß man die Gesamtheit der Wissenschaften in einen Topf wirft und diesem das neue Etikett: Soziologie – aufklebt. Die Gesellschaftswissenschaft befindet sich also, unterschieden von andern, wohlgegründeten Wissenschaften, in der ungünstigen Lage, zunächst ihr Recht auf Existenz überhaupt beweisen zu müssen – freilich auch in der günstigen, daß dieser Beweis über die sowieso nötige Aufklärung ihrer Grundbegriffe und ihrer besonderen Fragestellung gegenüber der gegebenen Wirklichkeit führt.

Es ist zunächst ein Irrtum über das Wesen der Wissenschaft, aus der angeblich allein realen Existenz der »Individuen« zu folgern, daß jedes auf deren Zusammenfassungen gehende Erkennen sich spekulative Abstraktionen und Irrealitäten zum Objekt mache. Unser Denken faßt vielmehr *allenthalben* die Gegebenheiten zu Gebilden, als Gegenständen der Wissenschaft, in einer Weise zusammen, die in dem unmittelbar Wirklichen gar kein Gegenbild findet. Niemand scheut sich, von der Entwicklung z. B. des gotischen Stiles zu sprechen, obgleich es nirgends gotischen Stil als aufzeigbare Existenz gibt, sondern nur einzelne Werke, in denen die *Stil*elemente doch nicht greifbar gesondert neben den *individuellen* Elementen liegen. Der gotische Stil als einheitlicher Gegenstand historischer Erkenntnis ist ein aus den Realitäten erst herausgewonnenes *geistiges* Gebilde, aber selbst keine unmittelbare Realität. Wir wollen unzählige Male gar nicht wissen, wie individuelle Dinge sich im einzelnen verhalten, sondern wir formen aus ihnen eine neue, kollektive Einheit, wie wir, nach dem gotischen Stil, seinen Gesetzen, seiner Entwicklung fragend, nicht einen einzelnen Dom oder Palast beschreiben, trotzdem wir den *Stoff* jener jetzt erfragten Einheit aus diesen Einzelheiten gewinnen.

So fragen wir weiterhin etwa, wie sich die »Griechen« und die »Perser« in der Schlacht bei Marathon benommen haben. Hätte die Auffassung recht, die nur Individuen als Wirklichkeiten anerkennt, so wäre die geschichtliche Erkenntnis dann und erst dann an ihrem Ziele, wenn wir das Verhalten jedes einzelnen Griechen und jedes einzelnen Persers kennten, somit seine ganze Lebensgeschichte, aus der sein Verhalten in der Schlacht psychologisch begreiflich wird. Allein selbst die Erfüllung dieses phantastischen Anspruchs würde unserer Fragestellung nicht genügen. Denn deren Gegenstand ist überhaupt nicht dieser und jener Einzelne, sondern: die Griechen und die Perser – offenbar ein ganz anderes Gebilde, durch eine gewisse geistige Synthese zustande kommend, nicht aber durch die Beobachtung der als einzelne betrachteten Individuen. Sicher ist jedes von diesen durch eine von der jedes andern irgendwie abweichende Entwicklung zu seinem Verhalten geführt worden, wahrscheinlich hat sich keines wirklich genau so wie das andere benommen: und in keinem liegt das mit dem andern Gleiche und das von ihm Abweichende in Sonderung nebeneinander, sondern beides bildet die unzertrennliche Einheit des persönlichen Lebens. Dennoch formen wir aus allen zusammen jene höheren Einheiten: die Griechen und die Perser, und die kürzeste Besinnung zeigt, daß wir fortwährend mit solchen Begriffen die individuellen Existenzen übergreifen.

Wollten wir, weil diese allein »Wirklichkeiten« wären, all jene geistigen Neubildungen aus unserem Erkenntnisbezirk ausschalten, so würde er seiner unbezweifeltsten und legitimiertesten Inhalte verlustig gehen. Die eigensinnige Behauptung: es gäbe doch nun einmal nur menschliche *Individuen,* und sie allein seien deshalb die konkreten Gegenstände einer Wissenschaft, kann uns nicht hindern, von der Geschichte des Katholizismus oder der Sozialdemokratie, von Städten und Reichen, von der Frauenbewegung und der Lage des Handwerks und tausend andern Gesamtereignissen und Kollektivgebilden zu sprechen – und nicht anders von der Gesellschaft überhaupt. So ausgedrückt, ist sie freilich ein abstrakter Begriff, aber jede der unzähligen Ausgestaltungen und Gruppierungen, die er umfaßt, ist ein erforschbares, erforschenswertes Objekt, das keineswegs aus den einzeln aufgewiesenen individuellen Existenzen besteht.

Doch könnte dies noch immer eine Unvollkommenheit unseres Erkennens, eine nur vorläufige Unvermeidlichkeit sein, die ihren prinzipiellen Abschluß, erreichbar oder nicht, in dem Wissen um die Individuen, als die endgültig konkreten Wesenheiten, suchen müßte. Allein, genau angesehen, sind auch die Individuen keineswegs letzte Elemente, »Atome« der menschlichen Welt. Nur indem wir diese Elemente auf immer einfachere, tiefer und weiter zurückliegende reduzieren, nähern wir uns dem wirklich »Letzten«, d. h. im strengen Sinne Realen, das aller höheren geistigen Zusammenfassung erst zugrunde liegen soll. Denn für diese Betrachtungsweise »existieren« die Farbenmoleküle, die Buchstaben, die Wasserteilchen; aber das Gemälde, das Buch, der Fluß sind nur Synthesen, als Einheiten bestehen sie nicht in objektiver Realität, sondern nur in einem Bewußtsein, das sie sich treffen läßt. Ersichtlich aber sind auch jene angeblichen Elemente hochzusammengesetzte Gebilde. Und wenn nun wahrhafte Realität nur den wahrhaft letzten Einheiten zukommt, nicht aber den Erscheinungen, in denen diese Einheiten eine *Form* finden, alle Form vielmehr, die immer eine Verbindung ist, nur von einem verbindenden Subjekt hinzugefügt wird – so liegt auf der Hand, daß die anzuerkennende Realität uns in völlige Unfaßbarkeit entgleitet; und dann ist es ein ganz willkürlicher Grenzstrich, der diese Zurückgliederung am »Individuum« beendet, da doch auch dieses der immer weiterstrebenden Analyse als eine Zusammensetzung aus einzelnen Qualitäten und Schicksalen, Kräften und historischen Hergeleitetheiten erscheinen muß, die im Verhältnis zu ihm ebenso die elementaren Wirklichkeiten sind, wie die Individuen selber im Verhältnis zur »Gesellschaft«.

Der angebliche Realismus also, der jene Kritik am Begriff der Gesellschaft und demnach auch an dem der Soziologie übt, läßt gerade alle erkennbare Realität verschwinden, weil er sie ins Unendliche hinausrückt, im Ungreifbaren sucht. Tatsächlich muß das Erkennen nach einem ganz andern Strukturprinzip begriffen werden, nach einem, das dem gleichen äußeren Erscheinungskomplex eine ganze Anzahl verschiedenartiger, aber gleichmäßig als definitiv und einheitlich anzuerkennender Objekte des Erkennens entnimmt.

Man wird dies am besten mit dem Symbol der verschiedenen *Distanz* von jenem Komplex bezeichnen, in die sich der Geist stellt. Wenn wir einen räumlichen Gegenstand in zwei Meter, in fünf, in zehn Meter Abstand vor uns sehen, so gibt das jedesmal ein anderes Bild, jedesmal ein solches, das in seiner bestimmten Art und nur in dieser »richtig« sein kann und gerade innerhalb dieser auch Falschheiten Raum gewährt. Würde z. B. ein ganz detailliert gesehener Ausschnitt eines Gemäldes, wie ihn die größte Augennähe gibt, in diejenige Anschauung eingefügt, die einer Entferntheit von ein paar Metern entspricht, so würde diese letztere dadurch völlig verwirrt und gefälscht werden – obgleich man aus oberflächlichen Begriffen heraus eben diese Detailanschauung für »wahrer« als das Fernbild halten könnte. Allein auch die ganze nahe Wahrnehmung hat noch irgendeine Distanz und deren untere Grenze ist gar nicht festzulegen. Das von einem Abstand aus, welcher er auch sei, gewonnene Bild hat sein Recht für sich, es kann durch kein von einem andern her entstehendes ersetzt oder korrigiert werden.

So nun sehen wir, an einen gewissen Umfang menschlicher Existenz »nahe« herantretend, jedes Individuum in seinem genauen Sich-Abheben vom anderen; nehmen wir den Blickpunkt aber weiter, so verschwindet das einzelne als solches, und es entsteht uns das Bild einer »Gesellschaft« mit eigenen Formen und Farben, mit der Möglichkeit, es zu erkennen und zu verkennen, in keinem Fall aber geringer berechtigt als jenes, in dem die Teile sich gegeneinander absetzen, oder ein bloßes Präliminarstadium dieses. Der bestehende Unterschied ist nur der zwischen verschiedenen Erkenntnisabsichten, denen verschiedene Distanznahmen entsprechen.

Noch aber ist von einem ganz andern Standpunkte her zuzugeben, daß die menschliche Existenz nur an Individuen wirklich ist, ohne daß die Gültigkeit des Gesellschaftsbegriffes darunter litte. Faßt man diesen in seiner weitesten Allgemeinheit, so bedeutet er die seelische Wechselwirkung zwischen Individuen.

An dieser Bestimmung darf nicht irre machen, daß gewisse Grenzerscheinungen sich ihr nicht ohne weiteres fügen: wenn zwei Personen sich flüchtig anblicken oder sich an einer Billettkasse gegenseitig drängen, so wird man sie darum noch nicht vergesellschaftet nennen. Allein hier ist die Wechselwirkung auch eine so oberflächliche und vorüberfliegende, daß man in *ihrem* Maße auch von Vergesellschaftung reden könnte, bedenkend, daß solche Wechselwirkungen nur häufiger und intensiver zu werden, sich mit mehreren, generell gleichen zu vereinen brauchen, um diese Bezeichnung zu berechtigen. Es ist ein oberflächliches Haften an dem – für die äußere Praxis freilich ausreichenden – Sprachgebrauch, wenn man die Benennung als Gesellschaft nur der *dauernden* Wechselbeziehung vorbehalten will, nur derjenigen, die sich zu einem bezeichenbaren Einheitsgebilde objektiviert hat: zu Staat und Familie, Zünften und Kirchen, Klassen und Zweckverbänden usw. Außer diesen aber besteht eine unermeßliche Zahl von kleineren, in den einzelnen Fällen geringfügig erscheinenden Beziehungsformen und Wechselwirkungsarten zwischen den Menschen, die, indem sie sich zwischen die umfassenden, sozusagen offiziellen sozialen Formungen schieben, doch erst die Gesellschaft, wie wir sie kennen, zustande bringen.

Die Beschränkung auf jene gleicht der früheren Wissenschaft vom inneren menschlichen Körper, die sich auf die großen, festumschriebenen Organe: Herz, Leber, Lunge, Magen usw. beschränkte und die unzähligen, populär nicht benannten oder nicht bekannten Gewebe vernachlässigte, ohne die jene deutlicheren Organe niemals einen lebendigen Leib ergeben würden. Aus den Gebilden der genannten Art, die die herkömmlichen Gegenstände der Gesellschaftswissenschaft bilden, ließe sich das in der Erfahrung vorliegende Leben der Gesellschaft durchaus nicht zusammensetzen; ohne die Dazwischenwirkung unzähliger, im einzelnen weniger umfänglicher Synthesen würde es in eine Vielzahl unverbundener Systeme auseinanderbrechen.

Fortwährend knüpft sich und löst sich und knüpft sich von neuem die Vergesellschaftung unter den Menschen, ein ewiges Fließen und Pulsieren, das die Individuen verkettet, auch wo es nicht zu eigentlichen Organisationen aufsteigt. Daß die Menschen sich gegenseitig anblicken und daß sie aufeinander eifersüchtig sind, daß sie sich Briefe schreiben oder miteinander zu Mittag essen, daß sie sich ganz jenseits aller greifbaren Interessen sympathisch oder antipathisch berühren, daß die Dankbarkeit der altruistischen Leistung eine unzerreißbar bindende Weiterwirkung bietet, daß einer den andern nach dem Weg fragt und daß sie sich füreinander anziehen und schmücken – all die tausend von Person zu Person spielenden momentanen oder dauernden, bewußten oder unbewußten, vorüberfliegenden oder folgenreichen Beziehungen, aus denen diese Beispiele ganz zufällig gewählt sind, knüpfen uns unaufhörlich zusammen.

Hier liegen die Wechselwirkungen zwischen den Elementen, die die ganze Zähigkeit und Elastizität, die ganze Buntheit und Einheitlichkeit dieses so deutlichen und so rätselhaften Lebens der Gesellschaft tragen. Alle jene großen Systeme und überindividuellen Organisationen, an die man bei dem Begriff von Gesellschaften zu denken pflegt, sind nichts anderes als die Verfestigungen – zu dauernden Rahmen und selbständigen Gebilden – von unmittelbaren, zwischen Individuum und Individuum stündlich und lebenslang hin und her gehenden Wechselwirkungen. Sie gewinnen damit freilich Eigenbestand und Eigengesetzlichkeit, mit denen sie sich diesen gegenseitig sich bestimmenden Lebendigkeiten auch gegenüber- und entgegenstellen können. Aber Gesellschaft in ihrem fortwährend sich realisierenden Leben bedeutet immer, daß die einzelnen vermöge gegenseitig ausgeübter Beeinflussung und Bestimmung verknüpft sind.

Sie ist also eigentlich etwas Funktionelles, etwas, was die Individuen tun und leiden, und ihrem Grundcharakter nach sollte man nicht von Gesellschaft, sondern von Vergesellschaftung sprechen. Gesellschaft ist dann nur der Name für einen Umkreis von Individuen, die durch derartig sich auswirkende Wechselbeziehungen aneinander gebunden sind und die man deshalb als eine Einheit bezeichnet, gerade wie man ein System körperlicher Massen, die sich in ihrem Verhalten durch ihre gegenseitigen Einwirkungen vollständig bestimmen, als Einheit ansieht.

Nun kann man sich dem letzteren gegenüber darauf versteifen, nur die einzelnen materiellen Stücke seien die echte »Realität«, ihre wechselseitig erregten Bewegungen und Modifikationen seien als etwas nie Handgreifliches gewissermaßen nur Realitäten zweiten Grades; sie hätten ihren Ort eben nur in jenen Substanzstücken, die sogenannte Einheit sei nur die Zusammenschau dieser stofflichen Sonderexistenzen, deren empfangene und ausgeteilte Impulse und Formungen doch in einer jeden verblieben. In demselben Sinne kann man freilich dabei bleiben, die eigentlichen Realitäten seien doch immer nur die menschlichen Individuen. Gewonnen wird dadurch nichts. Gesellschaft ist dann allerdings sozusagen keine Substanz, nichts für sich Konkretes, sondern ein *Geschehen*, ist die Funktion des Empfangens und Bewirkens von Schicksal und Gestaltung des einen von seiten des andern. Nach dem Greifbaren tastend, fänden wir nur Individuen und zwischen ihnen gleichsam nur leeren Raum. Wenn diese Betrachtung die »Existenz« in einem engeren Sinne auch wirklich nur den Individuen übrig läßt, so muß sie doch auch das Geschehen, die Dynamik des Wirkens und Leidens, mit der diese Individuen sich gegenseitig modifizieren, als etwas »Wirkliches« und Erforschbares stehen lassen.

Jede Wissenschaft zieht aus der Totalität oder der erlebten Unmittelbarkeit der Erscheinungen *eine* Reihe oder *eine* Seite unter Führung je eines bestimmten Begriffes heraus, und nicht weniger als alle andern handelt die Soziologie legitim, wenn sie die individuellen Existenzen zerlegt und nach einem nur ihr eigenen Begriff wieder neu zusammenfaßt und also fragt: Was geschieht mit den Menschen, nach welchen Regeln bewegen sie sich, nicht insofern sie die Ganzheit ihrer erfaßbaren Einzelexistenzen entfalten, sondern sofern sie vermöge ihrer Wechselwirkung Gruppen bilden und durch diese Gruppenexistenz bestimmt werden? So darf sie die Geschichte der Ehe behandeln, ohne das Zusammenleben einzelner Paare zu analysieren, das Prinzip der Ämterorganisation, ohne einen Tag auf dem Büro zu schildern, die Gesetze und Resultate des Klassenkampfes ergründen, ohne auf den Verlauf eines Streiks oder die Verhandlungen über einen Lohntarif einzugehen. Gewiß sind die Gegenstände solcher Fragen durch Abstraktionsprozesse zustande gekommen; aber damit unterscheiden sie sich nicht von den Wissenschaften wie Logik oder theoretische Nationalökonomie, die gleichfalls unter der Anleitung durch bestimmte Begriffe – dort des Erkennens, hier der Wirtschaft – zusammenhängende Gebilde aus der Wirklichkeit zustande bringen und Gesetze und Evolutionen an ihnen entdecken, während diese Gebilde als isolierte Erfahrbarkeiten gar nicht bestehen.

Steht so die Soziologie auf einer Abstraktion aus der vollen Wirklichkeit – hier unter Führung des Begriffes Gesellschaft vollzogen – und ist demnach der Vorwurf der Irrealität hinfällig, der von der behaupteten alleinigen Realität der Individuen herkam, so schützt diese Einsicht sie auch vor der Überspannung, die ich zuvor als eine nicht geringere Gefährdung ihres Bestandes als einer Wissenschaft erwähnte. Da der Mensch in jedem Augenblick seines Seins und Tuns durch die Tatsache, daß er ein gesellschaftliches Wesen ist, bestimmt sei, so schienen alle Wissenschaften vom Menschen sich in die Wissenschaft vom gesellschaftlichen Leben zurückzuschmelzen. alle Gegenstände jener Wissenschaften seien nur einzelne, besonders geformte Kanäle, durch die das gesellschaftliche Leben, einziger Träger aller Kraft und alles Sinnes, rinne. Ich zeigte, daß damit nichts anderes erlangt sei, als ein neuer, gemeinschaftlicher Name für all die Erkenntnisse, die in ihren besonderen Inhalten und Benennungen, Richtungen und Methoden ganz ungestört und selbstgesetzlich weiterbestehen werden. Ist dies also auch eine irrige Dehnung der Vorstellung von der Gesellschaft und der Soziologie, so liegt ihr doch eine an sich bedeutsame und folgenreiche Tatsache zugrunde. Die Einsicht: der Mensch sei in seinem ganzen Wesen und allen Äußerungen dadurch bestimmt, daß er in Wechselwirkung mit anderen Menschen lebt – muß allerdings zu einer neuen *Betrachtungs*weise in allen sogenannten Geisteswissenschaften führen.

Die großen Inhalte des geschichtlichen Lebens: die Sprache wie die Religion, die Staatenbildung wie die materielle Kultur, wußte man noch im 18. Jahrhundert wesentlich nur auf die »Erfindung« einzelner Persönlichkeiten zurückzuführen, und wo Verstand und Interessen des Einzelmenschen dazu nicht auszureichen schienen, blieb nur der Appell an transzendente Mächte übrig – zu denen übrigens das »Genie« jener einzelnen Erfinder eine Mittelstufe bildete: denn mit dem Geniebegriff drückte man eigentlich nur aus, daß die bekannten und begreiflichen Kräfte des Individuums zu der Produktion der Erscheinung nicht zulangten. So war die Sprache entweder die Erfindung einzelner oder ein göttliches Geschenk, die Religion – als geschichtliches Ereignis – die Erfindung schlauer Priester oder göttlicher Wille, die sittlichen Gesetze entweder von Heroen der Masse eingeprägt oder von Gott verliehen, oder von der »Natur« – einer nicht weniger mystischen Hypostasierung – den Menschen mitgegeben.

Aus dieser ungenügenden Alternative hat der Gesichtspunkt der gesellschaftlichen Produktion erlöst. All jene Gebilde erzeugen sich in den Wechselbeziehungen der Menschen, oder manchmal auch *sind* sie derartige Wechselbeziehungen, die also aus dem für sich betrachteten Individuum freilich nicht herleitbar sind. Neben jene beiden Möglichkeiten ist eben nun die dritte gestellt: die Produktion von Erscheinungen durch das gesellschaftliche Leben, und zwar im zweifachen Sinne, durch das Nebeneinander wechselwirkender Individuen, das *in* jedem erzeugt, was doch *aus* ihm allein nicht erklärbar ist, und durch das Nacheinander der Generationen, deren Vererbungen und Überlieferungen mit dem Eigenerwerb des einzelnen unlösbar verschmelzen, und es bewirken, daß der gesellschaftliche Mensch, im Unterschied gegen alles untermenschliche Leben, nicht nur Nachkomme, sondern Erbe ist. Durch das Bewußtwerden der sozialen Produktionsart, die sich zwischen die rein individuelle und die transzendente einschiebt, ist eine genetische Methode in alle Geisteswissenschaften gekommen, ein neues Werkzeug zur Lösung ihrer Probleme – mögen diese den Staat oder die Kirchenorganisation, die Sprache oder die sittliche Verfassung betreffen.

Die Sozialogie ist nicht nur eine Wissenschaft mit eigenen, gegen alle anderen Wissenschaften arbeitsteilig abgegrenzten Objekten, sondern sie ist eben auch eine *Methode* der historischen und der Geisteswissenschaften überhaupt geworden. Um sie auszunutzen, brauchen diese Wissenschaften ihren Standort durchaus nicht zu verlassen, sie brauchen nicht, wie jene phantastische Überspannung des Soziologiebegriffes forderte, zu Teilen der Soziologie zu werden. Diese vielmehr aklimatisiert sich jedem besonderen Forschungsgebiet, dem nationalökonomischen wie dem kulturgeschichtlichen, dem ethischen wie dem theologischen.

Und eben weil die Methode diese Allgemeinheit besitzt, bildet sie ein gemeinsames Fundament für einzelne Problemgruppen, die zuvor gewisser Aufklärungen entbehrten, die der einen nur von der anderen kommen können; der Gemeinsamkeit des Vergesellschaftetseins, das die Kräfte der Individuen sich gegenseitig bestimmen läßt, entspricht die Gemeinsamkeit der soziologischen Erkenntnisweise, vermöge deren dem einen Problem eine Lösungs- oder Vertiefungsmöglichkeit mit einem inhaltlich ganz heterogenen Erkenntnisgebiet zukommt. Ich erwähne nur einige Beispiele, die von dem Allersingulärsten zu dem Allerallgemeinsten aufführen.

Der Kriminalist kann etwa über das Wesen der sogenannten »Massenverbrechen« mancherlei von einer soziologischen Untersuchung über die Psychologie des Theaterpublikums lernen. Denn hier ist der Gegenstand eines kollektiv-impulsiven Verhaltens noch jederzeit genau feststellbar, und dieses verläuft in der sozusagen abstrakten, genau umgrenzten Sphäre der Kunst; damit wird – sehr bedeutsam für jenes Schuldproblem – die Bestimmbarkeit des einzelnen durch eine aktuell zusammenbefindliche Masse, das Ausschalten der individuellen und der objektiven Werturteile durch das »Mitgerissenwerden« so rein experimentell und beweiskräftig beobachtbar, wie kaum je sonst.

Der Religionsforscher wird vielfach geneigt sein, das Leben der religiösen Gemeinde, die Opferwilligkeit innerhalb ihrer auf Grund der Hingebung an ein allen gemeinsames Ideal, die Formung des gegenwärtigen Lebens durch die Hoffnung auf einen vollkommenen, über das Leben der aktuellen Individuen hinausliegenden Zustand – er wird geneigt sein, dieses auf die Kraft des religiösen Glaubensinhaltes zu schieben. Wenn ihm nun nahegebracht wird, daß etwa eine sozialdemokratische Arbeiterschaft dieselben Züge des gemeinsamen und des gegenseitigen Verhaltens ausbildet – so kann diese Analogie ihn einerseits lehren, daß das religiöse Verhalten nicht ausschließlich an die religiösen Inhalte gebunden, sondern eine allgemein menschliche Form ist, die sich nicht nur an transzendenten Gegenständen, sondern an manchen andern Gefühlsveranlassungen ganz ebenso realisiert. Andererseits aber wird er das für ihn Wesentlichere einsehen, daß auch das in sich geschlossene religiöse Leben Momente enthält, die nicht spezifisch religiös, sondern sozial sind, bestimmte Arten der gegenseitigen Gesinnung und Praxis, die freilich mit der religiösen Stimmung organisch verwachsen, aber erst, indem sie soziologisch herausanalysiert werden, erkennen lassen, was denn an dem religiösen Verhalten als rein religiöses – und als solches gegen alles Soziale gleichgültiges – Element gelten dürfe.

Endlich ein letztes Beispiel für die gegenseitige Befruchtung der Problemgruppen durch das gemeinsame Anteilhaben ihrer Gegenstände an dem menschlichen Vergesellschaftetsein. Der Historiker der politischen oder der allgemeinen Kulturgeschichte ist jetzt vielfach geneigt, die Konfigurationen z. B. der inneren Politik auf die entsprechenden wirtschaftlichen Verfassungen und Vorgänge als auf ihre zureichende Ursache zurückzuführen. Wird dies nun etwa auf den starken Individualismus in den politischen Konstitutionen der italienischen Frührenaissance angewandt, derart, daß diese aus der Befreiung des *Wirtschafts*verkehrs von zünftigen und kirchenrechtlichen Fesseln erklärt werden, so wird er einer Beobachtung des Kunsthistorikers eine neue Wendung dieser Auffassung verdanken können. Der Kunsthistoriker stellt schon am Anfang der hier fraglichen Epoche die ungeheure Ausbreitung der Porträtbüsten und ihren naturalistisch-individuellen Charakter fest und zeigt damit, wie die öffentliche Wertung ihren Akzent von dem, was den Menschen gemeinsam ist und was deshalb leicht in etwas abstraktere und ideellere Sphären rückt, auf das geschoben hat, was dem *einzelnen* zukommt, auf die Bedeutung der persönlichen Kraft, auf das Übergewicht des Konkreten vor dem allgemeinen, καθ' ὅλον geltenden Gesetz. Dies legt den Gedanken nahe, daß jene wirtschaftliche Wendung ihrerseits schon eine Äußerungsweise einer fundamentalen, soziologischen sei, die ihre Ausgestaltung auch als eine bestimmte Kunst und als eine bestimmte Politik gefunden hat, ohne daß eine von diesen unmittelbar die andere verursachte.

So verhelfen diese soziologischen Analogien überhaupt vielleicht zu einer tieferen, den historischen Materialismus überwindenden Auffassung: vielleicht sind die Wandlungen der Geschichte, ihrer eigentlich wirksamen Schicht nach, solche der soziologischen Formen. Wie sich die Individuen und die Gruppen zueinander verhalten, wie das Individuum zu seiner Gruppe, wie die Wertbetonungen, die Akkumulierungen, die Prärogativen unter den sozialen Elementen als solchen hin und her rücken – das ist vielleicht das eigentliche epochale Geschehen, und wenn die Wirtschaftsart alle anderen Kulturprovinzen nach sich zu bestimmen scheint, so ist die Wahrheit dieses verlockenden Scheines die, daß die Wirtschaft selbst durch soziologische Verschiebungen bestimmt ist, die von sich aus ebenso alle anderen kulturellen Gestaltungen bestimmen; daß auch die Wirtschaftsform nur ein »Überbau« über den Verhältnissen und Wandlungen der rein soziologischen Struktur ist, die die letzte historische Instanz bildet und alle anderen Lebensinhalte freilich in einem gewissen Parallelismus mit dem wirtschaftlichen gestalten muß.

Aber so sozial bestimmt, gleichsam von Gesellschaftlichkeit durchdrungen jeder Punkt der wirtschaftlichen und geistigen, der politischen und rechtlichen, ja der religiösen und allgemein kulturellen Sphäre sei, so verwebt sich doch diese Bestimmung an einem jeden innerhalb des vollen Erlebens mit andern, die aus andern Dimensionen stammen. Vor allem mit denen der reinen Sachlichkeit. Es ist immer irgendein Sachgehalt, technischer oder dogmatischer, intellektueller oder physiologischer Art, der die Entwicklung der sozialen Kräfte trägt und der durch seinen eigenen Charakter, seine Gesetze und seine Logik diese Entwicklung in bestimmten Richtungen und Schranken hält. Jede gesellschaftliche Arbeit, die sich an irgendeiner Materie vollzieht, muß sich deren Naturgesetzlichkeit fügen, jede intellektuelle Leistung bindet sich, mit welchen Schwankungen auch immer, an Denkgesetze und Verhalten von Objekten, jede Reihe von Schöpfungen auf künstlerischem oder politischem, rechtlichem oder medizinischem, philosophischem oder überhaupt erfinderischem Gebiet hält eine gewisse Ordnung ein, die uns aus den sachlichen Verhältnissen ihrer Inhalte – Steigerung, Anknüpfung, Differenzierung, Kombination usw. – verständlich wird. Hier ganz beliebige Schritte zu tun, beliebige Abstände zu überspringen, beliebige Synthesen zu vollziehen vermag kein menschliches Wollen und Können, sondern dieses folgt einer gewissen inneren Logik der Dinge selbst.

So könnte man die Kunstgeschichte als eine durchaus verständliche Entwicklung aufbauen, indem man die Kunstwerke für sich allein und gänzlich anonym in ihrer Zeitordnung und stilistischen Evolution vorführte, entsprechend die Rechtsentwicklung als das Nacheinander der Institutionen und Gesetze, die wissenschaftliche Produktion durch die bloße Aufreihung, eine historische oder eine systematische, der in ihr gewonnenen Resultate usw. Und hier ebenso, wie wenn man ein Lied auf seinen musikalischen Wert, eine physikalische Theorie auf ihre Wahrheit, eine Maschine auf ihre Zweckmäßigkeit hin ansieht, zeigt es sich, daß jeder menschliche Lebensinhalt, auch wenn er nur innerhalb der Bedingtheit und durch die Dynamik des gesellschaftlichen Lebens realisiert wird, eine von diesem ganz unabhängige Betrachtungsweise gestattet. Innerhalb der Reihe der Sachen selbst und gemessen an ihrer eigenen Idee haben sie einen Sinn, ein Gesetz, ein Wertmaß, das jenseits des sozialen wie des individuellen Lebens steht und eine eigene Feststellung, ein eigenes Verständnis ermöglicht. Der vollen Wirklichkeit gegenüber ist freilich auch dies eine Abstraktion, da kein Sachgehalt sich durch seine eigene Logik verwirklicht, sondern es nur durch die geschichtlichen und seelischen Kräfte vermag; was dasteht, ist eine dem Erkennen unmittelbar gar nicht erfaßbare Einheit, und was wir Sachgehalt nennen, ist eine Aufnahme von einer einseitigen Kategorie her.

Unter der Leitung einer entsprechenden erscheint die Menschheitsgeschichte als Verhalten und Erzeugnis von *Individuen.* Wie man das Kunstwerk auf seine rein artistische Bedeutung hin ansehen und in die objektive Reihe der Kunsterzeugnisse überhaupt einstellen kann, als wäre es »vom Himmel gefallen« – so mag man es auch aus der Persönlichkeit und der Entwicklung, aus dem Erlebnis und den Tendenzen seines Schöpfers heraus begreifen, als einen Pulsschlag oder ein unmittelbares Ergebnis des individuellen Lebens, aus dessen Kontinuität es sich, in dieser Richtung gesehen, überhaupt nicht herauslöst. Gewisse Kulturtatsachen mögen sich dieser Blickeinstellung leichter als andere bieten, vor allem die Kunst und alles, woran der Hauch des Schöpfertums noch fühlbar ist; prinzipiell aber ist dies Getragensein von dem tätigen und aufnehmenden, dem typischen oder einzigartigen Subjekt eine der Möglichkeiten, jene Einheit alles menschlichen Erzeugens in die Verständlichkeit zu übersetzen, es erscheint als eines der Momente, die in jedem mitwirken und nach deren Gesetz sich gleichsam eine Ebene bilden läßt, auf die man das Ganze projizieren kann.

Der Zweck dieser Ausführungen liegt in der Erkenntnis, daß neben dem gesellschaftlichen Leben als begründender Kraft und umfassender Formel des menschheitlichen Lebens auch noch Herleitung und Deutung des letzteren aus dem sachlichen Sinn seiner Inhalte und auch noch aus dem Wesen und der Produktivität der Individuen als solcher besteht – vielleicht auch noch aus anderen, bisher nicht entschieden herausgearbeiteten Kategorien. Diese Zerlegungen und Konstruktionsarten unseres unmittelbaren, als Einheit von all diesem empfundenen Lebens und Schaffens liegen in der gleichen Schicht und haben das gleiche Recht.

Infolgedessen – und darauf kommt es jetzt an – kann eine einzelne von ihnen nicht beanspruchen, uns den alleinigen und allein ausreichenden Weg der Erkenntnis zu führen, also auch nicht die, die von der gesellschaftlichen Form unseres Daseins bestimmt ist. Auch sie ist nur eine einseitige, die anderen ergänzend und von ihnen ergänzt. Aber freilich, unter diesem Vorbehalt kann sie prinzipiell der Ganzheit menschlicher Existenz eine Erkenntnismöglichkeit gewähren. Die Tatsachen der Politik wie der Religion, der Wirtschaft wie des Rechts, der Kulturstile als ganzer und der Sprache und unzählige andere können danach befragt werden, wie sie, jenseits individuell verantwortlicher Leistungen wie objektiv-sachlicher Bedeutung, als Leistungen des Subjekts Gesellschaft begreiflich, als Entwicklungen dieses Subjekts darstellbar sind; und es machte den Erkenntniswert davon keineswegs illusorisch, wenn über das Wesen dieses Subjekts auch keine völlig erschöpfende und völlig unstrittige Definition bestünde.

Es ist nun einmal eine Eigentümlichkeit unseres Geistes, daß er auf begrifflich noch unsicheren Fundamenten doch ein sicheres Gebäude aufführen kann: physikalische und chemische Feststellungen leiden nicht unter der Dunkelheit und Problematik des Begriffes der Materie, rechtliche nicht unter dem Streit über das Wesen des Rechts und seiner ersten Grundsätze, psychologische nicht darunter, daß das »Wesen der Seele« uns durchaus fragwürdig ist. Wenn demnach die »soziologische Methode« angewendet wird, um den Verfall des Römerreiches oder das Verhältnis von Religion und Wirtschaft bei den großen Kulturvölkern, um die Entstehung des deutschen Nationalstaatsgedankens oder die Herrschaft des Barockstils zu entwickeln, d. h., wenn solche Geschehnisse oder Zustände als Summierungen ununterscheidbarer Beiträge, als Ergebnisse der Wechselwirkung von Individuen, als Lebensstadien überindividueller Gruppeneinheiten erscheinen – so mag man diese nach soziologischer Methode geführten Untersuchungen als Soziologie bezeichnen.

Allein aus ihnen erhebt sich, durch eine weitere Abstraktion, die man wohl als Ergebnis einer höchst differenzierten Wissenschaftskultur charakterisieren kann, eine Problemgruppe von im engeren Sinne soziologischer Natur. Wenn nämlich alle möglichen Tatsächlichkeiten des Lebens daraufhin betrachtet werden, daß sie sich innerhalb einer gesellschaftlichen Gruppe und durch sie vollziehen, so muß es Gemeinsamkeiten ihres Vollzuges geben (wenn auch, gemäß den verschiedenen Umständen, nicht allenthalben die gleichen), Charakterzüge, die daraufhin und nur daraufhin hervortreten, daß sich das gesellschaftliche Leben als Ursprung oder Subjekt jener Ereignisse zeigt. Dahin gehören Fragen wie die: ob sich etwa in den geschichtlichen Entwicklungen der allerverschiedensten Art, die sich nur in ihrem Getragensein durch je eine Gruppe begegnen, ein gemeinsames Gesetz finden läßt, ein nur auf diese Tatsache zurückführbarer Rhythmus? Ferner reihen sich in diese Kategorie Fragen ein wie die nach den Bedingungen der Macht von Individuen. Eine andere Frage, die sich gegenüber allen soziologisch betrachteten Zuständen und Ereignissen erhebt, ist die: wie denn das kollektive Verhalten, Handeln, Gedankenbilden dem *Werte* nach zu den entsprechenden, aus Individuen unmittelbar, hervorgehenden Äußerungen stehe? Welche Unterschiede des Niveaus, an irgendwie idealen Maßstäben gemessen, zwischen den sozialen Erscheinungen und den individuellen bestehen?

Die wissenschaftliche Abstraktion legt noch von einer anderen Richtung her eine Linie durch die volle Konkretheit der gesellschaftlichen Erscheinungen. All jene gesellschaftlichen Tatsachen sind doch, wie schon erwähnt wurde, nicht *nur* gesellschaftliche, es ist immer ein Sachgehalt sinnlicher oder geistiger, technischer oder physiologischer Art, der gesellschaftlich getragen oder produziert oder fortgepflanzt wird und so das Gesamtgebilde des sozialen Lebens ergibt. Aber diese gesellschaftliche Formung solcher Inhalte muß doch auch für sich in einer arbeitsteiligen Wissenschaft erforschbar sein, gerade wie die geometrische Abstraktion die bloßen Raumformen der Körper erforscht, die doch nur als Formen materieller Inhalte empirisch vorliegen. Kann man sagen, Gesellschaft sei Wechselwirkung unter Individuen, so wäre: die Formen dieser Wechselwirkung zu beschreiben, Aufgabe der Gesellschaftswissenschaft im engsten und eigentlichsten Sinne der »Gesellschaft«. War der erste Problemkreis erfüllt von dem ganzen geschichtlichen Leben, soweit es gesellschaftlich geformt ist, immer aber diese Gesellschaftlichkeit als Ganzes umgreifend, so dieser zweite von den Formen selbst, die aus der bloßen Summe lebender Menschen Gesellschaft und Gesellschaften machen.

Diese Forschung – man könnte sie die »reine Soziologie« nennen – zieht aus den Erscheinungen das Moment der Vergesellschaftung, induktiv und psychologisch von der Mannigfaltigkeit ihrer Inhalte und Zwecke, die für sich noch nicht gesellschaftlich sind, gelöst, wie die Grammatik die reinen Formen der Sprache von den Inhalten sondert, an denen diese Formen lebendig sind. Tatsächlich finden wir an gesellschaftlichen Gruppen, welche ihren Zwecken und ihrer ganzen Bedeutung nach die denkbar verschiedensten sind, die gleichen formalen Verhaltungsweisen der Individuen zueinander. Über- und Unterordnung, Konkurrenz, Nachahmung, Arbeitsteilung, Parteibildung, Vertretung, Gleichzeitigkeit des Zusammenschlusses nach innen und des Abschlusses nach außen und unzähliges ähnliches findet sich an einer staatlichen Gesellschaft wie an einer Religionsgemeinde, an einer Verschwörerbande wie an einer Wirtschaftsgenossenschaft, an einer Kunstschule wie an einer Familie. So mannigfaltig auch die Interessen sind, aus denen es überhaupt zu diesen Vergesellschaftungen kommt – die Formen, in denen sie sich vollziehen, können dennoch die gleichen sein.

Und nun andererseits: das inhaltlich gleiche Interesse kann sich in sehr verschiedenartig geformten Vergesellschaftungen darstellen, z. B. das wirtschaftliche Interesse realisiert sich ebenso durch Konkurrenz wie durch planmäßige Organisation der Produzenten, bald durch Abschluß gegen andere Wirtschaftsgruppen, bald durch Anschluß an sie; die religiösen Lebensinhalte fordern, inhaltlich die identischen bleibend, einmal eine freiheitliche, ein andermal eine zentralistische Gemeinschaftsform; die Interessen, die den Beziehungen der Geschlechter zugrunde liegen, befriedigen sich in der kaum übersehbaren Mannigfaltigkeit der Familienformen usw.

Wie also die Form die identische sein kann, in der die divergentesten Inhalte sich vollziehen, so kann umgekehrt auch der Stoff beharren, während das Miteinander der Individuen, das ihn trägt, sich in einer Mannigfaltigkeit von Formen bewegt; wodurch denn die Tatsachen, obgleich in ihrer Gegebenheit Stoff und Form eine unlösbare Einheit des sozialen Lebens ausmachen, deren Trennung zum Zweck des soziologischen Problems: der Feststellung, systematischen Ordnung, psychologischen Begründung und historischen Entwicklung der reinen Formen der Vergesellschaftung, legitimieren. Eine Spezialwissenschaft ist die Soziologie hier nicht, wie bei der ersten Problemgruppe, nach ihren Gegenständen, wohl aber nach ihrer eindeutig umgrenzten Fragestellung gegenüber diesen Gegenständen.

Die Einstellungen gegenüber den gegebenen Tatsachen, die das jetzige Stadium der Wissenschaft verlangt, machen zuletzt noch einen dritten Bezirk von Fragen an die Tatsache Gesellschaft kenntlich. Sie versuchen durch Hypothese und Spekulation den unvermeidlich fragmentarischen Charakter dieser wie jeder Empirie zu einem geschlossenen Gesamtbilde zu ergänzen; sie ordnen die chaotisch zufälligen Ereignisse in Reihen, die einer Idee folgen oder einem Zweck zustreben; sie fragen, wo das gleichgültig-naturgesetzliche Abrollen der Ereignisse einem *Sinn* der Einzelerscheinungen oder des Ganzen Raum gäbe; sie behaupten oder sie bezweifeln – beides gleichmäßig einer überempirischen Weltanschauung entspringend –, daß diesem ganzen Spiel der gesellschaftlich-geschichtlichen Erscheinungen eine religiöse Bedeutung, eine erkennbare oder zu ahnende Beziehung zu dem metaphysischen Grunde des Seins einwohne.

Im besonderen ergeben sich hier Fragen wie diese: Ist die Gesellschaft der Zweck der menschlichen Existenz oder ein Mittel für das Individuum? Liegt der definitive Wert der sozialen Entwicklung in der Ausbildung der Persönlichkeit oder in der der Assoziation? Ist Sinn und Zweck überhaupt in den gesellschaftlichen Gebilden als solchen vorhanden oder realisieren diese Begriffe sich nur an der Einzelseele? Zeigen die typischen Entwicklungsstadien der Gesellschaften eine Analogie mit kosmischen Evolutionen, so daß es eine allgemeine Formel oder Rhythmus von Entwicklung überhaupt gäbe – z. B. den Wechsel von Differenzierung und Integrierung –, der sich an den gesellschaftlichen wie an den materiellen Tatsachen gleichmäßig offenbart? Werden die sozialen Bewegungen vom Prinzip der Kraftersparnis, werden sie von materialistischen oder von ideologischen Motiven gelenkt? Dieser Typus von Fragen ist ersichtlich nicht auf dem Wege der Tatsachenfeststellung beantwortbar; vielmehr handelt es sich um die *Deutung* festgestellter Tatsachen und darum, das Relative und Problematische der bloßen sozialen Wirklichkeit zu einer Gesamtanschauung zu führen, die mit der Empirie nicht konkurriert, weil sie ganz anderen Bedürfnissen als diese dient.

Die Gross-Städte und das Geistesleben

Die tiefsten Probleme des modernen Lebens quellen aus dem Anspruch des Individuums, die Selbständigkeit und Eigenart seines Daseins gegen die Übermächte der Gesellschaft, des geschichtlich Ererbten, der äußerlichen Kultur und Technik des Lebens zu bewahren – die letzterreichte Umgestaltung des Kampfes mit der Natur, den der primitive Mensch um seine *leibliche* Existenz zu führen hat. Mag das 18. Jahrhundert zur Befreiung von allen historisch erwachsenen Bindungen in Staat und Religion, in Moral und Wirtschaft aufrufen, damit die ursprünglich gute Natur, die in allen Menschen die gleiche ist, sich ungehemmt entwickele; mag das 19. Jahrhundert neben der bloßen Freiheit die arbeitsteilige Besonderheit des Menschen und seiner Leistung fordern, die den einzelnen unvergleichlich und möglichst unentbehrlich macht, ihn dadurch aber um so enger auf die Ergänzung durch alle anderen anweist; mag Nietzsche in dem rücksichtslosesten Kampf der einzelnen oder der Sozialismus gerade in dem Niederhalten aller Konkurrenz die Bedingung für die volle Entwicklung der Individuen sehen – in alledem wirkt das gleiche Grundmotiv: der Widerstand des Subjekts, in einem gesellschaftlich-technischen Mechanismus nivelliert und verbraucht zu werden. Wo die Produkte des spezifisch modernen Lebens nach ihrer Innerlichkeit gefragt werden, sozusagen der Körper der Kultur nach seiner Seele – wie mir dies heut gegenüber unseren Großstädten obliegt –, wird die Antwort der Gleichung nachforschen müssen, die solche Gebilde zwischen den individuellen und den überindividuellen Inhalten des Lebens stiften, den Anpassungen der Persönlichkeit, durch die sie sich mit den ihr äußeren Mächten abfindet.

Die psychologische Grundlage, auf der der Typus großstädtischer Individualitäten sich erhebt, ist die *Steigerung des Nervenlebens,* die aus dem raschen und ununterbrochenen Wechsel äußerer und innerer Eindrücke hervorgeht. Der Mensch ist ein Unterschiedswesen, d. h., sein Bewußtsein wird durch den Unterschied des augenblicklichen Eindrucks gegen den vorhergehenden angeregt; beharrende Eindrücke, Geringfügigkeit ihrer Differenzen, gewohnte Regelmäßigkeit ihres Ablaufs und ihrer Gegensätze verbrauchen sozusagen weniger Bewußtsein, als die rasche Zusammendrängung wechselnder Bilder, der schroffe Abstand innerhalb dessen, was man mit einem Blick umfaßt, die Unerwartetheit sich aufdrängender Impressionen. Indem die Großstadt gerade diese psychologischen Bedingungen schafft – mit jedem Gang über die Straße, mit dem Tempo und den Mannigfaltigkeiten des wirtschaftlichen, beruflichen, gesellschaftlichen Lebens –, stiftet sie schon in den sinnlichen Fundamenten des Seelenlebens, in dem Bewußtseinsquantum, das sie uns wegen unserer Organisation als Unterschiedswesen abfordert, einen tiefen Gegensatz gegen die Kleinstadt und das Landleben, mit dem langsameren, gewohnteren, gleichmäßiger fließenden Rhythmus ihres sinnlich-geistigen Lebensbildes.

Daraus wird vor allem der intellektualistische Charakter des großstädtischen Seelenlebens begreiflich, gegenüber dem kleinstädtischen, das vielmehr auf das Gemüt und gefühlsmäßige Beziehungen gestellt ist. Denn diese wurzeln in den unbewußteren Schichten der Seele und wachsen am ehesten an dem ruhigen Gleichmaß ununterbrochener Gewöhnungen. Der Ort des Verstandes dagegen sind die durchsichtigen, bewußten, obersten Schichten unserer Seele, er ist die anpassungsfähigste unserer inneren Kräfte; er bedarf, um sich mit dem Wechsel und Gegensatz der Erscheinungen abzufinden, nicht der Erschütterungen und des inneren Umgrabens, wodurch allein das konservativere *Gemüt* sich in den gleichen Rhythmus der Erscheinungen zu schicken wüßte. So schafft der Typus des Großstädters – der natürlich von tausend individuellen Modifikationen umspielt ist – sich ein Schutzorgan gegen die Entwurzelung, mit der die Strömungen und Diskrepanzen seines äußeren Milieus ihn bedrohen: statt mit dem Gemüte reagiert er auf diese im wesentlichen mit dem Verstande, dem die Steigerung des Bewußtseins, wie dieselbe Ursache sie erzeugte, die seelische Prärogative verschafft. Damit ist die Reaktion auf jene Erscheinungen in das am wenigsten empfindliche, von den Tiefen der Persönlichkeit am weitesten abstehende psychische Organ verlegt.

Diese Verstandesmäßigkeit, so als ein Präservativ des subjektiven Lebens gegen die Vergewaltigung der Großstadt erkannt, verzweigt sich in und mit vielfachen Einzelerscheinungen. Die Großstädte sind von jeher die Sitze der Geldwirtschaft gewesen, weil die Mannigfaltigkeit und Zusammendrängung des wirtschaftlichen Austausches dem Tauschmittel eine Wichtigkeit verschafft, zu der es bei der Spärlichkeit des ländlichen Tauschverkehrs nicht gekommen wäre. Geldwirtschaft aber und Verstandesherrschaft stehen im tiefsten Zusammenhange. Ihnen ist gemeinsam die reine Sachlichkeit in der Behandlung von Menschen und Dingen, in der sich eine formale Gerechtigkeit oft mit rücksichtsloser Härte paart. Der rein verstandesmäßige Mensch ist gegen alles eigentlich Individuelle gleichgültig, weil aus diesem sich Beziehungen und Reaktionen ergeben, die mit dem logischen Verstande nicht auszuschöpfen sind – gerade wie in das Geldprinzip die Individualität der Erscheinungen nicht eintritt. Denn das Geld fragt nur nach dem, was ihnen allen gemeinsam ist, nach dem Tauschwert, der alle Qualität und Eigenart auf die Frage nach dem bloßen Wieviel nivelliert. Alle Gemütsbeziehungen zwischen Personen gründen sich auf deren Individualität, während die verstandesmäßigen mit den Menschen wie mit Zahlen rechnen, wie mit an sich gleichgültigen Elementen, die nur nach ihrer objektiv abwägbaren Leistung ein Interesse haben – wie der Großstädter mit seinen Lieferanten und seinen Abnehmern, seinen Dienstboten und oft genug mit den Personen seines gesellschaftlichen Pflichtverkehrs rechnet, im Gegensatz zu dem Charakter des kleineren Kreises, in dem die unvermeidliche Kenntnis der Individualitäten ebenso unvermeidlich eine gemütvollere Tönung des Verhaltens erzeugt, ein Jenseits der bloß objektiven Abwägung von Leistung und Gegenleistung.

Das Wesentliche auf wirtschaftspychologischem Gebiet ist hier, daß in primitiveren Verhältnissen für den Kunden produziert wird, der die Ware bestellt, so daß Produzent und Abnehmer sich gegenseitig kennen. Die moderne Großstadt aber nährt sich fast vollständig von der Produktion für den Markt, d. h. für völlig unbekannte, nie in den Gesichtskreis des eigentlichen Produzenten tretende Abnehmer. Dadurch bekommt das Interesse beider Parteien eine unbarmherzige Sachlichkeit; ihr verstandesmäßig rechnender wirtschaftlicher Egoismus hat keine Ablenkung durch die Imponderabilien persönlicher Beziehungen zu fürchten. Und dies steht offenbar mit der Geldwirtschaft, die in den Großstädten dominiert und hier die letzten Reste der Eigenproduktion und des unmittelbaren Warentausches verdrängt hat und die Kundenarbeit täglich mehr reduziert, in so enger Wechselwirkung, daß niemand zu sagen wüßte, ob zuerst jene seelische, intellektualistische Verfassung auf die Geldwirtschaft hindrängte, oder ob diese der bestimmende Faktor für jene war. Sicher ist nur, daß die Form des großstädtischen Lebens der nährendste Boden für diese Wechselwirkung ist; was ich nur noch mit dem Ausspruch des bedeutendsten englischen Verfassungshistorikers belegen will: im Verlauf der ganzen englischen Geschichte habe London niemals als das Herz von England gehandelt, oft als sein Verstand und immer als sein Geldbeutel!

An einem scheinbar unbedeutenden Zuge auf der Oberfläche des Lebens vereinigen sich, nicht wenig charakteristisch, dieselben seelischen Strömungen. Der moderne Geist ist mehr und mehr ein rechnender geworden. Dem Ideale der Naturwissenschaft, die Welt in ein Rechenexempel zu verwandeln, jeden Teil ihrer in mathematischen Formeln festzulegen, entspricht die rechnerische Exaktheit des praktischen Lebens, die ihm die Geldwirtschaft gebracht hat; sie erst hat den Tag so vieler Menschen mit Abwägen, Rechnen, zahlenmäßigem Bestimmen, Reduzieren qualitativer Werte auf quantitative ausgefüllt. Durch das rechnerische Wesen des Geldes ist in das Verhältnis der Lebenselemente eine Präzision, eine Sicherheit in der Bestimmung von Gleichheiten und Ungleichheiten, eine Unzweideutigkeit in Verabredungen und Ausmachungen gekommen, wie sie äußerlich durch die allgemeine Verbreitung der Taschenuhren bewirkt wird. Es sind aber die Bedingungen der Großstadt, die für diesen Wesenszug so Ursache wie Wirkung sind. Die Beziehungen und Angelegenheiten des typischen Großstädters pflegen so mannigfaltige und komplizierte zu sein, vor allem: durch die Anhäufung so vieler Menschen mit so differenzierten Interessen greifen ihre Beziehungen und Betätigungen zu einem so vielgliedrigen Organismus ineinander, daß ohne die genaueste Pünktlichkeit in Versprechungen und Leistungen das Ganze zu einem unentwirrbaren Chaos zusammenbrechen würde. Wenn alle Uhren in Berlin plötzlich in verschiedener Richtung falschgehen würden, auch nur um den Spielraum einer Stunde, so wäre sein ganzes wirtschaftliches und sonstiges Verkehrsleben auf lange hinaus zerrüttet. Dazu kommt, scheinbar noch äußerlicher, die Größe der Entfernungen, die alles Warten und Vergebenskommen zu einem gar nicht aufzubringenden Zeitaufwand machen. So ist die Technik des großstädtischen Lebens überhaupt nicht denkbar, ohne daß alle Tätigkeiten und Wechselbeziehungen aufs pünktlichste in ein festes, übersubjektives Zeitschema eingeordnet würden.

Aber auch hier tritt hervor, was überhaupt nur die ganze Aufgabe dieser Betrachtungen sein kann: daß sich von jedem Punkt an der Oberfläche des Daseins, so sehr er nur in und aus dieser erwachsen scheint, ein Senkblei in die Tiefe der Seele schicken läßt, daß alle banalsten Äußerlichkeiten schließlich durch Richtungslinien mit den letzten Entscheidungen über den Sinn und Stil des Lebens verbunden sind. Die Pünktlichkeit, Berechenbarkeit, Exaktheit, die die Komplikationen und Ausgedehntheiten des großstädtischen Lebens ihm aufzwingen, steht nicht nur in engstem Zusammenhange mit ihrem geldwirtschaftlichen und ihrem intellektualistischen Charakter, sondern muß auch die Inhalte des Lebens färben und den Ausschluß jener irrationalen, instinktiven, souveränen Wesenszüge und Impulse begünstigen, die von sich aus die Lebensform bestimmen wollen, statt sie als eine allgemeine, schematisch präzisierte von außen zu empfangen. Wenn auch die durch solche charakterisierten, selbstherrlichen Existenzen keineswegs in der Stadt unmöglich sind, so sind sie doch ihrem Typus entgegengesetzt, und daraus erklärt sich der leidenschaftliche Haß von Naturen wie Ruskin und Nietzsche gegen die Großstadt – Naturen, die allein in dem schematisch Eigenartigen, nicht für alle gleichmäßig Präzisierbaren den Wert des Lebens finden und denen deshalb aus der gleichen Quelle wie jener Haß der gegen die Geldwirtschaft und gegen den Intellektualismus des Daseins quillt.

Dieselben Faktoren, die so in der Exaktheit und minutenhaften Präzision der Lebensform zu einem Gebilde von höchster Unpersönlichkeit zusammengeronnen sind, wirken andererseits auf ein höchst persönliches hin. Es gibt vielleicht keine seelische Erscheinung, die so unbedingt der Großstadt vorbehalten wäre, wie die Blasiertheit. Sie ist zunächst die Folge jener rasch wechselnden und in ihren Gegensätzen eng zusammengedrängten Nervenreize, aus denen uns auch die Steigerung der großstädtischen Intellektualität hervorzugehen schien; weshalb denn auch dumme und von vornherein geistig unlebendige Menschen nicht gerade blasiert zu sein pflegen. Wie ein maßloses Genußleben blasiert macht, weil es die Nerven so lange zu ihren stärksten Reaktionen aufregt, bis sie schließlich überhaupt keine Reaktion mehr hergeben – so zwingen ihnen auch harmlosere Eindrücke durch die Raschheit und Gegensätzlichkeit ihres Wechsels so gewaltsame Antworten ab, reißen sie so brutal hin und her, daß sie ihre letzte Kraftreserve hergeben und, in dem gleichen Milieu verbleibend, keine Zeit haben, eine neue zu sammeln. Die so entstehende Unfähigkeit, auf neue Reize mit der ihnen angemessenen Energie zu reagieren, ist eben jene Blasiertheit, die eigentlich schon jedes Kind der Großstadt im Vergleich mit Kindern ruhigerer und abwechslungsloserer Milieus zeigt.

Mit dieser physiologischen Quelle der großstädtischen Blasierheit vereinigt sich die andere, die in der Geldwirtschaft fließt. Das Wesen der Blasiertheit ist die Abstumpfung gegen die Unterschiede der Dinge, nicht in dem Sinne, daß sie nicht wahrgenommen würden, wie von dem Stumpfsinnigen, sondern so, daß die Bedeutung und der Wert der Unterschiede der Dinge und damit der Dinge selbst als nichtig empfunden wird. Sie erscheinen dem Blasierten in einer gleichmäßig matten und grauen Tönung, keines wert, dem anderen vorgezogen zu werden. Diese Seelenstimmung ist der getreue subjektive Reflex der völlig durchgedrungenen Geldwirtschaft; indem das Geld alle Mannigfaltigkeiten der Dinge gleichmäßig aufwiegt, alle qualitativen Unterschiede zwischen ihnen durch Unterschiede des Wieviel ausdrückt, indem das Geld, mit seiner Farblosigkeit und Indifferenz, sich zum Generalnenner aller Werte aufwirft, wird es der fürchterlichste Nivellierer, es höhlt den Kern der Dinge, ihre Eigenart, ihren spezifischen Wert, ihre Unvergleichbarkeit rettungslos aus. Sie schwimmen alle mit gleichem spezifischem Gewicht in dem fortwährend bewegten Geldstrom, liegen alle in derselben Ebene und unterscheiden sich nur durch die Größe der Stücke, die sie von dieser decken. Im einzelnen Fall mag diese Färbung oder vielmehr Entfärbung der Dinge durch ihre Äquivalenz mit dem Gelde unmerkbar klein sein; in dem Verhältnis aber, das der Reiche zu den für Geld erwerbbaren Objekten hat, ja vielleicht schon in dem Gesamtcharakter, den der öffentliche Geist jetzt diesen Objekten allenthalben erteilt, ist er zu einer sehr merkbaren Größe angehäuft.

Darum sind die Großstädte, in denen als den Hauptsitzen des Geldverkehrs die Käuflichkeit der Dinge sich in ganz anderem Umfange aufdrängt als in kleineren Verhältnissen, auch die eigentlichen Stätten der Blasiertheit. In ihr gipfelt sich gewissermaßen jener Erfolg der Zusammendrängung von Menschen und Dingen auf, die das Individuum zu seiner höchsten Nervenleistung reizt; durch die bloß quantitative Steigerung der gleichen Bedingungen schlägt dieser Erfolg in sein Gegenteil um, in diese eigentümliche Anpassungserscheinung der Blasiertheit, in der die Nerven ihre letzte Möglichkeit, sich mit den Inhalten und der Form des Großstadtlebens abzufinden, darin entdecken, daß sie sich der Reaktion auf sie versagen – die Selbsterhaltung gewisser Naturen um den Preis, die ganze objektive Welt zu entwerten, was dann am Ende die eigene Persönlichkeit unvermeidlich in ein Gefühl gleicher Entwertung hinabzieht.

Während das Subjekt diese Existenzform ganz mit sich abzumachen hat, verlangt ihm seine Selbsterhaltung gegenüber der Großstadt ein nicht weniger negatives Verhalten sozialer Natur ab. Die geistige Haltung der Großstädter zueinander wird man in formaler Hinsicht als Reserviertheit bezeichnen dürfen. Wenn der fortwährenden äußeren Berührung mit unzähligen Menschen so viele innere Reaktionen antworten sollten, wie in der kleinen Stadt, in der man fast jeden Begegnenden kennt und zu jedem ein positives Verhältnis hat, so würde man sich innerlich völlig atomisieren und in eine ganz unausdenkbare seelische Verfassung geraten. Teils dieser psychologische Umstand, teils das Recht auf Mißtrauen, das wir gegenüber den in flüchtiger Berührung vorüberstreifenden Elemente des Großstadtlebens haben, nötigt uns zu jener Reserve, infolge deren wir jahrelange Hausnachbarn oft nicht einmal von Ansehen kennen und die uns dem Kleinstädter so oft als kalt und gemütlos erscheinen läßt.

Ja, wenn ich mich nicht täusche, ist die Innenseite dieser äußeren Reserve nicht nur Gleichgültigkeit, sondern, häufiger als wir es uns zum Bewußtsein bringen, eine leise Aversion, eine gegenseitige Fremdheit und Abstoßung, die in dem gleichen Augenblick einer irgendwie veranlaßten nahen Berührung sogleich in Haß und Kampf ausschlagen würde. Die ganze innere Organisation eines derartig ausgedehnten Verkehrslebens beruht auf einem äußerst mannigfaltigen Stufenbau von Sympathien, Gleichgültigkeiten und Aversionen der kürzesten wie der dauerndsten Art. Die Sphäre der Gleichgültigkeit ist dabei nicht so groß, wie es oberflächlich scheint; die Aktivität unserer Seele antwortet doch fast auf jeden Eindruck seitens eines anderen Menschen mit einer irgendwie bestimmten Empfindung, deren Unbewußtheit, Flüchtigkeit und Wechsel sie nur in eine Indifferenz aufzuheben scheint. Tatsächlich wäre diese letztere uns ebenso unnatürlich, wie die Verschwommenheit wahlloser gegenseitiger Suggestion unerträglich, und von diesen beiden typischen Gefahren der Großstadt bewahrt uns die Antipathie, das latente und Vorstadium des praktischen Antagonismus, sie bewirkt die Distanzen und Abwendungen, ohne die diese Art Leben überhaupt nicht geführt werden könnte: ihre Maße und ihre Mischungen, der Rhythmus ihres Auftauchens und Verschwindens, die Formen, in denen ihr genügt wird – dies bildet mit den im engeren Sinne vereinheitlichenden Motiven ein untrennbares Ganzes der großstädtischen Lebensgestaltung: was in dieser unmittelbar als Dissoziierung erscheint, ist so in Wirklichkeit nur eine ihrer elementaren Sozialisierungsformen.

Diese Reserviertheit mit dem Oberton versteckter Aversion erscheint aber nun wieder als Form oder Gewand eines viel allgemeineren Geisteswesens der Großstadt. Sie gewährt nämlich dem Individuum eine Art und ein Maß persönlicher Freiheit, zu denen es in anderen Verhältnissen gar keine Analogie gibt: sie geht damit auf eine der großen Entwicklungstendenzen des gesellschaftlichen Lebens überhaupt zurück, auf eine der wenigen, für die eine annähernd durchgängige Formel auffindbar ist.

Das früheste Stadium sozialer Bildungen, das sich an den historischen, wie an gegenwärtig sich gestaltenden findet, ist dieses: ein relativ kleiner Kreis, mit starkem Abschluß gegen benachbarte, fremde, oder irgendwie antagonistische Kreise, dafür aber mit einem um so engeren Zusammenschluß in sich selbst, der dem einzelnen Mitglied nur einen geringen Spielraum für die Entfaltung eigenartiger Qualitäten und freier, für sich selbst verantwortlicher Bewegungen gestattet. So beginnen politische und familiäre Gruppen, so Parteibildungen, so Religionsgenossenschaften; die Selbsterhaltung sehr junger Vereinigungen fordert strenge Grenzsetzung und zentripetale Einheit und kann deshalb dem Individuum keine Freiheit und Besonderheit innerer und äußerer Entwicklung einräumen.

Von diesem Stadium aus geht die soziale Evolution gleichzeitig nach zwei verschiedenen und dennoch sich entsprechenden Seiten. In dem Maß, in dem die Gruppe wächst – numerisch, räumlich, an Bedeutung und Lebensinhalten –, in eben dem lockert sich ihre unmittelbare innere Einheit, die Schärfe der ursprünglichen Abgrenzung gegen andere wird durch Wechselbeziehungen und Konnexe gemildert; und zugleich gewinnt das Individuum Bewegungsfreiheit, weit über die erste, eifersüchtige Eingrenzung hinaus, und eine Eigenart und Besonderheit, zu der die Arbeitsteilung in der größer gewordenen Gruppe Gelegenheit und Nötigung gibt. Nach dieser Formel haben sich der Staat und das Christentum, Zünfte und politische Parteien und unzählige andere Gruppen entwickelt, so sehr natürlich die besonderen Bedingungen und Kräfte der einzelnen das allgemeine Schema modifizierten.

Es scheint mir aber auch deutlich an der Entwicklung der Individualität innerhalb des städtischen Lebens erkennbar. Das Kleinstadtleben in der Antike wie im Mittelalter legte dem Einzelnen Schranken der Bewegung und Beziehungen nach außen, der Selbständigkeit und Differenzierung nach innen hin auf, unter denen der moderne Mensch nicht atmen könnte – noch heute empfindet der Großstädter, in die Kleinstadt versetzt, eine wenigstens der Art nach gleiche Beengung. Je kleiner ein solcher Kreis ist, der unser Milieu bildet, je beschränkter die grenzenlösenden Beziehungen zu anderen, desto ängstlicher wacht er über die Leistungen, die Lebensführung, die Gesinnungen des Individuums, desto eher würde eine quantitative und qualitative Sonderart den Rahmen des Ganzen sprengen.

Die antike Polis scheint nach dieser Richtung ganz den Charakter der Kleinstadt gehabt zu haben. Die fortwährende Bedrohtheit ihrer Existenz durch Feinde von nah und fern bewirkte jenen straffen Zusammenhalt in politischer und militärischer Beziehung, jene Beaufsichtigung des Bürgers durch den Bürger, jene Eifersucht der Gesamtheit gegen den Einzelnen, dessen Sonderleben so in einem Maße niedergehalten war, für das er sich höchstens durch den Despotismus seinem Hause gegenüber schadlos halten konnte. Die ungeheure Bewegtheit und Erregtheit, die einzigartige Farbigkeit des athenischen Lebens erklärt sich vielleicht daraus, daß ein Volk von unvergleichlich individuell angelegten Persönlichkeiten gegen den steten inneren und äußeren Druck einer entindividualisierenden Kleinstadt ankämpfte. Dies erzeugte eine Atmosphäre von Gespanntheit, in der die schwächeren niedergehalten und die starken zu den leidenschaftlichen Selbstbewährungen angereizt wurden. Und eben damit gelangte in Athen dasjenige zur Blüte, was man, ohne es genau umschreiben zu können, als »das allgemein Menschliche« in der geistigen Entwicklung unserer Art bezeichnen muß.

Denn dies ist der Zusammenhang, dessen sachliche wie geschichtliche Gültigkeit hier behauptet wird: die allerweitesten und allgemeinsten Inhalte und Formen des Lebens sind mit den allerindividuellsten innig verbunden; beide haben ihr gemeinsames Vorstadium oder auch ihren gemeinsamen Gegner an engen Gestaltungen und Gruppierungen, deren Selbsterhaltung sie ebenso gegen das Weite und Allgemeine außer ihnen wie gegen das frei Bewegte und Individuelle innerhalb ihrer zur Wehr setzt. Wie in der Feudalzeit der »freie« Mann derjenige war, der unter Landrecht stand, d. h. unter dem Recht des größten sozialen Kreises, unfrei aber, wer sein Recht nur aus dem engen Kreise eines Feudalverbandes, unter Ausschluß von jenem, zog – so ist heute, in einem vergeistigten und verfeinerten Sinn, der Großstädter »frei« im Gegensatz zu den Kleinlichkeiten und Präjudizierungen, die den Kleinstädter einengen. Denn die gegenseitige Reserve und Indifferenz, die geistigen Lebensbedingungen großer Kreise, werden in ihrem Erfolg für die Unabhängigkeit des Individuums nie stärker gefühlt, als in dem dichtesten Gewühl der Großstadt, weil die körperliche Nähe und Enge die geistige Distanz erst recht anschaulich macht; es ist offenbar nur der Revers dieser Freiheit, wenn man sich unter Umständen nirgends so einsam und verlassen fühlt, als eben in dem großstädtischen Gewühl; denn hier wie sonst ist es keineswegs notwendig, daß die Freiheit des Menschen sich in seinem Gefühlsleben als Wohlbefinden spiegele.

Es ist nicht nur die unmittelbare Größe von Bezirk und Menschenzahl, die, wegen der weltgeschichtlichen Korrelation zwischen der Vergrößerung des Kreises und der persönlichen, innerlich-äußerlichen Freiheit, die Großstadt zum Sitz der letzteren macht, sondern, über diese anschauliche Weite noch hinausgreifend, sind die Großstädte auch die Sitze des Kosmopolitismus gewesen. Vergleichbar der Form der Vermögensentwicklung – jenseits einer gewissen Höhe pflegt der Besitz sich in immer rascheren Progressionen und wie von selbst zu steigern –, vergrößern sich der Gesichtskreis, die wirtschaftlichen, persönlichen, geistigen Beziehungen der Stadt, ihr ideelles Weichbild, wie in geometrischer Progression, sobald erst einmal eine gewisse Grenze überschritten ist; jede gewonnene dynamische Ausdehnung ihrer wird zur Staffel, nicht für eine gleiche, sondern für eine größere nächste Ausdehnung, an jeden Faden, der sich von ihr aus spinnt, wachsen dann wie von selbst immer neue an, gerade wie innerhalb der Stadt das *unearned increment* der Bodenrente dem Besitzer durch die bloße Hebung des Verkehrs ganz von selbst wachsende Gewinne zuführt.

An diesem Punkt setzt sich die Quantität des Lebens sehr unmittelbar in Qualität und Charakter um. Die Lebenssphäre der Kleinstadt ist in der Hauptsache in und mit ihr selbst beschlossen. Für die Großstadt ist dies entscheidend, daß ihr Innenleben sich in Wellenzügen über einen weiten nationalen oder internationalen Bezirk erstreckt. Weimar ist keine Gegeninstanz, weil eben diese Bedeutung seiner an einzelne Persönlichkeiten geknüpft war und mit ihnen starb, während die Großstadt gerade durch ihre wesentliche Unabhängigkeit selbst von den bedeutendsten Einzelpersönlichkeiten charakterisiert wird – das Gegenbild und der Preis der Unabhängigkeit, die der Einzelne innerhalb ihrer genießt.

Das bedeutsamste Wesen der Großstadt liegt in dieser funktionellen Größe jenseits ihrer physischen Grenzen: und diese Wirksamkeit wirkt wieder zurück und gibt ihrem Leben Gewicht, Erheblichkeit, Verantwortung. Wie ein Mensch nicht zu Ende ist mit den Grenzen seines Körpers oder des Bezirkes, den er mit seiner Tätigkeit unmittelbar erfüllt, sondern erst mit der Summe der Wirkungen, die sich von ihm aus zeitlich und räumlich erstrecken: so besteht auch eine Stadt erst aus der Gesamtheit der über ihre Unmittelbarkeit hinausreichenden Wirkungen. Dies erst ist ihr wirklicher Umfang, in dem sich ihr Sein ausspricht.

Dies weist schon darauf hin, die individuelle Freiheit, das logische und historische Ergänzungsglied solcher Weite, nicht nur im negativen Sinne zu verstehen, als bloße Bewegungsfreiheit und Wegfall von Vorurteilen und Philistrositäten; ihr Wesentliches ist doch, daß die Besonderheit und Unvergleichbarkeit, die schließlich jede Natur irgendwo besitzt, in der Gestaltung des Lebens zum Ausdruck komme. Daß wir den Gesetzen der eigenen Natur folgen – und dies ist doch Freiheit –, wird uns und anderen erst dann ganz anschaulich und überzeugend, wenn die Äußerungen dieser Natur sich auch von denen anderer unterscheiden; erst unsere Unverwechselbarkeit mit anderen erweist, daß unsere Existenzart uns nicht von anderen aufgezwungen ist.

Die Städte sind zunächst die Sitze der höchsten wirtschaftlichen Arbeitsteilung; sie erzeugen darin so extreme Erscheinungen, wie in Paris den einträglichen Beruf des Quatorzième: Personen, durch Schilder an ihren Wohnungen kenntlich, die sich zur Dinerstunde in angemessenem Kostüm bereithalten, um schnell herangeholt zu werden, wo sich in einer Gesellschaft 13 am Tisch befinden. Genau im Maße ihrer Ausdehnung bietet die Stadt immer mehr die entscheidenden Bedingungen der Arbeitsteilung: einen Kreis, der durch seine Größe für eine höchst mannigfaltige Vielheit von Leistungen aufnahmefähig ist, während zugleich die Zusammendrängung der Individuen und ihr Kampf um den Abnehmer den Einzelnen zu einer Spezialisierung der Leistung zwingt, in der er nicht so leicht durch einen anderen verdrängt werden kann.

Das Entscheidende ist, daß das Stadtleben den Kampf für den Nahrungserwerb mit der Natur in einen Kampf um den Menschen verwandelt hat, daß der umkämpfte Gewinn hier nicht von der Natur, sondern vom Menschen gewährt wird. Denn hierin fließt nicht nur die eben angedeutete Quelle der Spezialisierung, sondern die tiefere: der Anbietende muß in dem Umworbenen immer neue und eigenartigere Bedürfnisse hervorzurufen suchen. Die Notwendigkeit, die Leistung zu spezialisieren, um eine noch nicht ausgeschöpfte Erwerbsquelle, eine nicht leicht ersetzbare Funktion zu finden, drängt auf Differenzierung, Verfeinerung, Bereicherung der Bedürfnisse des Publikums, die ersichtlich zu wachsenden personalen Verschiedenheiten innerhalb dieses Publikums führen müssen.

Und dies leitet zu der im engeren Sinne geistigen Individualisierung seelischer Eigenschaften über, zu der die Stadt im Verhältnis ihrer Größe Veranlassung gibt. Eine Reihe von Ursachen liegt auf der Hand. Zunächst die Schwierigkeit, in den Dimensionen des großstädtischen Lebens die eigene Persönlichkeit zur Geltung zu bringen. Wo die quantitative Steigerung von Bedeutung und Energie an ihre Grenze kommt, greift man zu qualitativer Besonderung, um so, durch Erregung der Unterschiedsempfindlichkeit, das Bewußtsein des sozialen Kreises irgendwie für sich zu gewinnen: was dann schließlich zu den tendenziösesten Wunderlichkeiten verführt, zu den spezifisch großstädtischen Extravaganzen des Apartseins, der Kaprice, des Pretiösentums, deren Sinn gar nicht mehr in den Inhalten solchen Benehmens, sondern nur in seiner Form des Andersseins, des Sich-Heraushebens und dadurch Bemerklich-Werdens liegt – für viele Naturen schließlich noch das einzige Mittel, auf dem Umweg über das Bewußtsein der anderen irgendeine Selbsteinschätzung und das Bewußtsein, einen Platz auszufüllen, für sich zu retten. In demselben Sinne wirkt ein unscheinbares, aber seine Wirkungen doch wohl merkbar summierendes Moment: die Kürze und Seltenheit der Begegnungen, die jedem Einzelnen mit dem anderen – verglichen mit dem Verkehr der kleinen Stadt – gegönnt sind. Denn hierdurch liegt die Versuchung, sich pointiert, zusammengedrängt, möglichst charakteristisch zu geben, außerordentlich viel näher, als wo häufiges und langes Zusammenkommen schon für ein unzweideutiges Bild der Persönlichkeit im anderen sorgen.

Der tiefste Grund indes, aus dem gerade die Großstadt den Trieb zum individuellsten persönlichen Dasein nahelegt – gleichviel ob immer mit Recht und immer mit Erfolg – scheint mir dieser: Die Entwicklung der modernen Kultur charakterisiert sich durch das Übergewicht dessen, was man den objektiven Geist nennen kann, über den subjektiven, d. h., in der Sprache wie im Recht, in der Produktionstechnik wie in der Kunst, in der Wissenschaft wie in den Gegenständen der häuslichen Umgebung ist eine Summe von Geist verkörpert, deren täglichem Wachsen die geistige Entwicklung der Subjekte nur sehr unvollständig und in immer weiterem Abstand folgt. Übersehen wir etwa die ungeheure Kultur, die sich seit hundert Jahren in Dingen und Erkenntnissen, in Institutionen und Komforts verkörpert hat, und vergleichen wir damit den Kulturfortschritt der Individuen in derselben Zeit – wenigstens in den höheren Ständen –, so zeigt sich eine erschreckende Wachstumsdifferenz zwischen beiden, ja in manchen Punkten eher ein Rückgang der Kultur der Individuen in bezug auf Geistigkeit, Zartheit, Idealismus. Diese Diskrepanz ist im wesentlichen der Erfolg wachsender Arbeitsteilung; denn eine solche verlangt vom Einzelnen eine immer einseitigere Leistung, deren höchste Steigerung seine Persönlichkeit als ganze oft genug verkümmern läßt. Jedenfalls, dem Überwuchern der objektiven Kultur ist das Individuum weniger und weniger gewachsen. Vielleicht weniger bewußt, als in der Praxis und in den dunklen Gesamtgefühlen, die ihr entstammen, ist es zu einer quantité négligeable herabgedrückt, zu einem Staubkorn gegenüber einer ungeheuren Organisation von Dingen und Mächten, die ihm alle Fortschritte, Geistigkeiten, Werte allmählich aus der Hand spielen und sie aus der Form des subjektiven in die eines rein objektiven Lebens überführen.

Es bedarf nur des Hinweises, daß die Großstädte die eigentlichen Schauplätze dieser über alles Persönliche hinauswachsenden Kultur sind. Hier bietet sich in Bauten und Lehranstalten, in den Wundern und Komforts der raumüberwindenden Technik, in den Formungen des Gemeinschaftslebens und in den sichtbaren Institutionen des Staates eine so überwältigende Fülle kristallisierten, unpersönlich gewordenen Geistes, daß die Persönlichkeit sich sozusagen dagegen nicht halten kann. Das Leben wird ihr einerseits unendlich leicht gemacht, indem Anregungen, Interessen, Ausfüllungen von Zeit und Bewußtsein sich ihr von allen Seiten anbieten und sie wie in einem Strome tragen, in dem es kaum noch eigener Schwimmbewegungen bedarf. Andererseits aber setzt sich das Leben doch mehr und mehr aus diesen unpersönlichen Inhalten und Darbietungen zusammen, die die eigentlich persönlichen Färbungen und Unvergleichlichkeiten verdrängen wollen; so daß nun gerade, damit dieses Persönlichste sich rette, es ein Äußerstes an Eigenart und Besonderung aufbieten muß; es muß dieses übertreiben, um nur überhaupt noch hörbar, auch für sich selbst, zu werden. Die Atrophie der individuellen durch die Hypertrophie der objektiven Kultur ist ein Grund des grimmigen Hasses, den die Prediger des äußersten Individualismus, Nietzsche voran, gegen die Großstädte hegen, aber auch ein Grund, weshalb sie gerade in den Großstädten so leidenschaftlich geliebt sind, grade dem Großstädter als die Verkünder und Erlöser seiner unbefriedigtsten Sehnsucht erscheinen.

Indem man diese beiden Formen des Individualismus, die von den quantitativen Verhältnissen der Großstadt genährt werden: die individuelle Unabhängigkeit und die Ausbildung persönlicher Sonderart – nach ihrer geschichtlichen Stellung fragt, gewinnt die Großstadt einen ganz neuen Wert in der Weltgeschichte des Geistes. Das 18. Jahrhundert fand das Individuum in vergewaltigenden, sinnlos gewordenen Bindungen politischer und agrarischer, zünftiger und religiöser Art vor – Beengungen, die dem Menschen gleichsam eine unnatürliche Form und längst ungerechte Ungleichheiten aufzwangen. In dieser Lage entstand der Ruf nach Freiheit und Gleichheit – der Glaube an die volle Bewegungsfreiheit des Individuums in allen sozialen und geistigen Verhältnissen, die sogleich in allen den gemeinsamen edlen Kern würde hervortreten lassen, wie die Natur ihn in jeden gelegt und die Gesellschaft und Geschichte ihn nur verbildet hätten. Neben diesem Ideal des Liberalismus wuchs im 19. Jahrhundert, durch Goethe und die Romantik einerseits, die wirtschaftliche Arbeitsteilung andererseits, das weitere auf: die von den historischen Bindungen befreiten Individuen wollen sich nun auch voneinander unterscheiden. Nicht mehr der »allgemeine Mensch« in jedem Einzelnen, sondern gerade qualitative Einzigkeit und Unverwechselbarkeit sind jetzt die Träger seines Wertes. In dem Kampf und den wechselnden Verschlingungen dieser beiden Arten, dem Subjekte seine Rolle innerhalb der Gesamtheit zu bestimmen, verläuft die äußere wie die innere Geschichte unserer Zeit.

Es ist die Funktion der Großstädte, den Platz für den Streit und für die Einungsversuche beider herzugeben, indem ihre eigentümlichen Bedingungen sich uns als Gelegenheiten und Reize für die Entwicklung beider offenbart haben. Damit gewinnen sie einen ganz einzigen, an unübersehbaren Bedeutungen fruchtbaren Platz in der Entwicklung des seelischen Daseins, sie enthüllen sich als eines jener großen historischen Gebilde, in denen sich die entgegengesetzten, das Leben umfassenden Strömungen wie zu gleichen Rechten zusammenfinden und entfalten. Damit aber treten sie, mögen ihre einzelnen Erscheinungen uns sympathisch oder antipathisch berühren, ganz aus der Sphäre heraus, der gegenüber uns die Attitüde des Richters ziemte. Indem solche Mächte in die Wurzel wie in die Krone des ganzen geschichtlichen Lebens eingewachsen sind, dem wir in dem flüchtigen Dasein einer Zelle angehören – ist unsere Aufgabe nicht, anzuklagen oder zu verzeihen, sondern allein zu verstehen*.

* Der Inhalt dieses Vortrags geht seiner Natur nach nicht auf eine anzuführende Literatur zurück. Begründung und Ausführung seiner kulturgeschichtlichen Hauptgedanken ist in meiner *Philosophie des Geldes* gegeben.

Soziologie der Mahlzeit

Es gehört zu den Verhängnissen des sozialen Daseins, daß die Wesenselemente, die allen Individuen eines beliebigen Kreises gleichmäßig einwohnen, sich fast niemals als die höchsten, oft aber als die niedrigsten Antriebe und Interessen dieser Individuen offenbaren. Denn nicht nur, daß innerhalb einer organischen Gattung diejenigen Formen und Funktionen am sichersten auf jedes Individuum vererbt werden, die von ihr am frühesten erworben sind, also die primitiven, noch nicht verfeinerten, mit der bloßen Notdurft des Lebens verknüpften; sondern das, was jeder besitzt, kann ersichtlich immer nur der Besitz des am wenigsten Besitzenden sein; und da es nun einmal das Los der Menschheit ist, daß wohl der Höhere zum Tieferen hinab, aber nicht ebenso leicht dieser zu jenem hinauf steigen kann – so wird im allgemeinen das Niveau, auf dem *alle* sich begegnen, dem Niveau des zuunterst Stehenden sehr nahe liegen müssen. Alles Höhere, Vergeistigte, Bedeutsame entwickelt sich nicht nur an erlesenen Individuen, sondern auch wo ein jedes Individuum solche Werte trägt, liegen sie doch bei einem jeden nach einer irgendwie besonderen Richtung, zweigen sich oberhalb des Gemeinsamen auseinander.

Von allem nun, was den Menschen gemeinsam ist, ist das Gemeinsamste: daß sie essen und trinken müssen. Und gerade dieses ist eigentümlicherweise das Egoistischste, am unbedingtesten und unmittelbarsten auf das Individuum Beschränkte: was ich denke, kann ich andere wissen lassen; was ich sehe, kann ich sie sehen lassen; was ich rede, können Hunderte hören – aber was der einzelne ißt, kann unter keinen Umständen ein anderer essen. In keinem der höheren Gebiete findet dies statt, daß auf das, was der eine haben soll, der andere unbedingt verzichten muß. Indem aber dieses primitiv Physiologische ein absolut allgemein Menschliches ist, wird es gerade zum Inhalt gemeinsamer Aktionen, das soziologische Gebilde der Mahlzeit entsteht, das gerade an die exklusive Selbstsucht des Essens eine Häufigkeit des Zusammenseins, eine Gewöhnung an das Vereinigtsein knüpft, wie sie durch höher gelegene und geistige Veranlassungen nur selten erreichbar ist. Personen, die keinerlei spezielles Interesse teilen, können sich bei dem gemeinsamen Mahle finden – in dieser Möglichkeit, angeknüpft an die Primitivität und deshalb Durchgängigkeit des stofflichen Interesses, liegt die unermeßliche soziologische Bedeutung der Mahlzeit.

Die Kulte des Altertums, die sich im Gegensatz zu den Weltreligionen nur an begrenzte Kreise lokal Zusammengehöriger zu wenden pflegten, konnten sich deshalb im Opfermahl zusammenfassen. Insbesondere im semitischen Altertum bedeutet dies das brüderliche Verhältnis durch den gemeinsamen Zutritt zu der Tafel Gottes. Das gemeinsame Essen und Trinken, das selbst dem Araber den eben noch todfeindlichen Fremden in einen Freund verwandelt, löst eine ungeheure sozialisierende Kraft aus, die übersehen läßt, daß man ja gar nicht wirklich »dasselbe«, sondern völlig exklusive Portionen ißt und trinkt und die primitive Vorstellung erzeugt, man stelle hiermit gemeinsames Fleisch und Blut her. Erst das christliche Abendmahl, das das Brot mit dem Leibe Christi identifiziert, hat auf dem Boden dieser Mystik die wirkliche Identität auch des Verzehrten und damit eine ganz einzige Verknüpfungsart unter den Teilhabenden geschaffen. Denn hier, wo nicht jeder ein dem andern versagtes Stück des Ganzen zu sich nimmt, sondern ein jeder das Ganze in seiner geheimnisvollen, jedem gleichmäßig zuteil werdenden Ungeteiltheit, ist das egoistisch Ausschließende jedes Essens am vollständigsten überwunden.

Gerade weil die gemeinsame Mahlzeit ein Ereignis von physiologischer Primitivität und unvermeidlicher Allgemeinheit in die Sphäre gesellschaftlicher Wechselwirkung, und damit überpersönlicher Bedeutung hebt, hat sie in manchen früheren Epochen einen ungeheuren sozialen Wert erlangt, dessen deutlichste Offenbarung die *Verbote* der Tischgemeinschaft sind. So bestimmt die Cambridge Guild im elften Jahrhundert eine hohe Strafe für den, der mit dem Mörder eines Gildebruders ißt und trinkt; so verordnet das Wiener Konzil von 1267 in seiner stark gegen die Juden gerichteten Tendenz noch besonders, daß Christen mit ihnen keine Gemeinschaft der Tafel haben sollten; so ist in Indien die Befleckung durch gemeinsames Essen mit einem der Kaste nach Niederen von gelegentlich tödlichen Folgen! Der Hindu speist oft allein, um *ganz* sicher zu sein, daß er keinen verbotenen Tischgenossen hat. Im ganzen mittelalterlichen Gildenwesen ist das gemeinsame Essen und Trinken ein Punkt von so vitaler Wichtigkeit, wie wir es heute gar nicht mehr nachfühlen können. Man möchte glauben, daß in der Unsicherheit und Fluktuierung des mittelalterlichen Daseins dies ein sozusagen anschaulich fester Punkt war, ein Symbol, an dem sich die Sicherheit des Zusammengehörens immer von neuem orientierte.

Und damit tut sich der Zusammenhang auf, der die bloße physische Äußerlichkeit der Ernährung dennoch an das Prinzip einer unendlich höher gelegenen Ordnung rühren läßt: in dem Maße, in dem die Mahlzeit eine soziologische Angelegenheit wird, gestaltet sie sich stilisierter, ästhetischer, überindividuell regulierter. Nun entstehen all die

Vorschriften über Essen und Trinken, und zwar nicht in der hier unwesentlichen Hinsicht auf die Speise als Materie, sondern bezüglich der *Form* ihrer Konsumierung.

Zunächst tritt hier die *Regelmäßigkeit* der Mahlzeiten auf. Von sehr tief stehenden Völkerschaften wissen wir, daß sie nicht zu bestimmten Stunden, sondern anarchisch, wenn ein jeder gerade Hunger hat, essen. Die Gemeinsamkeit des Mahles aber führt sogleich zeitliche Regelmäßigkeit herbei, denn nur zu vorbestimmter Stunde kann ein Kreis sich zusammenfinden – die erste Überwindung des Naturalismus des Essens.

In gleicher Richtung liegt, was man die Hierarchie der Mahlzeit nennen könnte: daß nicht mehr beliebig und regellos in die Schüssel hineingelangt wird, sondern eine bestimmte Reihenfolge innegehalten wird, in der man sich bedient; in den englischen Trade Clubs, den Vorläufern der heutigen Gewerkvereine, wurde manchmal eine Strafe dafür bestimmt, daß jemand außer der Reihe trank.

Mit all solchem wird eine formale Norm über die fluktuierenden Bedürfnisse des Einzelnen gestellt, die Sozialisierung der Mahlzeit hebt sie in eine ästhetische Stilisierung, die nun wieder auf jene zurückwirkt; denn wo man dem Essen außer dem Sättigungszweck auch noch eine ästhetische Befriedigung abverlangt, ist ein Aufwand erforderlich, den eine Gemeinschaft mehrerer nicht nur eher leisten kann als der Einzelne, sondern die auch innerlich eher jene als diesen zum rechtmäßigen Träger hat.

Endlich ist die Regulierung der Eßgebärde, ihre Normierung nach ästhetischen Prinzipien ein Erfolg der Sozialisierung der Mahlzeit. In den niederen Ständen, wo die Mahlzeit wesentlich um das Essen seinem Stoffe nach zentriert, bilden sich keine typischen Regulative der Eßgebärde aus. In den höheren, in denen der Reiz des Zusammenseins bis zu seiner – mindest angeblichen – Kulminierung in der »Gesellschaft« die bloße Materie der Mahlzeit dominiert, entsteht das für diese bestimmte Benehmen, ein Kodex von Regeln von der Haltung von Messer und Gabel bis zu den angemessenen Themen der Tischunterhaltung. Gegenüber dem Bilde der Esser in einem Bauernhaus oder bei einem Arbeiterfeste erscheint ein Diner in gebildeten Kreisen den Bewegungen der Personen nach völlig schematisiert, überindividuell reguliert. Diese strenge Normierung und Gleichgestaltung hat gar keinen äußeren Zweck, sie bedeutet ausschließlich die Aufhebung oder Umbildung, die die materialistisch individuelle Selbstsucht durch den Übergang in die Sozialform der Mahlzeit erfährt. Schon das Essen mit einem Gerät hat diese Basis seines ästhetischeren Stiles. Das Essen aus der Hand hat etwas entschieden Individualistischeres als das mit Messer und Gabel, es verknüpft den Einzelnen unmittelbarer mit der

Materie und ist die Äußerung der reserveloseren Begierde. Indem das Eßgerät diese letztere in eine gewisse Distanz rückt, wird eine gemeinsame, den Zusammenschluß mehrerer begünstigende Form über den Vorgang gelegt, wie sie bei dem Essen aus der Hand gar nicht besteht. In der Hantierung mit dem Eßgerät steigert sich dies Motiv, indem sich hier die allgemein normierte Form zugleich als die freiere offenbart. Messer und Gabel mit der ganzen Faust zu umschließen, ist häßlich, weil dies die Freiheit der Bewegung hindert. Die Eßgebärden des Ungebildeten sind hart und ungelenk, aber ohne überpersönliche Reguliertheit; die des Gebildeten besitzen diese Regulative, indem sie beweglich und frei wirken – wie ein Symbol davon, daß die soziale Normierung ihr eigentliches Leben erst an der Freiheit des Individuums gewinnt, die sich auf diese Weise als das Widerspiel des naturalistischen Individualismus zeigt.

Und noch einmal dokumentiert sich hier diese Synthese: gegenüber der Schüssel, aus der in primitiven Epochen ein jeder einfach herauslangt, ist der Teller ein individualistisches Gebilde. Er zeigt an, daß diese Eßportion ausschließlich für diese eine Person abgeteilt ist. Die Rundform des Tellers markiert dies; die Kreislinie ist die abschließendste, ihren Inhalt am entschiedensten in sich konzentrierende – wogegen die für alle bestimmte Schüssel eckig oder oval, also weniger eifersüchtig geschlossen sein mag. Der Teller symbolisiert die *Ordnung*, die dem Bedürfnis des Einzelnen gibt, was ihm als einem Teile des gegliederten Ganzen zukommt, aber ihn dafür auch nicht über seine Grenzen hinausgreifen läßt. Aber nun hebt der Teller diesen symbolischen Individualismus doch wieder in eine höhere formale Gemeinsamkeit auf; die Teller eines Eßtisches müssen jeweils in sich völlig gleichartig sein, sie vertragen keinerlei Individualität; verschiedene Teller oder Gläser für die verschiedenen Personen würden absolut sinnwidrig und häßlich sein.

Jeder Schritt, der die Mahlzeit in den unmittelbaren und sinnbildlichen Ausdruck höherer, synthetischer sozialer Werte aufwärts führt, läßt sie eben damit einen höheren ästhetischen Wert gewinnen. Deshalb verschwindet die ästhetische Versöhntheit der physischen Tatsache des Essens in dem Augenblick, wo selbst bei äußerlich bewahrter guter Form das Sozialisierungsmoment verschwindet – was sich an der Widrigkeit der Table d'hote offenbart. Hier begegnet man sich ausgesprochenermaßen nur des Essens wegen, das Zusammen wird nicht als eigener Wert gesucht, sondern umgekehrt ist es die Voraussetzung, daß man trotz des Zusammensitzens mit all diesen Leuten dadurch in keinerlei Beziehung zu ihnen tritt. Aller Tafelschmuck und alles gute Benehmen kann hier nicht über die materialistische Pointierung des Eßzweckes hinweghelfen; die Aversion jedes feineren Empfindens gegen die Table d'hote erweist, daß ausschließlich die Sozialisierung diesen Zweck in eine höhere ästhetische Ordnung leiten kann; den Reizen dieser Ordnung fehlt da, wo das Zusammensein als solches keinen selbständigen Sinn hat, gewissermaßen die Seele, und sie können der Widrigkeit, ja Häßlichkeit des physischen Eßvorganges keine Deckung mehr bieten.

Nur darf die Ästhetik der Mahlzeit es nie vergessen, *was* sie denn eigentlich zu stilisieren hat: eine in den Niederungen des organischen Lebens gelegene und deshalb schlechthin durchgängige Bedürfnisbefriedigung. Wenn sie deshalb das materiell Individualistische zum Gegenstand hat, so darf sie gerade darum selbst nicht in individuelle Differenziertheit aufsteigen, sondern nur ein seelisches Nivellement verschönern und verfeinern, bis zu der Grenze, die dieses gestattet. Das *individuelle* Aussehen einer Speise würde sich mit ihrem Zwecke, verzehrt zu werden, nicht vertragen: das wäre wie Menschenfresserei. Deshalb gehören auch auf den Eßtisch nicht die gebrochenen, nuancierten modernen Farben, sondern die breiten, glänzenden, an ganz primäre Reizbarkeiten anknüpfenden: Weiß und Silber. In dem Meublement des Eßzimmers meidet man im allgemeinen sehr ausladende, bewegte, herausfordernde Formen und Farben und sucht ruhige, dunkle, schwere. Von Bildern bevorzugt man Familienbilder, denen keine zugespitzte Aufmerksamkeit entspricht, sondern das Gefühl des Gewöhnten, Verläßlichen, in die Breite der Lebensfundamente Zurückreichenden. Die Ästhetik in Arrangement und Ausschmückung der Speisen ist selbst bei den raffiniertesten Diners von sonst längst überwundenen Prinzipien geleitet: Symmetrie, ganz kindliche Farbenreize, primitive Formgebungen und Symbole. Auch der gedeckte Tisch darf nicht als ein in sich geschlossenes Kunstwerk erscheinen, so daß man nicht wagen möchte, seine Form zu zerstören. Während die Schönheit des Kunstwerkes ihr Wesen in der Unberührtheit hat, die uns in Distanz hält, ist es das Raffinement der Tafel, daß ihre Schönheit doch einladend sei, in sie einzubrechen.

Jene streng generelle Fixierung der Eßgebärden ist für die höheren Stände aus der Rangstellung des Gebietes heraus um so notwendiger, als in ihnen die Versuchung zur Individualistik besonders naheliegt. Im Essen individuell zu sein, wie man es doch in dem Gang und der Tracht, in der Sprechweise und aller sonstigen Gebärde sein mag, wäre völlig deplaciert, nicht nur ein innerer Widerspruch, sondern das wertmäßig Unangemessene, daß ein Höheres an ein Niederes, in einer ganz anderen Dimension Gelegenes gewendet wird, an dem es keinen Ansatzpunkt findet, sondern sich ins Leere verlaufen muß. Auch die Tischunterhaltung darf sich, wenn sie im Stil bleiben will, nicht über die allgemeinen, typischen Gegenstände und Behandlungsarten in individuelle Tiefen begeben. Nun ist zwar dies alles auch aus physiologischer Zweckmäßigkeit zu erklären. Denn diese fordert Unabgelenktheit und Unaufgeregtheit beim Essen. Aber dies drückt nur in der Sprache des Körpers den tieferen sozialpsychologischen Zusammenhang aus, daß hier einem ganz primitiven Bedürfnis sein sicheres Verbreitetsein eine soziale Realisierung verschafft hat, durch die es in die Sphäre höheren und geistigen Reizes aufgestiegen, aber doch von seiner Basis nicht ganz gelöst ist. Über die Banalität der gewöhnlichen Tischgespräche zu klagen, ist deshalb ganz mißverständlich. Die graziöse, aber immer in einer gewissen Allgemeinheit und Unintimität sich haltende Tischunterhaltung darf jenes Fundament nie *völlig* unfühlbar machen, weil erst an dessen festgehaltenem Charakter die ganze auflösende Leichtigkeit und Anmut ihres Oberflächenspieles sich offenbart.

Es mag hier daran erinnert werden, daß in einer ganzen Reihe von Lebensgebieten die niedrigsten Erscheinungen, ja die negativen Werte nicht nur die Durchgangspunkte für die Entwicklung des Höheren sind, nicht nur Hintergründe, von denen dieses sich abhebt, sondern ihre Niedrigkeit ist gerade als solche der Grund, daß das Höhere entsteht. So bemerkt Darwin, daß die körperliche Schwäche des Menschen im Vergleich etwa mit den gleich großen Tieren wahrscheinlich das Motiv gewesen sei, das ihn von der isolierten Existenz zur sozialen geführt habe; diese aber habe alle die Fähigkeiten des Intellekts und des Willens zur Entfaltung gebracht, durch die er nun nicht nur seine physische Inferiorität ergänzt, sondern die – also gerade auf Grund dieser – seine Gesamtstärke zur Überlegenheit über alle seine Gegner gesteigert habe.

Unter den Elementen der persönlichen Sittlichkeit ist die gleiche Form zu finden. Die Verführbarkeit und Verführtheit, die Sünde und Schuld stehen zwar an dem einen Pol der sittlichen Skala, die sie vielleicht nicht einmal durch gleitende Übergänge mit dem Guten und Reinen verbindet; und dennoch ist die äußerste sittliche Höhe unmittelbar durch jene Dunkelheiten und Tiefstände unseres Daseins bedingt. Wer würde von sittlichem Verdienst sprechen, wenn es nicht des Kampfes mit der Versuchung – die die Legende deshalb auch den Heilanden nicht erspart – bedürfte, des Emporringens aus der Schwäche, dem Sinnlichen, Egoistischen? Daß über den reuigen Sünder mehr Freude im Himmel ist als über zehn Gerechte, drückt doch nur diesen inneren Aufbau aus, in dem das Negative kein bloßer Schatten über unseren Werten ist, keine Gegenrichtung, die ihrem Sinne nach von diesen schlechthin wegführt; sondern aus ihm selbst entfaltet sich wie aus einer positiven Energie sein Gegenteil. Nur das Dunkle und Böse kann, gleichsam in sich selbst umschlagend, das Lichteste und Wertvollste erzeugen, das uns erreichbar ist.

Die Gleichgültigkeit und Banalität des Gebietes, von dem diese Zeilen handeln, sollen nicht darüber täuschen, daß auch in ihm die paradoxe Tiefe dieses Typus lebt. Daß wir essen müssen, ist eine in der Entwicklung unserer Lebenswerte so primitiv und niedrig gelegene Tatsächlichkeit, daß sie jedem Individuum fraglos mit jedem anderen gemein ist. Dies eben ermöglicht das Sichzusammenfinden zur gemeinsamen Mahlzeit, und an der so vermittelten Sozialisierung entfaltet sich die Überwindung des bloßen Naturalismus des Essens. Wäre es nicht etwas so Niederes, so hätte es also diese Brücke nicht gefunden, über die hin es zur Bedeutsamkeit des Opfermahles, zu der Stilisierung und Ästhetisierung seiner schließlichen Formen aufsteigt. Wenn es das Wesen des Tragischen ist, daß das Hohe an sich selbst zerbricht, wenn seine erschütterndsten Gestaltungen die ideellen Werte gerade mit ideellen Werten kämpfen und dadurch in das Nichtige oder Negative sinken lassen, so ist die hier verfolgte Entwicklung das genaue Gegenstück dieses Schicksals. Denn hier ist das Niedrige und Nichtige durch sich selbst über sich selbst hinausgewachsen, die Tiefe hat gerade, weil sie Tiefe ist, sich in die Höhe des Geistigeren und Sinnvolleren gehoben. Hier wie sonst tritt die Bedeutsamkeit des Lebenstypus gerade daran hervor, daß er auch das Unbedeutsame nach sich zu bilden nicht verschmäht.

Das Individuum und die Freiheit

Es ist die allgemeine europäische Meinung, daß die Epoche der italienischen Renaissance das geschaffen habe, was wir Individualität nennen: die innere und äußere Gelöstheit des Einzelnen aus den Gemeinschaftsformen des Mittelalters, die dessen Lebensgestaltung, Betätigungen, Wesenszüge in nivellierende Einheiten gebunden hatten, damit gewissermaßen die Umrisse der Person verschwimmen ließen und die Entwicklung der persönlichen Freiheit, der auf sich ruhenden Einzigkeit, der Selbstverantwortlichkeit niederhielten. Ich lasse dahingestellt, ob dem Mittelalter die Züge der Individualität wirklich in so erheblichem Maße mangelten. Aber deren bewußte prinzipielle Betonung scheint allerdings erst die Leistung der Renaissance zu sein und zwar vor allem in der Form, daß der Wille zur Macht, zur Auszeichnung, zum Beachtet- und Berühmtwerden sich unter den Menschen in einem noch nicht gekannten Grade verbreitete. Wenn es einmal im Anfang der Periode, wie berichtet wird, in Florenz keine durchgehende Mode der männlichen Kleidung gegeben habe, weil ein jeder sich auf seine besondere, nur ihm eigene Weise zu tragen wünschte, so stand sicher nicht die einfache Unterscheidung, das Anderssein, in Frage; sondern das Individuum wollte *auffallen,* es wollte sich günstiger, beachtenswerter darstellen, als es in durchgehenden Formen möglich war. Es ist der Individualismus der Auszeichnung, zusammenhängend mit dem Ehrgeiz des Renaissancemenschen, seinem rücksichtslosen Sichdurchsetzen, seiner Wertbetonung des Einzig-Seins, der hier Tat geworden ist.

Es liegt ersichtlich in der Natur der Sache, daß diese Sehnsucht und diese Erfüllung nicht eine beharrende Verfassung der Menschen und der Gesellschaft sein kann, sondern wie ein Rausch vorübergehen muß. Indem der Individualismus hier als Streben nach Erhöhung auftrat, ließ er in den Niederungen und Durchgängigkeiten des Daseins noch so viel Bindungen zurück, soviel Unmöglichkeiten des Individuums, seine Kräfte zu entwickeln, sein Leben frei auszuleben, die Selbständigkeit seiner Person zu fühlen, daß die Akkumulierung dieses Drukkes nun noch einmal im 18. Jahrhundert zu seiner Sprengung führte. Aber diese erfolgte nach einer anderen Richtung, geleitet von einem anderen Ideal der Individualität, einem, dessen innerste Motivierung nicht die Auszeichnung, sondern die Freiheit war.

Freiheit wird dem 18. Jahrhundert zu der allgemeinen Forderung, mit der das Individuum seine mannigfachen Beschwerden und Selbstbehauptungen gegenüber der Gesellschaft deckte. Sie wird gleichmäßig fühlbar unter ihrer volkswirtschaftlichen Einkleidung bei den Physiokraten, die die freie Konkurrenz der Einzelinteressen als die natürliche Ordnung der Dinge preisen; in ihrer gefühlsmäßigen Ausgestaltung durch Rousseau, für den die Vergewaltigung des Menschen durch die geschichtlich gewordene Gesellschaft der Ursprung aller Verkümmerung und alles Bösen ist; in ihrer politischen Formung durch die Französische Revolution, die die individuelle Freiheit so ins Absolute steigerte, um den Arbeitern sogar die Vereinigungen zur Wahrung ihrer Interessen zu versagen; in ihrer philosophischen Sublimierung durch Kant und Fichte, die das Ich zum Träger der erkennbaren Welt und seine absolute Autonomie zu dem sittlichen Werte schlechthin machten.

Die Unzulänglichkeit der gesellschaftlich gültigen Lebensformen im 18. Jahrhundert im Verhältnis zu den materiellen und geistigen Produktivkräften der Zeit kam den Individuen als eine unerträgliche Bindung ihrer Energien zum Bewußtsein; so die Vorrechte der oberen Stände wie die despotische Kontrolle von Handel und Wandel, die immer noch mächtigen Reste der Zunftverfassungen wie der unduldsame Zwang des Kirchentums, die Fronpflichten der bäuerlichen Bevölkerung wie die politische Bevormundung im Staatsleben und die Einengungen der Stadtverfassungen. In der Bedrücktheit durch solche Institutionen, die jedes innere Recht verloren hatten, entstand das Ideal der bloßen Freiheit des Individuums; wenn nur jene Bindungen fielen, die die Kräfte der Persönlichkeit in ihre unnatürliche Bahnen zwangen, so würden alle inneren und äußeren Werte, zu denen die Spannkräfte vorhanden, aber politisch, religiös, wirtschaftlich lahmgelegt waren, sich entfalten und die Gesellschaft aus der Epoche der historischen Unvernunft in die der natürlichen Vernünftigkeit überführen.*

Der so zu seiner Verwirklichung aufstrebende Individualismus hatte aber zur Grundlage die *natürliche Gleichheit* der Individuen, die Vorstellung, daß alle jene Bindungen künstlich geschaffene Ungleichheiten wären; und daß, wenn man diese mit ihrer historischen Zufälligkeit, ihrer Ungerechtigkeit, ihrem Druck beseitigte, der vollkommene Mensch hervortreten würde; und weil er eben vollkommen war, vollkommen in Sittlichkeit, Schönheit, Glück, so konnte er keine Unterschiede zeigen. Die tiefere kulturgeschichtliche Strömung, die dies

* Ich entnehme einige dieser Formulierungen meinen beiden Büchern: *Kant. 16 Vorlesungen* und *Goethe*.

trägt, fließt aus dem Naturbegriff des 18. Jahrhunderts, der durchaus mechanistisch-naturwissenschaftlich orientiert war. Für ihn besteht nur das allgemeine Gesetz, und jede Erscheinung, ein Mensch oder ein Nebelfleck in der Milchstraße, ist nur ein einzelner Fall desselben, ist selbst bei völliger Unwiederholtheit seiner Form ein bloßer Schnittpunkt und auflösbares Zusammen schlechthin allgemeiner Gesetzesbegriffe. Darum steht der allgemeine Mensch, der Mensch überhaupt, im Interessenzentrum dieser Zeit, statt des historisch gegebenen, des besonderen und differenzierten. Dieser letztere ist prinzipiell auf jenen reduziert, in jeder individuellen Person lebt als ihr Wesentliches jener allgemeine Mensch, wie jedes noch so besonders gestaltete Stück Materie doch in seinem Wesen die durchgehenden Gesetze der Materie überhaupt darstellt.

Damit aber ergibt sich sogleich das Recht, Freiheit und Gleichheit von vornherein zueinander gehören zu lassen. Denn wenn das Allgemein-Menschliche, sozusagen: das Naturgesetz Mensch als der wesentliche Kern in jedem durch empirische Eigenschaften, gesellschaftliche Stellung, zufällige Bildung individualisierten Menschen besteht – so braucht man ihn eben nur von all diesen historischen, sein tiefstes Wesen vergewaltigenden Einflüssen und Ablenkungen zu *befreien,* damit als dieses Wesen das allen Gemeinsame, der Mensch als solcher, an ihm hervortrete.

Hier liegt der Drehpunkt dieses Individualitätsbegriffes, der zu den großen geistesgeschichtlichen Kategorien gehört: wenn der Mensch von allem, was nicht ganz er selbst ist, befreit wird, so verbleibt als die eigentliche Substanz seines Daseins der Mensch schlechthin, die Menschheit, die in ihm wie in jedem anderen lebt, das immer gleiche Grundwesen, das nur empirisch-historisch verkleidet, verkleinert, entstellt wird. Diese Bedeutung des Allgemeinen ist es, aus der heraus die Literatur der Revolutionszeit fortwährend von dem Volke, dem Tyrannen, der Freiheit, ganz im allgemeinen spricht; derentwegen die »natürliche Religion« eine Vorsehung überhaupt, eine Gerechtigkeit überhaupt, eine göttliche Erziehung überhaupt hat, ohne das Recht besonderer Gestaltungen dieses Allgemeinen anzuerkennen, derentwegen das »Naturrecht« auf der Fiktion isolierter und gleichartiger Individuen beruht. Darum kann Friedrich der Große den Fürsten als »den ersten Richter, den ersten Finanzmann, den ersten Minister der Gesellschaft« bezeichnen, in demselben Atem aber als »einen *Menschen* wie den geringsten seiner Untertanen«.

Das metaphysische Grundmotiv, das sich im 18. Jahrhundert in der praktischen Forderung: Freiheit und Gleichheit aussprach, war dies: daß der Wert jeder individuellen Gestaltung zwar in ihr allein, in ihrer Selbstverantwortlichkeit ruht, damit aber doch in demjenigen, was ihr mit allen gemeinsam ist. Vielleicht, daß das Individuum es doch als eine unheimliche Zumutung fühlte, daß es die ganze Summe seiner Existenz mit seinen einsamen Kräften, auf seinen Einzigkeitspunkt gestellt, tragen sollte, und daß es diese Last erleichterte oder abschob, indem die Gattung Mensch, der Mensch überhaupt, in ihm lebte und die Leistung eigentlich vollbrachte. Der tiefste Punkt der Individualität ist der Punkt der allgemeinen Gleichheit – mag diese nun in der »Natur« liegen, deren allgemeiner Gesetzlichkeit wir uns um so mehr einfügen, je mehr wir uns aus allen historischen Vielfältigkeiten und Bindungen auf unser freies Ich stellen, mag es die Allgemeinheit der »Vernunft« sein, in der für Kant und Fichte unser Ich wurzelt, mag es »die Menschheit« sein. Ob Natur, Vernunft, Menschheit – es ist immer ein mit anderen Geteiltes, in dem das Individuum sich findet, wenn es seine eigene Freiheit, sein eigenes Selbstsein gefunden hat.

Indem diese Epoche die von aller Bindung und Sonderbestimmung gelöste und deshalb immer gleiche Individualität: das Abstraktum Mensch – zur letzten Substanz der Persönlichkeit macht, steigert sie jenes Abstraktum zugleich zum letzten *Werte* dieser. Der Mensch, sagt Kant, ist zwar unheilig genug, aber die Menschheit in ihm ist heilig. Für Rousseau, der gewiß ein starkes Gefühl für die individuellen Verschiedenheiten hat, liegen diese dennoch auf der Oberfläche: je mehr der Mensch zu seinem eigenen Herzen zurückkehrt, statt der äußeren Relationen seine innere Absolutheit erfaßt, um so stärker fließt in ihm, das heißt in jedem gleichmäßig, die Quelle der Güte und des Glücks. Wenn so der Mensch wirklich er selbst ist, so besitzt er eine gesammelte Kraft, die für mehr als seine Selbsterhaltung ausreicht und die er sozusagen auf andere überströmen kann, durch die er die anderen in sich aufnehmen, mit sich identifizieren kann: wir sind um so sittlich wertvoller, um so mitleidiger und gütiger, je mehr jeder nur er selbst ist, d. h. je mehr er jenen innersten Kern in sich souverän werden läßt, in dem alle Menschen jenseits der Verworrenheit ihrer gesellschaftlichen Bindungen und zufälligen Einkleidungen identisch sind.

Nach der praktischen Richtung mündet dieser Individualitätsbegriff ersichtlich in dem Laissez faire, laissez aller. Wenn in allen Menschen der immer gleiche »Mensch überhaupt« als ihr Wesentliches besteht und die volle ungehinderte Entfaltung dieses Kernes vorausgesetzt wird, so bedarf es natürlich keiner besonderen regulierenden Eingriffe in die menschlichen Verhältnisse: das Spiel der Kräfte muß sich hier in derselben naturgesetzlichen Harmonie vollziehen wie die Vorgänge am Sternenhimmel, die, wenn plötzlich eine außernatürliche Macht ihre Eigenbewegungen ändern wollte, nur in Verwirrung geraten könnten.

Freilich, ganz konnte man wohl den Schatten über der Freiheit der Individuen nicht bannen: daß ihre Gleichheit, durch die die Freiheit sich rechtfertigte, doch in der Realität noch recht unvollkommen bestand, und daß die schließlich unverkennliche Ungleichheit in dem Augenblick, in dem die Individuen ungehemmte Freiheit erhielten, sofort in eine neue Unterdrückung: der Dümmeren durch die Klugen, der Schwachen durch die Starken, der Schüchternen durch die Zugreifenden ausschlagen würde. Und es scheint mir, daß der Instinkt hierfür es bewirkte, daß der Forderung der Liberté und Egalité noch die der Fraternité hinzugefügt wurde. Denn nur durch den sittlich freiwilligen Verzicht, wie dieser Begriff ihn aussprach, wäre zu verhüten, daß die Liberté von dem völligen Gegenteil der Egalité begleitet würde. Dem allgemeinen damaligen Bewußtsein vom Wesen der Individualität blieb indes dieser Widerspruch zwischen ihrer Gleichheit und ihrer Freiheit verborgen, und erst das 19. Jahrhundert hat ihn gewissermaßen ... [*Lücke im Manuskript*]

Ich skizziere jetzt die eigentümliche Form des Individualismus, die die Synthese des 18. Jahrhunderts mit ihrer Gründung der Gleichheit auf die Freiheit und der Freiheit auf die Gleichheit auflöste. An die Stelle jener Gleichheit, die das tiefste Sein der Menschheit ausspricht und andererseits erst realisiert werden *soll,* setzt sie die Ungleichheit – die, ebenso wie dort die Gleichheit, nur der Freiheit bedürfe, um aus ihrer vielfach bloßen Angelegtheit und Möglichkeit heraustretend, das menschliche Dasein zu bestimmen. Die Freiheit bleibt der Generalnenner, auch bei dieser Entgegengesetztheit ihrer Korrelate. Sobald das Ich im Gefühl der Gleichheit und Allgemeinheit hinreichend erstarkt war, suchte es wieder die Ungleichheit, aber nur die von innen heraus gesetzte. Nachdem die prinzipielle Lösung des Individuums von den verrosteten Ketten der Zunft, des Geburtsstandes, der Kirche vollbracht war, geht sie nun dahin weiter, daß die so verselbständigten Individuen sich auch *voneinander* unterscheiden wollen: nicht mehr darauf, daß man überhaupt ein freier Einzelner ist, kommt es an, sondern daß man dieser bestimmte und unverwechselbare ist. Das moderne Differenzierungsstreben kommt damit zu einer Steigerung, die seine eben erst gewonnene Form dementiert, ohne daß diese Entgegengesetztheit an der Identität des Grundtriebes irre machen dürfte; durch die ganze Neuzeit geht das Suchen des Individuums nach sich selbst, nach einem Punkte der Festigkeit und Unzweideutigkeit, dessen es bei der unerhörten Erweiterung des theoretischen und praktischen Gesichtskreises und der Komplizierung des Lebens immer dringlicher bedarf und der eben deshalb in keiner der Seele äußeren Instanz mehr gefunden werden kann.

Alle Verhältnisse zum anderen sind so schließlich nur Stationen des

Weges, auf dem das Ich zu sich selber kommt: mag es sich den anderen im letzten Grunde gleichfühlen, weil es auf sich und seinen Kräften alleinstehend noch dieses stützenden Bewußtseins bedarf; sei es, daß es der Einsamkeit seiner Qualität gewachsen ist und die Vielen eigentlich nur da sind, damit jeder Einzelne an den Anderen seine Unvergleichbarkeit und die Individualität seiner Welt ermessen könne.

Im 18. Jahrhundert klingt dies Ideal freilich schon an, bei Lessing, Herder, Lavater, und erreicht seine erste volle Ausgestaltung als Kunstwerk: in Wilhelm Meisters Lehrjahren. Hier wird zum ersten Male eine Welt gezeichnet, die ganz auf die individuelle Eigenheit ihrer Individuen gestellt ist und sich nur durch diese organisiert und entwickelt. Und zwar ganz unbeschadet der Tatsache, daß die Figuren als Typen gemeint sind. Sooft sie sich in der Realität wiederholen mögen, der innere Sinn jeder einzelnen bleibt, daß jede gerade in ihrem letzten Grunde von der anderen, an die das Schicksal sie rühren läßt, unterschieden ist, daß der *Akzent* des Lebens und der Entwicklung nicht auf dem Gleichen, sondern auf dem absolut Eigenen ruht. Hier spricht der absolute Gegensatz zu dem Ideal der freien und gleichen Persönlichkeiten, den Fichte einmal, diese Geistesströmung des 18. Jahrhunderts in einem Satz zusammendrängend, so formuliert: »Ein Vernunftwesen muß schlechthin ein Individuum sein, aber nicht eben dieses oder jenes bestimmte«; und wie in zugespitzter Antithese hierzu hat Friedrich Schlegel den *neuen* Individualismus in die Formel gefaßt: »Gerade die Individualität ist das Ursprüngliche und Ewige im Menschen; an der Personalität ist so viel nicht gelegen«.

Diese Form des Individualismus hat ihren Philosophen in Schleiermacher gefunden. Für ihn ist die sittliche Aufgabe gerade die, daß ein jeder die Menschheit auf eine *besondere* Weise darstelle. Gewiß ist jeder Einzelne eine Synthese der Kräfte, die das Universum bilden. Aber ein jeder formt dieses allen gemeinsame Material zu einer völlig einzigen Gestalt, und die Verwirklichung dieser Unvergleichbarkeit, das Ausfüllen eines nur ihm vorbehaltenen Rahmens bleibt zugleich seine sittliche Aufgabe, jeder ist berufen, eigenes, nur ihm eigenes Urbild zu verwirklichen. Der große weltgeschichtliche Gedanke, daß nicht nur die Gleichheit der Menschen, sondern auch ihre Verschiedenheit eine sittliche Forderung sei, wird durch Schleiermacher zum Drehpunkt einer Weltanschauung.

Für diesen Individualismus – man könnte ihn den qualitativen gegenüber dem numerischen des 18. Jahrhunderts oder den der Einzigkeit gegenüber dem der Einzelheit nennen – war die Romantik vielleicht der breiteste Kanal, durch den er in das Bewußtsein des 19. Jahrhunderts einfloß. Wie Goethe die künstlerische, Schleiermacher die metaphysische, so schuf sie ihm die Basis des Gefühls, des Erlebens. Die Romantiker haben sich zuerst wieder, nach Herder, in die Besonderheit, Einzigkeit der historischen Realitäten hineingelebt; in diesem Sinn will Novalis seinen »einen Geist« sich in unendlich viele fremde verwandeln lassen. Vor allem aber: der Romantiker erlebt innerhalb seines *inneren* Rhythmus die Unvergleichbarkeit, das Sonderrecht, das scharfe qualitative Sich-gegeneinander-Absetzen seiner Elemente und Momente, das diese Form des Individualismus zwischen den Bestandteilen der *Gesellschaft* sieht. Die romantische Seele durchfühlt eine endlose Reihe von Gegensätzen, von denen jeder einzelne im Augenblick seines Gelebtwerdens als Absolutes, Fertiges, Selbstgenugsames erscheint, um im nächsten überwunden zu werden und in dem Anderssein des einen gegen den andern das Selbst eines jeden erst ganz zu genießen. »Wer nur auf einem Punkte klebt, ist nichts als eine vernünftige Auster«, sagt Friedrich Schlegel. Das Leben des Romantikers überträgt in das proteische Nacheinander seiner Gegensätzlichkeiten von Stimmung und Aufgabe, von Überzeugung und Gefühl das Nebeneinander des Gesellschaftsbildes, in dem jeder einzelne durch seinen Unterschied gegen den anderen, durch die personale Einzigkeit seines Wesens und seiner Betätigungen erst den Sinn seiner Existenz findet.

Unaufhörlich streben diese großen Kräfte der modernen Kultur – auf unzähligen äußerlichen und innerlichen Gebieten und in unzähligen Umsetzungen wirksam – zur Ausgleichung: die Sehnsucht nach der selbständigen, in sich den Kosmos tragenden Persönlichkeit, deren Isolierung den großen Trost besitzt, in ihrem tiefsten natürlichen Kern allen anderen gleich zu sein; und die Sehnsucht nach der Unvergleichbarkeit des Einzig- und Andersseins, die für *ihre* Isolierung sich daran schadlos hält, daß nun jeder mit dem anderen ein Gut tauschen kann, das nur er besitzt und dessen Tausch beide in die Wechselwirkung organischer Glieder verwebt. Im großen und ganzen wird man sagen können, daß der Individualismus der einfach freien, prinzipiell als gleich gedachten Persönlichkeiten den rationalistischen Liberalismus Frankreichs und Englands bestimmt, während der auf qualitative Einzigkeit und Unverwechselbarkeit gehende mehr Sache des germanischen Geistes ist.

In der Ausgestaltung zu Wirtschaftsprinzipien hat das 19. Jahrhundert freilich beide zusammenwachsen lassen; denn ersichtlich ist die Lehre von Freiheit und Gleichheit die Grundlage der freien Konkurrenz, die der differentiellen Persönlichkeiten ist die Grundlage der Arbeitsteilung. Der Liberalismus des 18. Jahrhunderts stellte den Einzelnen auf seine eigenen Füße und nun durfte er ganz so weit gehen wie diese ihn trugen. Die Theorie ließ die naturgegebene Verfassung der Dinge dafür sorgen, daß die unbeschränkte Konkurrenz der Einzelnen zu einer Harmonie aller Interessen zusammenging, daß das Ganze sich bei dem rücksichtslosen individuellen Streben zum Vorteil am besten befände: das ist die Metaphysik, mit der der Naturoptimismus des 18. Jahrhunderts die freie Konkurrenz sozial rechtfertigt.

Mit dem Individualismus des Andersseins, der Vertiefung der Individualität bis zur Unvergleichlichkeit des Wesens ebenso wie der Leistung, zu der man berufen ist, war nun auch die Metaphysik der Arbeitsteilung gefunden. Die beiden großen Prinzipien, die in der Wirtschaft des 19. Jahrhunderts unentwirrbar zusammenwirkten: Konkurrenz und Arbeitsteilung erscheinen so als die wirtschaftlichen Projizierungen der metaphysischen Aspekte des sozialen Individuums. Die Folgen freilich, die die unbeschränkte Konkurrenz und die arbeitsteilige Vereinseitigung der Individuen für deren innere Kultur ergeben hat, lassen sie nicht gerade als die geeignetsten Mehrer dieser Kultur erscheinen.

Vielleicht aber gibt es über der wirtschaftlichen Form ihrer Zusammenwirksamkeit – der einzigen bisher realisierten – noch eine höhere, die das verhüllte Ideal unserer Kultur bildet. Lieber aber möchte ich glauben, daß die Idee der schlechthin freien Persönlichkeit und die der schlechthin einzigartigen Persönlichkeit noch nicht die letzten Worte des Individualismus sind; daß vielmehr die unabsehliche Arbeit der Menschheit immer mehr, immer mannigfaltigere Formen aufbringen wird, mit denen die Persönlichkeit sich bejahen und den Wert ihres Daseins beweisen wird. Und wenn in glücklichen Perioden diese Mannigfaltigkeiten sich zu Harmonien zusammenordnen, so wird doch auch ihr Widerspruch und Kampf nicht bloß jener Arbeit ein Hemmnis sein, sondern sie gerade zu neuen Kraftentfaltungen aufrufen und zu neuen Schöpfungen führen.

Editorische Notiz

Der vorliegende Band erschien erstmals 1957 unter dem Titel *Brücke und Tür. Essais des Philosophen zur Geschichte, Religion, Kunst und Gesellschaft.* Er wurde – in Zusammenarbeit mit Margarete Susman – von Michael Landmann herausgegeben. Margarete Susman war vor 1933 von der Berliner Universität beauftragt worden, eine Monographie über Georg Simmel zu schreiben; infolge der nationalsozialistischen Machtergreifung blieb das Buch unvollendet. Margarete Susman überließ dem Herausgeber zahlreiche Separatabzüge und Abschriften Simmelscher Aufsätze, die ihr von Simmels Witwe für die genannte Monographie zur Verfügung gestellt worden waren.

Im Anhang der Ausgabe von 1957 schrieb der Herausgeber Michael Landmann: »Simmel war seiner schriftstellerischen Natur nach Essayist. Auch die meisten seiner Bücher bestehen nur aus locker zusammengefügten kleineren Stücken. Jedes dieser Stücke ist wie ein Kunstwerk, aus dem man sich nur ausnahmsweise entschließen wird, etwas herauszuschneiden. So ergab sich für die geplante Publikation von selbst die Form des Essaybandes. Bei der Auswahl war der Gesichtspunkt leitend, nicht die Buchveröffentlichungen Simmels zu plündern, sondern möglichst viele seiner an z. T. schwer auffindbaren Stellen verstreuten Abhandlungen wieder zugänglich zu machen. Da es vielfach dieselben Themen sind, die sich hier und dort wiederholen, so läßt sich auch so ein abgerundetes Simmelbild gewinnen. Manche der Abhandlungen sind von ihm später auch, schwächer oder stärker verändert, in Bücher eingearbeitet worden. Doch gewährt gerade auch die frühere und noch selbständige Form einen eigenen Reiz.«

Der vorliegende Band ist gegenüber dem Original um zwei Aufsätze (*Goethe und die Jugend* sowie *Individualismus*) gekürzt. Hingegen wurde der Aufsatz *Soziologische Ästhetik* um den Schluß, der in *Brücke und Tür* fehlte, zusätzlich aufgenommen.

Quellen

Brücke und Tür: ›Der Tag‹, 15. Sept. 1909.
Das Problem des Schicksals: ›Die Geisteswissenschaften‹, 29. Okt. 1913. Umgearbeitet in *Tod und Unsterblichkeit,* in: *Lebensanschauung,* München und Leipzig 1918.
Fragment über die Liebe: Auszug aus ›Logos‹, X, 1921. Vgl. auch *Der platonische und der moderne Eros,* in: *Fragmente und Aufsätze,* München 1923.
Zur Metaphysik des Todes: Auszug aus ›Logos‹, I, 1910. Umgearbeitet in *Tod und Unsterblichkeit,* in: *Lebensanschauung.* Vgl. auch *Der Tod,* in: *Rembrandt,* Leipzig 1916.
Über Geschichte der Philosophie (aus einer einleitenden Vorlesung): ›Die Zeit‹, XXXIX 504, 1904.
Nietzsche und Kant: ›Frankfurter Zeitung‹, 6. Jan. 1906.

Das Problem der historischen Zeit: Berlin 1916; aufgenommen in *Zur Philosophie der Kunst,* Potsdam 1922.
Vom Wesen des historischen Verstehens: Berlin 1918. Der Abdruck erfolgt mit freundlicher Genehmigung des Siegfried Toeche-Mittler Verlages, Darmstadt.
Vom Wesen der Kultur: ›Österreichische Rundschau‹, XV, 1908. Anfang gekürzt.
Die Zukunft unserer Kultur (Antwort auf eine Rundfrage): ›Frankfurter Zeitung‹, 1. Morgenblatt, 14. Apr. 1909. Schluß gekürzt.
Wandel der Kulturformen: ›Berliner Tageblatt‹, 27. Aug. 1916.

Beiträge zur Erkenntnistheorie der Religion: ›Zeitschrift für Philosophie und philosophische Kritik‹, 119, 1902.
Religiöse Grundgedanken und moderne Wissenschaft (Antwort auf eine Umfrage): ›Nord und Süd‹, XXXIII, 1909.
Vom Heil der Seele: ›Das freie Wort‹, II 17, 1902. Völlig verändert in: *Die Religion,* Frankfurt am Main 2. Aufl. 1912, S. 72-74.
Das Christentum und die Kunst: ›Der Morgen‹, I, 1907.

Philosophie der Landschaft: ›Die Güldenkammer‹, III, 1913.
Die ästhetische Bedeutung des Gesichts: ›Der Lotse‹, I, 1901.
Germanischer und klassisch-romanischer Stil: ›Der Tag‹, 2. März 1918.
Der Schauspieler und die Wirklichkeit: ›Berliner Tageblatt‹, 7. Jan. 1912. Zum Teil eingegangen in *Zur Philosophie des Schauspielers,* in: *Fragmente und Aufsätze.* Vgl. auch: *Über den Schauspieler (aus einer Philosophie der Kunst),* in: ›Der Tag‹, 4. März 1909.

Erinnerung an Rodin: ›Vossische Zeitung‹, 27. Nov. 1917. Vgl. *Rodins Plastik und die Geistesrichtung der Gegenwart,* in: ›Der Zeitgeist, Beiblatt zum Berliner Tageblatt‹, 29. Sept. 1902, und: *Rodin,* in: *Philosophische Kultur,* Westberlin 1983, S. 139-153. – Der berühmte deutsche Dichter: Rilke.

Aus einer Aphorismensammlung: ›Der Kunstfreund‹, II, 1915. Auswahl.

Soziologische Ästhetik: ›Die Zukunft‹, 31. Okt. 1896. Anfang gekürzt.

Das Gebiet der Soziologie. Aus: *Grundfragen der Soziologie,* Berlin und Leipzig 1917. Gekürzt.

Die Großstädte und das Geistesleben: Jahrbuch der Gehestiftung, IX, 1903.

Soziologie der Mahlzeit: ›Der Zeitgeist, Beiblatt zum Berliner Tageblatt‹, 19. Okt. 1910.

Das Individuum und die Freiheit: unveröffentlicht. Entstehungszeit nicht vor 1913. Zum Teil eingearbeitet in: *Grundfragen der Soziologie,* 4. Kapitel. – Die Lücke dürfte dadurch entstanden sein, daß Simmel ein Blatt des Aufsatzes für dieses Buch verwendete. Die ersten Sätze nach der Lücke wurden aus dem Buch ergänzt.

Über den Autor

1. März 1858 Georg Simmel in Berlin als siebtes Kind getaufter jüdischer Eltern (schlesischen Ursprungs) geboren. Vater Kaufmann, früh gestorben. Bis 1914 spielt sich Simmels Leben in Berlin ab.

Ab 1870 Besuch des Friedrich-Werder-Gymnasiums.

Ab 1876 Studium von Geschichte, Philosophie, Völkerpsychologie, Kunstgeschichte, Altitalienisch. Wichtigste Lehrer: Droysen, Mommsen, Steinthal, Lazarus, Hermann Grimm, Jordan, Bastian, Harms, Zeller.

1881 Promotion mit einer Dissertation über *Das Wesen der Materie nach Kants Physischer Monadologie.*

1885 Privatdozent.

1890 Eheschließung mit Gertrud Kinel, die als Schriftstellerin unter dem Pseudonym Marie-Luise Enckendorf hervortrat *(Vom Sein und Haben der Seele* 1906, *Realität und Gesetzlichkeit im Geschlechtsleben* 1910, *Über das Religiöse* 1919).

1901 a. o. Professor.

1911 Dr. rer. pol. h. c. der Universität Freiburg.

1914 (nachdem eine von Simmel erhoffte Berufung nach Heidelberg sich zerschlagen hatte) ord. Professor in Straßburg.

26. September 1918 in Straßburg gestorben.

Werke von Georg Simmel

Die Probleme der Geschichtsphilosophie. Eine erkenntnistheoretische Studie. Leipzig 1892. 2., völlig veränd. Aufl. 1905. – 5. Aufl. 1923.

Einleitung in die Moralwissenschaft. Eine Kritik der ethischen Grundbegriffe. 2 Bde. Berlin 1892-93.

Philosophie des Geldes. Leipzig 1900. 2., verm. Aufl. 1907. – 6. Aufl. 1958.

Kant. 16 Vorlesungen, gehalten an der Berliner Universität, Leipzig 1904. – 6. Aufl. 1924.

Kant und Goethe. Berlin 1906. – 4. Aufl. 1920.

Die Religion. Frankfurt am Main 1906. 2., veränd. u. verm. Aufl. 1912. – 3. Aufl. 1922.

Schopenhauer und Nietzsche. Ein Vortragszyklus. Leipzig 1907. – 3. Aufl. 1923.

Soziologie. Untersuchungen über die Formen der Vergesellschaftung. Leipzig 1908. – 4. Aufl. 1958. 5. Aufl. 1968.

Hauptprobleme der Philosophie. Leipzig 1910. – 8. Aufl. 1964.

Philosophische Kultur. Gesammelte Essais. Leipzig 1911. 2., verm. Aufl. 1919. – 3. Aufl. 1923 – Neuausgabe Westberlin 1983 (mit einem Nachwort von Jürgen Habermas).

Goethe. Leipzig 1913. – 5. Aufl. 1923.

Rembrandt. Ein kunstphilosophischer Versuch. Leipzig 1916. – 2. Aufl. 1919. – Neuausgabe der Wissenschaftlichen Buchgesellschaft, Darmstadt 1958.

Grundfragen der Soziologie (Individuum und Gesellschaft). Berlin u. Leipzig 1917. – 2. Aufl. 1920.

Der Konflikt der modernen Kultur. Ein Vortrag. München u. Leipzig 1918. – 3. Aufl. 1926.

Lebensanschauung. Vier metaphysische Kapitel. München u. Leipzig 1918. – 2. Aufl. 1922.

Zur Philosophie der Kunst. Philosophische und kunstphilosophische Aufsätze. Hrsg. von Gertrud Simmel. Potsdam 1922.

Fragmente und Aufsätze aus dem Nachlaß und Veröffentlichungen der letzten Jahre. Mit einem Vorwort hrsg. von Gertrud Kantorowicz. München 1923.

Rembrandtstudien. Basel u. Darmstadt 1953.

Brücke und Tür. Essays des Philosophen zur Geschichte, Religion, Kunst und Gesellschaft. Im Verein mit Margarete Susman hrsg. von Michael Landmann. Stuttgart 1957.

Briefe Simmels in: *Auf gespaltenem Pfad.* Festschrift für Margarete Susman. Darmstadt 1964.

Das individuelle Gesetz. Philosophische Exkurse. Hrsg. von Michael Landmann. Frankfurt am Main 1968.

Schriften zur Soziologie. Eine Auswahl, hrsg. und eingeleitet von Heinz-Jürgen Dehme und Otthein Rammstedt. Frankfurt am Main 1983.

Gesamtausgabe, 24 Bde., hrsg. von Otthein Rammstedt. Frankfurt am Main 1988ff.

Buch des Dankes an Georg Simmel. Briefe, Erinnerungen, Bibliographie. Zu seinem 100. Geburtstag am 1. März 1958 hrsg. von Kurt Gassen und Michael Landmann. Berlin 1958.